课程思政系统性
探索与实践

基于"三寓三式"范式导向的
"上海高校课程思政重点改革领航学院"
建设案例 · 续一

主　编　顾春华　滕跃民

编　者　卞红梅　顾　萍　方恩印

编　务　姜一旻

上海文化出版社

图书在版编目(CIP)数据

课程思政系统性探索与实践：基于"三寓三式"范式导向的"上海高校课程思政重点改革领航学院"建设案例·续一 / 顾春华，滕跃民主编；卞红梅，顾萍，方恩印编. — 上海：上海文化出版社，2023.4
ISBN 978 - 7 - 5535 - 2476 - 4

Ⅰ. ①课… Ⅱ. ①顾… ②滕… ③卞… ④顾… ⑤方… Ⅲ. ①高等学校—思想政治教育—课程改革—案例—上海 Ⅳ. ①G641

中国国家版本馆 CIP 数据核字(2023)第 037044 号

出 版 人 姜逸青
责任编辑 王茗斐
封面设计 汤 靖

书　名　课程思政系统性探索与实践：基于"三寓三式"范式导向的"上海高校课程思政重点改革领航学院"建设案例·续一
主　编　顾春华　滕跃民
出　版　上海世纪出版集团　上海文化出版社
地　址　上海市闵行区号景路 159 弄 A 座 3 楼　201101
发　行　上海文艺出版社发行中心
　　　　上海市闵行区号景路 159 弄 A 座 2 楼　201101　www.ewen.co
印　刷　上海新华印刷有限公司
开　本　710×1000　1/16
印　张　19
版　次　2023 年 4 月第一版　2023 年 4 月第一次印刷
书　号　ISBN 978-7-5535-2476-4/G.417
定　价　78.00 元

敬告读者　如发现本书有质量问题请与印刷厂质量科联系
　　　　　T：021-56324200

序 言

§

为深入学习领会习近平新时代中国特色社会主义思想，贯彻落实习近平总书记在全国高校思政工作会议、全国教育大会和学校思想政治理论课教师座谈会上的重要讲话精神，扎实推进上海高校思政工作"三圈三全十育人"综合改革试点工作，着力深化高校课程思政教育教学改革，中共上海市教育卫生工作委员会、上海市教育委员会启动2019年"上海高校课程思政领航计划"建设，而上海出版印刷高等专科学校（以下称"上海版专"）印刷包装工程系在校领导的带领下，通过积极准备和竞争，以优异成绩入选"上海高校课程思政重点改革领航学院"项目。该领航学院包括十五门"精品改革领航课程"和一个"特色改革领航团队"，成为上海版专继2018年获得全国职业教育课程思政国家级教学成果奖之后，在该领域获得的又一具有突破性的成果。

"上海高校课程思政重点改革领航学院"的指导思想是全面推动习近平新时代中国特色社会主义思想进教材进课堂进头脑，落实立德树人根本任务，充分发挥课堂教学的主渠道作用。通过发挥领航团队和领航课程的示范带动作用，引领立德树人、课程思政改革方向，在教书育人、德技并修的实践中形成可供同类课程借鉴共享的经验、成果和模式，打造课程思政改革长效机制，推动课程思政改革向纵深发展。

在上海版专党委的直接领导下，市级项目的领航学院经过积极探索和建设实践，依托该校的全国教学成果奖的基础，结合各类课程的育人要求和特点，深入系统挖掘蕴含的思政教育资源，优化完善课程内容供给，从而达到潜移默化、润物细无声的育人效果。领航课程教学内容体现思想性、前沿性与时代性，教学方法体现科学性、互动性与针对性，并结出了丰硕成果。老师们在"课中课"1.0版的基础上，围绕"课中课"2.0版的"三寓三式（五化五式）"范式进行深入研究。"三寓三式"即为寓道于教、寓德于教、寓教于乐、画龙点睛式、专题嵌入式、元素化合式；"五化五式"即为情景化、形象化、故事化、游戏化、幽默化、启发式、互动式、讨论式、探究式、案例式。目前，"三寓三式（五化五式）"范式得到了进一步的深化，形成了"课中课"3.0版—"体系化的'三寓三式（五化五式）'范式"，即以"2-4-6方针""道法术器""负面清单""八维度思考"四大模块为支撑的"三寓三式（五化五式）"范式，从而将"课中课"的发展推向新的高度。老师们基于课程思政改革的要求，撰写和发表课程思政相关论文，积极申报各级课程思政相关项目，进一步打造专业"金课"，通过总结课程思政教育教学改革中的典型经验和有效做法，形成了设计周密、层次清晰、构成科学、操作简捷、特色鲜明的课程思政操作规范，把学问做在了中国的大地上。

为了深入系统地总结和弘扬"上海高校课程思政重点改革领航学院"在近几年的研究和实践的成果，上海版专在去年公开出版的《课程思政系统性探索与实践—基于"三寓三式"范式导向的"上海高校课程思政重点改革领航学院"建设案例》的基础上，着手开展本书——《课程思政系统性探索与实践—基于"三寓三式"范式导向的"上海高校课程思政重点改革领航学院"建设案例续一》的编辑出版工作。本书分为五大部分（五篇）：《第一篇　导言》，由上级部门关于市级领航学院的有关文件、市级领航学院申报书、上海版专领导在全国职业教育课程思政经验交流会议上的发言等组成，体现了在全书中的引领作用；《第二篇　立言之精华》，由若干篇新发表的课程思政论文组成，集中展现了市级领航学院和校级领航学院教师们深入研究"三寓三式"范式的体会和收获，同时彰显了市级领航学院建设的辐射效应；《第三篇　立功之脚印》，内容为市级领航学院的教育部课程思政示范课程、教学名师和团队的申报材料、上海市课程思政示范课程、教学名师和团队的申报材料、上海市党史教育融入课程思政教学体系优秀案例等，其中的申报书、教学设计、教案和案例展示了专业"金课"建设的成果和水平；《第四篇　立德之风帆》，内容为市级领航学院的师生开展课程思政改革所取得的不凡业绩和显著成效的报道；《第五篇　立杆之效应》，展示了主流媒体、兄弟院校媒体、教育媒体对市级领航学院课程思政改革在全国所产生的广泛影响力的相关报道，其中包括各高校对"三寓三式"范式开展深入研究的情况，体现了该范式在全国课程思政改革中所发挥的"标杆之效应"。

本书充分展示了上海版专领航学院教师们课程思政改革的探索与实践，体现了干部教师勇于开拓的积极进取精神，进一步彰显了"课中课"的成果特色，具有可推广可借鉴的丰富价值和重要意义。同时，因水平和精力、时间所限，本书尚有若干有待完善之处，衷心希望广大读者提出宝贵的改进意见和建议。

上海市人大华侨民族宗教事务委员会主任、外事委员会主任、
上海市教卫党委原副书记、上海市教委原副主任　高德毅教授
2022年9月

CONTENTS

目　录

§

FIRST

| 第一篇 |

导　言

上海出版印刷高等专科学校印刷包装工程系入选"上海高校课程思政重点改革领航学院"
.... 002

上海高校课程思政领航计划（重点改革领航学院）申报书（节选）............... 004

顾春华书记在全国职教课程思政联合行动院校线上会议上的发言............... 026

全国职业院校德育工作座谈会在长沙召开.. 029

SECOND

| 第二篇 |

立言之精华

打造三全育人格局，彰显思政教育效果.. 036

高职专业"课程思政"的"道法术器"改革... 041

同向同行：知识传授与价值引领同频共振
——上海出版印刷高等专科学校"课中课"课程思政改革探析............... 047

高职院校专业课课程思政与思政课的协同育人探究

——以上海出版印刷高等专科学校为例 ·········· 052

基于"三寓三式"模式的课程思政教学设计

——以"出版物发行实务"为例 ·········· 062

《影视配乐》课程思政"三寓三式"教学法初探 ·········· 068

一流专业建设语境下高专院校课程思政探索

——以"商品包装设计"为例 ·········· 073

新工科背景下《包装印刷》课程思政探索和实践 ·········· 082

基于课程思政的专业教学改革思考与实践

——以《三维模型制作与应用》课程为例 ·········· 089

THREE

| 第三篇 |

立功之脚印

一、上海市课程思政示范课程、教学名师和团队《印刷企业管理》申报材料（选） ·········· 098

　　1. 申报书 ·········· 098

　　2. 教学设计样例 ·········· 111

　　3.《印刷企业管理》课程教案 ·········· 119

二、上海市课程思政示范课程、教学名师和团队《印刷概论》申报材料（选） ·········· 121

　　1. 申报书 ·········· 121

　　2. 教学设计 ·········· 137

三、教育部课程思政示范课程、教学名师和团队《静电照相印刷》申报书（选） ·········· 141

四、党史教育融入课程思政教学体系优秀案例 ·········· 161

　　1. 学史力行、实事求是，知行合一、止于至善——静电照相印刷名片设计 ·········· 161

　　2. 红色基因进课程，艺术表达融入党史教育——文字的设计与表现手法 ·········· 169

　　3. 马背上的印刷机，抗日中的助推器——印刷的作用及应用 ·········· 174

五、课程思政建设校企合作协议书（样稿） ·········· 179

FOURTH
| 第四篇 |

立德之风帆

【线上教学典型】不一样的课堂，一样的精彩 ················· 182

【线上教学典型】线下转线上，教学新兵谱新篇 ················· 187

【线上教学典型】疫情下的恪守职责与温暖 ················· 190

【线上教学典型】"借力"教学资源平台，"用好"黄金 1 小时，上好云上"课程思政"
——《包装策划与营销》课程在线教学案例 ················· 192

印刷包装工程系召开市级领航学院 2021 年度工作总结会 ················· 195

【双一流建设】印刷包装工程系举办课程思政专题讲座 ················· 196

课程思政"三寓三式"范式研究持续深化
——我校领航团队教师获"上海市高等教育学会 2021 年度规划课题"立项 ················· 197

我校"上海高校课程思政重点改革领航学院"召开推进交流会 ················· 199

2021 年市级教师教学创新团队系部推荐结果公示 ················· 200

上海高校课程思政领航计划首本研究论著正式出版 ················· 201

2021 年校教学成果奖推荐结果公示 ················· 203

【双一流建设】弘扬红色出版，唱响中国旋律
——印刷包装工程系与上海音乐出版社融媒体实训基地揭牌仪式 ················· 204

我校《静电照相印刷》课程成功入选教育部首批课程思政示范项目 ················· 206

我校学生在 NCDA 红色主题公益赛事中获全国总决赛二等奖 ················· 208

我校"上海高校课程思政重点改革领航学院"召开交流会暨十一次例会 ················· 210

喜讯！我校"印艺学社"荣获 2020 年度上海市五四奖章集体 ················· 212

印刷包装工程系开展"党史入课程优秀教学案例"分享交流会 ················· 214

我校召开课程思政重点改革领航学院建设经验交流会 ················· 215

【学党史迎百年】印刷包装工程系学生工作党支部开展"铭记历史、缅怀先烈"
清明祭扫革命先烈主题党日活动 ················· 217

我校"上海高校课程思政重点改革领航学院"建设 2021 年再启航 ················· 218

【学党史迎百年】印刷包装工程系学生工作党支部开展"奋进征程中的'拓荒牛'精神"

主题党课 ·· 219

我系 2 支团队荣获 2020 年度上海高职高专院校市级教师教学创新团队 ·············· 220

我校"上海高校课程思政重点改革领航学院"项目团队召开线下汇报推进会暨第十次会议 ····· 221

【筑十秋辉煌 谱时代新章】印刷包装工程系学生工作党支部开展主题党课暨入党宣誓仪式 ····· 223

【双一流建设】树立人生目标，夯实专业素养

——印刷媒体技术专业"工匠精神进课堂"系列报道之三 ··························· 224

【双一流建设】匠心传承印刷 兴趣引领梦想

——印刷媒体技术专业"工匠精神进课堂"系列报道之二 ··························· 225

【双一流建设】扎实印刷学识 助推企业创新

——印刷媒体技术专业"工匠精神进课堂"系列报道之一 ··························· 226

印刷包装工程系举办 2020 级新生入党教育第一课 ····································· 227

【暑期社会实践】印刷包装工程系：探寻金山"四史"，牢记使命担当 ·················· 228

【四史教育】印刷包装工程系学生工作党支部开展"感受真理的味道 争做忠实的传人"

"四史"专题学习组织生活和主题党日活动 ·· 230

印刷包装工程系学生工作党支部开展"学习'四史'感恩母校"毕业生党员离校教育活动 ····· 232

印刷包装工程系学生党员廖丽和廖宁的先进事迹 ······································ 233

【四史教育】印刷包装工程系学生工作党支部开展"鉴古知今 牢树自信"四史"学习

教育专题组织生活会和主题党日活动 ·· 234

印刷包装工程系 2019—2020 学年第一学期校优秀学生奖学金评选名单 ··············· 235

FIFTH

| 第五篇 |

立杆之效应

高本同频，跨界共振

——上海交大机动学院与上海版专"上海高校课程思政重点改革领航学院"开展课程

思政交流研讨 ··· 238

上海电子信息职业技术学院成功举办"高职院校课程思政改革与创新"专题培训 ··········· 240

平顶山工业职业技术学院成立"三寓三式"范式研究中心 ……………………… 243

东方新闻：课程思政　融盐于水　立德树人　润物无声
——2022年上海市职业院校课程思政师资培训（第一期）顺利举办 …………… 245

山东传媒职业学院信息工程系举行课程思政"三寓三式"范式研究中心成立仪式 …… 249

党建引领"三寓三式"课程思政建设再获佳绩
——《加强新时代教师党支部政治把关引领作用研究》获课题成果二等奖 ……… 251

上海工程技术大学高职学院举行"三寓三式"范式研究中心启动仪式 ………… 254

上海版专成立课程思政"三寓三式"范式研究中心 ……………………………… 256

"三寓三式"范式研究首次获批"2022年度上海市教育科学研究项目"立项 …… 259

学习强国：【城市教室】课程思政精品课｜"静电照相印刷"课程思政教学设计 …… 262

东方网：上海出版印刷高等专科学校课程思政研究中心全力打造"一"号品牌 …… 264

鄂尔多斯职业学院参与完成国家级教学成果奖应用推广工程课程思政课题研究 …… 268

学校召开2021年度思想政治暨"三全育人"工作会议 …………………………… 270

东方网：践行育人初心，担当育才使命
——上海版专印刷包装工程系坚持立德树人，干事创业显成效 ……………… 272

上海高校课程思政领航计划首本研究论著正式出版 ……………………………… 275

东方网：教学有道　铸魂育人
——上海市35所高校130名一线教师参加这场培训会 ……………………… 277

化盐于水　润物无声
——课程思政专家滕跃民来金华职业技术学校作专题讲座 …………………… 282

上观新闻、社会科学报、今日头条："课程思政与师德师风建设研讨会"在上海举办 … 283

【回顾】上海高职高专文化素养教指委召开迎"五一"劳动教育推进会 ………… 288

计算机工程学院举行课程思政"三寓三式"范式研究中心成立仪式 …………… 290

我校召开"三全育人"工作推进大会 ……………………………………………… 291

刍议课程思政的教学方法与效果 ………………………………………………… 292

FIRST

| 第一篇 |

DAOYAN

§

导 言

上海出版印刷高等专科学校印刷包装工程系
入选"上海高校课程思政重点改革领航学院"

上海市教委德育处于 2019 年 6 月至 9 月组织开展 2019 年"上海高校课程思政领航计划"遴选工作。"上海高校课程思政整体改革领航高校"和"上海高校课程思政重点改革领航学院"的入选名单：

"上海高校课程思政整体改革领航高校"拟入选名单（10 所）

复旦大学

上海交通大学

同济大学

华东师范大学

上海外国语大学

上海理工大学

华东政法大学

上海大学

上海中医药大学

上海应用技术大学

"上海高校课程思政重点改革领航学院"拟入选名单（20 所）

华东理工大学化学与分子工程学院

东华大学纺织学院

上海财经大学经济学院

上海海事大学交通运输学院

上海音乐学院民族音乐系

上海体育学院运动科学学院

上海海洋大学水产与生命学院

上海电力大学计算机科学与技术学院

上海师范大学人文学院

上海对外经贸大学国际经贸学院

上海工程技术大学航空运输学院

上海立信会计金融学院金融学院

上海商学院文法学院

上海政法学院政府管理学院

上海健康医学院临床医学院

上海出版印刷高等专科学校印刷包装工程系

上海公安学院侦查系

上海交通职业技术学院航运与物流管理系

上海城建职业学院公共管理与服务学院

上海杉达学院胜祥商学院

信息来源：上海市教委政务微信"上海教育"

宣传部　供稿

上海高校课程思政领航计划
（重点改革领航学院）
申 报 书（节选）

学校名称：<u>上海出版印刷高等专科学校</u>
学院名称：<u>印刷包装工程系</u>
负 责 人：<u>滕跃民 顾 萍</u>
申报时间：<u>2019. 6. 23</u>

中共上海市教育卫生工作委员会
上海市教育委员会
2019 年 6 月

前期工作基础

（重点介绍上海推进高校课程思政教育教学改革以来，学院在制度建设、课程建设、师资培训、评价考核等方面的工作举措与创新做法）

近年来，学校贯彻落实习近平总书记在全国高校思想政治工作会议、全国教育大会等方面的讲话精神，认真开展学校思想政治工作，在人才培养工作中积极落实课程思政改革。以此为遵循，学校和印刷包装工程系开启了课程思政改革探索之路，通过积极的探索和教学实践，形成了思政教育融入各类课程的"课中课"同向同行教学模式。该模式聚焦课程育人、实践育人和文化育人等既有领域，创新性地将德育元素融入知识技能培养环节，打通了显性知识技能培养与隐性素养培育相互促进的通道，凝练成为以"三微一体、三精融汇、三段式教学"为核心的"课中课"

1.0版；在推广应用中，进一步打造成以"三元三寓三式"（以下简称"三寓三式"）为特征的"课中课"2.0版，即被国内同行赞誉为课程思政改革的"上海版专"范例，上海版专由此成为全国高校"课程思政"改革成功的先行者。该成果获得了上海市教学成果特等奖、国家教学成果二等奖，在课程思政这一全新教育教学领域实现了历史性的突破，初步构建了各类课程开展课程思政改革的模式和标准。与此同时，我校照此模式和标准，在师资培训、评价考核等方面开展了积极有效的工作，探索出了一系列的创新做法。

一、学院制度建设

学校基于全国高校思政工作会议精神，成立了学校课程思政教学改革领导小组和工作小组，制定促进课程思政改革的相关制度，如图1所示。学校已经有几十门课程施行了思政改革课程，学校大力推进的"四化教学"（课程教学思政化、课程内容创新化、教学方法快乐化、教学手段信息化）之首就是课程思政化。印刷包装工程系（以下简称"印包系"）根据上级部门的指示精神和学校有关制度，成立印刷包装工程系课程思政教学改革领导小组，制定关于实施"课程思政行动计划"，如图2所示；具体细则参见《2019年上海高校课程思政领航学院申报课程思政制度汇编》。

图1　关于成立学校课程思政教学改革领导小组和工作小组的通知

图2　关于成立印刷包装工程系课程思政教学改革领导小组的通知

二、课程建设

（一）"课中课" 1.0 版的探索与实践

职业教育的实习实训承担着职业技能人才的技能训练，和应对行业发展需求的各级职业技能培训的任务。把思政课要点融入职业教育的实习实训，有助于培养职业技能人才的职业素养。印包系教师在课程思政改革的探索实践中，与思政课教师一起学习研究、共同备课，在专业实训的教学中同台授课，构建了以"三微一体、三精融汇、三段式教学"为核心的"课中课" 1.0 版。通过挖掘，他们将理想信念、实事求是、遵纪守法、工匠精神、团队合作、环境意识等 6 个思政微要点融入专业实训课，把思政课的教学要点具体化为实训操作体验，从而把专业实训教学与思政教育有机结合起来，让学生在技能训练过程中体验 6 个思政微要点。例如将《毛泽东思想和中国特色社会主义理论体系概论》课中"实事求是"的教学要点，具体化为实训操作中"会就是会，不会就是不会；如果不会，继续找原因、摸索规律、操作学习"的微行为，使学生养成正直诚实的职业微素养。思政要点和实训技能与素养由此相互对应起来，统合为微要点、微素养、微行为的"三'微'一体"育人架构，从而将思政教育的价值引领落细落地。

"课中课"教学模式通过课前"精"心设计，课中"精讲"案例，课后"精彩"分享，形成了"三精融汇"的延展教学法，建立了课前启发式教学、课中体验式教学、课后感悟式教学的"三段式"教学。教师们通过课程开始后的前 5 分钟，引出要融入实训课堂的技能微行为、思政微要点。在课中的体验式教学中，如果学生在实训环节出现粗心大意、畏难退缩、乱扔垃圾等现象，思政教师会适时贴近学生开展遵守规则、团队合作、敬业务实等职业微素养的教育。课后感悟式教学让学生们分享关于在职业规范、职业道德和操守方面的感悟。

"课中课"模式立足学生的全面发展，从"问题"入手，以职业技能为支撑点，在技能实训过程中融入思政微要点和职业微素养，激发了学生"学知识、练技能"的热情，营造出苦练职业技能、争当高素质技能人才的良好学习氛围。"课中课"模式不仅体现了专业课与思政课的"同向同行"，而且展现了技能与素养培育的"同学同步"理念。2015 年张淑萍在第 43 届世界技能大赛上获得了印刷媒体技术项目银牌，就充分体现了思政课融入专业实训课的育人效果。

（二）"课中课" 2.0 版的进一步提升

在"课中课"的推广中，学校创新课程思政"三寓三式"融合原则方法和路径手段，成功打造了"课中课"的升级版（2.0版），如图3所示。"三寓"是指在"课中课"教学过程中"寓道于教""寓德于教""寓教于乐"相融合的方法原则。"寓道于教"是引导学生自觉认真地学习探索客观规律，尊重遵守客观规律。如在讲解《印刷过程与控制》时，把"精益求精、方得始终"的工匠精神、"一丝不苟、字斟句酌、作风严谨"的辞海精神润物无声地融入到课程教学中。"寓德于教"指各类课程潜移默化地对学生进行社会主义核心价值观的教育，各类课程教师在课程中自觉承担起德育的教学任务，引导学生学习毕昇、万启盈、王选等榜样的事迹，发挥榜样的示范效应。"寓教于乐"是指教师在教学过程中，重视激发学生学习兴趣与积极性，不断提高课堂教学质量。

图3　课程思政改革的实施措施：三元三寓三式

"三式"指在"课中课"教学过程中以"画龙点睛式、专题嵌入式、元素化合式"为融合路径手段。"画龙点睛式"指基于对各类课程的知识点和技能点的简明提示，对学生开展社会主义核心价值观、唯物辩证法、职业素养等的"点睛"。"专题嵌入式"是各类课程教师选择相关主题，在不打破原来教学结构的基础上，将思政的某个专题进行嵌入，以加深学生对各类课程内容的理解，同时提高学生对思政道德的认识。如在印包系专业课《印刷过程与控制》关于"水墨平衡"的讲授中，嵌入对立统一规律的阐述，揭示印刷过程中的矛盾运动规律、量变到质变的规律。"元素化合式"就是将专业知识、专业技能、思政要点这三种不同的教学元素进行化合，进而产生合而为一的育人效果。如在全校平台课《音乐鉴赏》关于"民族音乐"的教学中，把西洋音乐与乐器、我国的民族音乐与乐器、爱国主义等元素有机地化合在一起，用西洋乐器演奏中国音乐，大大激发了学生的爱国主义情怀，效果显著。

此外，在"课中课"模式的推广应用中，学校还形成了课程思政改革具有先导性意义的"五项负面清单"（不扯皮、不贴标签、不生搬硬套、不碎片化、不降低教

学效果），以及"道法术器"的系
统化设计框架，得到了全国许多
兄弟院校领导和教师的高度认同。
因此，"五项清单""道法术器"
"三寓三式"构成了"课中课"升
级版（2.0版）的三大重要组成部
分，如图4所示。

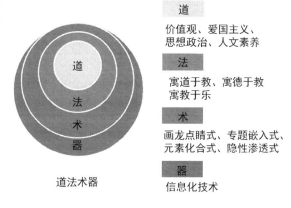

道
价值观、爱国主义、
思想政治、人文素养

法
寓道于教、寓德于教
寓教于乐

术
画龙点睛式、专题嵌入式、
元素化合式、隐性渗透式

器
信息化技术

道法术器

图4　课程思政改革的系统化设计框架：道法术器

"课中课"模式（1.0版、
2.0版）彰显了各类课程与思政课
"同向同行"的协同育人效应：各
类课程以"三寓三式"为指导，充分提炼专业课程中蕴含的文化基因和价值引领，并将其渗透于教学目标、教学内
容、教学方法、教学资源之中，从而转化为社会主义核心价值观具体化、生动化的
有效教学载体，内化于心、外化于行，提升了专业课教师的德育意识和德育能力，
在"润物细无声"的知识传授中实现理想信念层面的精神指引。

（三）"三全育人"实践强化价值引领

"课中课"模式紧密结合行业，对接印刷出版文化，革新了行业文化育人路径。
我校整合"思政教师、专业教师、行业兼职教师"3支队伍，组建以专业教师为主，
以思政教师和行业兼职教师为支撑的课程思政改革教师团队，通过"课中课"教学
模式实现了思政教育"进专业、进行业、进社会"，成为高职教育领域"三全育人"
的活样板，显著提升了职业院校思政教育效果。

上海出版印刷高等专科学校是一所具有鲜明办学特色，以培育高技术技能人才
为目标的学校。学校浓厚的校园文化氛围和丰富的校企合作资源，是"课中课"模
式教学实践的有力支撑。通过学校的"印迹中国"特色活动、印刷博物馆现场教学
和行业企业实践，学生从中国传统印刷文化的熏陶中，感受到中华优秀传统文化的
厚重和历史传承的责任，从而坚定理想信念，增强战胜一切困难的信心和决心。同
时也让学生从企业实践中把握到印刷出版行业、文化传媒产业在传播先进文化方面
的光荣使命，从而增强爱岗敬业、努力学习的自觉性，点亮心中的信仰，用信仰的
力量引领他们在成长成才的过程中执著攀登，收获精彩。

三、课程思政教学实践成果

学校及印包系通过多年来的理论探索和教学实践，形成了思政教育融入各类课

程的"课中课"同向同行教学模式，创新性地将德育元素融入知识技能培养环节，打通了显性知识技能培养与隐性素养培育相互促进的通道，最终凝练出基于"寓道于教、寓德于教、寓教于乐"，具有"画龙点睛式、专题嵌入式、元素化合式"实施标准的"同向同行"范例，成为全国高校"课程思政"改革成功的先行者。该成果获得了上海市教学成果特等奖、国家教学成果二等奖（如图5和图6所示），在课程思政这一全新教育教学领域实现了历史性的突破，构建了各类课程开展课程思政改革的模式和标准。

图5　上海市教学成果特等奖

教　育　部　文　件

教师〔2018〕21号

教育部关于批准2018年国家级教学成果奖
获奖项目的决定

国家级教学成果奖评审委员会评审确定的2018年国家级教学成果奖项目，已经过异议处理，共计1355项成果获得国家级教学成果奖。

经国家级教学成果奖评审委员会评审确定，依据国务院公布的《教学成果奖励条例》规定，报经国务院批准，上海市教育委员会教学研究室申报的《走向世界的中国数学教育——义务教育阶段数学课程改革的上海经验》、重庆市巴蜀小学校申报的《基于学科育人功能的课程综合化实施与评价》、平度市职业中等专业学校许占山等申报的《助推县域三农转型升级的中等职业学校教学改革研究与实践》、深圳职业技术学院马晓明等申报的《深职院——华为培养信息通信技术技能人才"课证共生共长"模式研制与实践》、四川大学谢和平等申报的《以课堂教学改革为突破口的一流本科教育川大实践》、

—1—

上海出版印刷高等专科学校2018年国家级教学成果奖获奖项目

成果名称	完成人	完成单位	获奖等级
思政教育融入专业实训课的"课中课"同向同行模式创新与实践	滕跃民、马前锋、汪军、张玉华、陈挹、孟仁振、王永秋、石利琴、薛克、苏怡茜、穆俊鹏、冯艺、吴娴、郭扬兴、张婷	上海出版印刷高等专科学校	二等奖

图6　国家级教学成果二等奖

滕跃民常务副校长是上海市教学成果特等奖、国家教学成果二等奖的主持人和负责人。在党委的领导下，在校领导的支持下，他身先士卒、率先垂范，带领学校及印包系干部和骨干教师克服重重困难，勇于探索，在课程思政改革的顶层设计和具体实践中做出重要贡献。与此同时，他深入一线积极开展课程思政改革的宣传和推广活动，学校因此获全国许多兄弟院校评价为课程思政实践的领头羊、排头兵。原党委书记刘道平因积极支持学校课程思政改革，大力推进相关的媒体宣传报道，光荣地代表上海高职高专院校出席 2016 年 12 月召开的全国高校思政工作会议，载入了学校发展的史册。校领导和骨干教师多次在上海市及全国的相关会议、培训班上介绍课程思政改革经验，《中国教育报》还刊发了有关上海出版印刷高等专科学校课程思政改革的文章，如图 7 所示。

图 7 《中国教育报》刊发有关上海出版印刷高等专科学校课程思政改革的文章

鉴于我校在课程思政"课中课"方面取得的宝贵成果，2018 年 11 月 8 日上午，来自广东省高职高专思政课建设联盟近 32 所高校的 52 名党政领导及思政骨干教师来到我校参加高职院校课程思政研讨会，交流学习课程思政改革的经验，如图 8 所示。另外，还有浙江工贸职业技术学院、鄂尔多斯职业学院、四川交通职业技术学院、深圳信息职业技术学院、贵州交通职业技术学院、上海电子信息职业技术学院、上海城建职业学院、上海东海职业技术学院、徐州职业技术学院、沈阳职业技术学院、泉州幼儿师范高等专科学校等 60 多所兄弟院校来我校交流学习课程思政经验，如图 9 和图 10 所示。

此外，印包系响应学校号召担当思政课程改革排头兵，在课程思政方面积极申

首页　　推荐表　　成果报告　　项目成效　　创新特色　　成果影响　　支撑材料

广东省高职高专思政课建设联盟代表团来我校参加高职院校课程思政研讨会

发布者：管理员　发布时间：2018-11-16　浏览次数：38

11月8日上午，来自广东省高职高专思政课建设联盟近32所高校52名党政领导及思政骨干教师来到我校参加高职院校课程思政研讨会。上海高职高专思政课建设联盟会长、上海理工大学党委副书记、纪委书记刘道平，上海高职高专思政课建设联盟常务副会长、上海交通职院党委书记董晓峰，上海电子信息职业技术学院副书记顾剑锋，教育部教指委指高职分委委员韩光福，学校党委书记顾春华，常务副校长滕跃民，党委副书记顾凯出席了研讨会。人事处、思政教研部相关负责人及思政课教师参加会议。

顾春华在致辞中向广东省代表团介绍了上海市及我校课程思政的实施状况，并简要说明了上海高职高专思政课建设联盟的工作开展。广东轻工职业学院党委副书记、广东省高职高专思政课建设联盟副会长、广东省外语艺术职业学院党委书记卢羡文、广东职业技术学院党委书记曾耀丽、广州卫生职业技术学院党委书记余莎、广州科技贸易职业学院院长蒋新革分别代表广东省各高职高专院校介绍了此次考察交流活动的背景和任务，并表达了向我校课程思政建设取经的强烈意愿。

在交流研讨环节，滕跃民以《从思政课程到课程思政》为题做了主旨报告。精辟的分析，精细的案例，精密的论证，加之精准详实的内容使代表团大受启发，受益匪浅，意犹未尽。上海理工大学马克思主义学院副院长的缜明从课程思政与思政课程的关系入手精辟地阐释了课程思政建设过程中的若干要点，即要注重把握思政教育规律，加强协同育人机制建设，解决思政教育时空分离的问题，实现思政教育空间间化和时间时空间化的衔接。出版传播系教师张翠以《广告原理与实务》课程为例进行了课程思政现场展示。她从广告定位、广告创意设计中如何有机融入中国元素问题出发，以《广告品牌的国货精品》为切入点，引导学生的文化自信和自身品牌形象管理等课程思政路径设计，引得与会教师的共鸣。基础课教师薛老会以《数学矩阵与中国文化》为题进行课程思政教学展示，薛老师纵贯古今，横纵中西，旁征博引，跨界跨学科的头脑风暴给与会专家学者留下深刻印象。

此次广东代表团的来访交流既是对我校课程思政工作的肯定，也是全国高职院校思政课程建设联盟跨区协作的先行案例，是我校落实"三进"工作的实效体现。研讨会后，广东代表团特向上海高职高专思政课建设联盟和我校赠送感谢牌匾。

图 8　广东省高职高专思政课建设联盟来我校参加课程思政研讨会

报相关课题，获得了丰硕成果。由顾萍领衔完成的《"互联网＋"时代协同培养"工匠精神"高技能人才的探索与实践》获得 2017 年度上海市教学成果一等奖，如图 11 所示。该成果主要通过名企名校协同培养高技能人才，应用互联网技术搭建顶岗实习公共平台，将传统工艺与现代技术相结合，将培养艺术品复制和修复人才的方式和途径创新为高技能人才培养模式。由肖颖领衔完成的《专业建设与社团运行协同融合下印刷媒体技术人才培养模式的创新与实践》则获 2017 年上海市教学成果一等奖，如图 12 所示。该成果以世赛引领，资源整合，推动竞赛成果向教学资源转化，进而通过产学合作，优势共享，创新协作教学模式，以融合专业建设为依托，实现社团专业化运行，打造创新社团模式，最终通过全真训练，点面结合，实现世赛模式的全面复制与推广。由孔玲君领衔完成的《基于中美合作的国际化图文信息

学校首页　本站首页　部门概况　教学建设　教务管理　实践教学　高教研究　实验室建设　启盟创新班

当前位置：首页　教务处　新闻速览

教务处

- 学校首页
- 本站首页
- 部门概况
- 教学建设
- 教务管理
- 实践教学
- 高教研究
- 下载中心
- 实验室建设
- 通知公告
- 新闻速览
- 教育政策
- 机构设置
- 办事指南
- 规章制度
- 教学校历
- 教务信箱

浙江工贸职业技术学院来我校考察交流课程思政工作

分享到

发布时间：2019-04-01　浏览次数：1164

2019年3月26日上午，浙江工贸职业技术学院党委书记盖庆武、副院长汪焙帮队赴我校学习交流。党委书记顾春华、常务副校长滕跃民接待来访，教务处、思政教研部相关负责人参加了交流会。

顾春华发表讲话。他指出，习近平总书记在学校思政课教师座谈会上做了重要讲话，要求我们要理直气壮开好思政课，用习近平新时代中国特色社会主义思想铸魂育人。学校党委将进一步加强对思政课建设的思想政治领导，双方在思政课程以及课程思政教学上的交流与互动将有助于推动筑牢思想基础，推动课程改革，营造良好的学习氛围。

随后滕跃民作了《"德智技"融汇，"课中课"贯通》的主题报告。他的报告全面、系统地介绍了我校思政课教学和课程思政教学中取得的一系列宝贵经验和成绩，给浙江工贸职业技术学院的领导和思政课教师留下了深刻印象。

会上双方就如何推动课程思政，建立激励保障机制、课程思政课堂评价制度建设等方面进行了深入的探讨和广泛交流。

会后，浙江工贸职业技术学院一行参观了上海印刷博物馆和世界技能大赛印刷媒体项目实训基地。

图9　浙江工贸职业技术学院来我校考察交流课程思政工作

处理技术技能人才培养实践》获 2017 年上海市教学成果二等奖，如图 13 所示。该成果提出的人才培养和专业建设经验促进了校内外同类专业的建设发展，助推了我校中外合作办学项目的发展，同时共享的海外优质资源又能够为行业、企业和相关院校服务。另外，印包系申报学校 2018 年度、2019 年度课程思政改革试点专业课程共计 7 项，如图 14 和图 15 所示。

以世赛为引领，以工匠精神为主线，技能实践育人获新突破，我系实现了思政素质和职业技能的双提升。2013 年 7 月 7 日，我校学生王东东摘得第 42 届世界技能大赛印刷媒体技术项目铜牌，如图 16 所示。2015 年 8 月 17 日，我校学生张淑萍摘得第 43 届世界技能大赛印刷媒体技术项目银牌，如图 17 所示。

学校首页　本站首页　部门概况　教学建设　教务管理　实践教学　高教研究　实验室建设　启盈创新班

当前位置：首页　教务处　新闻速览

教务处

学校首页
本站首页
部门概况
教学建设
教务管理
实践教学
高教研究
下载中心
实验室建设
通知公告
新闻速览
教育政策
机构设置
办事指南
规章制度
教学校历
教务信箱

鄂尔多斯职业学院来我校进行考察交流

发布时间：2019-05-05　浏览次数：169

近日，内蒙古自治区鄂尔多斯职业学院党委书记问凤鸣、副院长陶文辉带领相关部门负责人及思政课教师来我校学习交流。常务副校长滕跃民出席，组织宣传部、思政教研部相关负责人及教师代表参加了交流会。

滕跃民作了《"德智技"融汇，"课中课"贯通》的主题报告。报告从我校课程思政改革的意义、探索、思考与保障措施等几个方面，生动形象、全面系统地介绍了我校课程思政教学中取得的一系列宝贵经验和成绩。鄂尔多斯职业学院的相关领导也介绍了思政课和课程思政方面探索的经验，并对我校在全国课程思政改革实践中的先导作用、三高三式、快乐教学和负面清单等范式标准表示赞赏。

会上，双方还就高职院校的组织宣传、教学管理等方面的工作进行了深入的探讨和广泛交流，同时表达了今后相互交流合作，共享信息资源，共建交流平台等多方面的意愿。

图 10　鄂尔多斯职业学院来我校进行考察交流

图 11　上海市 2017 年度教学成果一等奖　　图 12　上海市 2017 年度教学成果一等奖

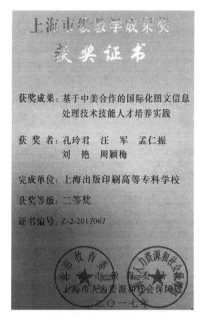

图 13　上海市 2017 年度教学成果二等奖

关于公布第二期课程思政改革试点评审结果的通知

立项课程名单如下：

重点培育课程				
序号	开课系部	课程负责人	职称	课程名称
16	文化管理系	[illegible]	助教	中国书画
17	印刷包装工程系	方恩印	讲师	静电照相印刷
18	文化管理系	易钟林	讲师	媒介经营与管理
19	影视艺术系	孙韶青	助教	影视导演基础
20	出版与传播系	吴昶曹	讲师	中国文化通论
21	出版与传播系	王宇莹	讲师	数字出版物界面艺术设计
22	印刷包装工程系	杨晟炜	讲师	网页设计与制作

图 14　上海出版印刷高等专科学校 2018 年度课程思政试点课程

序号	开课系部	课程负责人	课程名称	类别
6	印刷包装工程系	俞忠华	印刷企业管理实务B	重点立项
7	印刷包装工程系	周颖梅	印刷电子	重点立项
8	印刷包装工程系	刘 艳	色彩原理与应用	重点立项
20	印刷包装工程系	秦晓楠	产品包装设计	一般立项
21	印刷包装工程系	肖 颖	职业技能实训	一般立项

图 15　上海出版印刷高等专科学校 2019 年度课程思政试点课程

图 16　我校学生王东东摘得第 42 届世界　　图 17　我校学生张淑萍摘得第 43 届世界
　　　技能大赛印刷媒体技术项目铜牌　　　　　　技能大赛印刷媒体技术项目银牌

　　印包系课程思政的成功实践和应用成果在上海职业教育领域产生了重要影响。该项目负责人应邀在第一期、第二期赴上海职业院校现场观摩"课程思政"经验交流高级研讨班，作了题为《同向同行、静电照相印刷专业思政教育的教学设计与实施》的交流发言，取得了不错的效果。随着课程思政教学改革的不断深入应用，该项目负责人应邀去广西职业技术学院、贵州幼儿职业技术学院等其他高等职业院校进行课程思政教学经验交流。通过教学分享，汲取大量专业素材案例，进一步丰富了思政教学内容，使得思政课程教学能够更多地联系专业技术实际，更接地气，更有吸引力。专业教师也养成了积极主动开展价值引领的意识，提升了育德能力。图18 和图 19 为该项目负责人在上述高校作课程思政经验交流报告。

图 18　广西职院课程思政经验交流　　　　　图 19　贵州幼师课程思政经验交流

四、师资培训

　　在课程思政改革的背景下，教师除了必备的完成教学任务的基础知识和能力之外，强化了育德意识，提高了育德能力，教师素质的内涵也具有了更深层次的意义。学校常务副校长滕跃民经常在全校和系部亲自为老师辅导课程思政，而专业教师通过自学及积极参加校内课程思政培训，借此提高课程思政教学能力；另外，印包系加大力度，积极鼓励支持专业教师参加校外各类课程思政培训，并对专业教师的培训提出了以下要求：

（一）专业教师应具有坚定的理想信念与正确的政治素养

大学是培养大学生树立正确价值观、人生观、世界观的重要阶段，为将大学生培养成为社会主义合格建设者和接班人，就要求专业教师首先必须对马克思主义理论真学、真信、真懂，清晰地认识到中国社会能取得今天如此大的成就得益于指导中国特色社会主义事业的马克思主义理论，真正领悟到国家提出课程思政建设的重要意义和紧迫性，并以此为前提，提高教学方法改革和创新的动力。

（二）应具有高尚的道德素质和良好的责任意识

加强课程思政教育工作，让全体教师全身心投入到课程思政建设中，让每门课程的教师都承担好教书育人的职责，担当好学生的人生导师，这是我们的使命，若要实现就要加强师德师风建设，要求授课教师有高尚的道德素质和良好的责任意识，对于工作性质和目标有明确的认识，认识到自己肩负的使命和责任，要以为国家和社会培养德才兼备的人才为己任，为国家发展和建设贡献自己的力量。

（三）应具备创新意识和创新精神

创新对于教育领域来说是必不可少的，无论教学内容还是教学方法都需要创新。随着社会的发展和研究的深入，课程思政的教学活动也应做到与时俱进，注重教学内容和教学方法的创新，提高课程教学艺术，结合理论教学和实践教学的需要，不断探索新方法和新思路，在不断发现新问题、解决新问题的过程中提高教师的创新能力。

五、课程思政的科学评价指标

推进高校课程思政的发展，要建立科学评价指标，促进课程思政改革进一步走向规范化和科学化。在具体操作实践中，以"三寓三式""五化五式"为基础，印包系课程思政的评价指标如下：

1. 在课程思政建设的评估标准上，以授课对象的满意度为核心指标，初步建立教学内容和模式的评价制度，提高教学实效性，以此作为创新教学理念的重要依据。

2. 在课程思政建设的评估内容上，基于系部的管理过程和专业课的具体实际，从课程思政的管理手段、责任主体，以及教学效果等方面入手，从整体上对印包系课程思政的建设水平进行考量。

3. 在课程思政建设的评估方法上，教务处及"督导"教师协助学校对课程思政的教学过程进行评估，实施多种举措促进高校课程思政建设水平的提升。此外，为确保评估过程的科学性，应以开放的姿态和眼光，着力形成多元主体参与评估的发展格局，在实践中既有学校课程思政管理主体展开的"自上而下"的评估，也有作为受教育对象的大学生群体"自下而上"的评估。

六、课程思政的创新做法

（一）将"课中课"模式推广运用到全系各类课程的课程思政改革中

"课中课"模式（1.0 版、2.0 版）彰显了各类课程与思政课"同向同行"的协同育人效应，各类课程以"三寓三式"（寓道于教、寓德于教、寓教于乐；画龙点睛式、专题嵌入式、元素化合式）为指导，以"和风细雨、润物无声、潜移默化"的形式将课程思政融入专业课教学过程中，充分提炼专业课程中蕴含的文化基因和价值引领，并将其渗透于教学目标、教学内容、教学方法、教学资源之中，从而转化为社会主义核心价值观具体化、生动化的有效教学载体，内化于心、外化于行，提升了专业课教师的育德意识和育德能力，使教师在"润物细无声"的知识传授中实现理想信念层面的精神指引，用情景化、形象化、故事化、游戏化、幽默化、启发式、互动式、讨论式、探究式、案例式等方法开展快乐教学，在"汤里放盐"的基础上"加糖"，从而达到提升课堂教学的效果。

（二）构建"协同育人"教师群，提供可复制、可推广的样板

印刷包装工程系拟整合"思政教师、专业教师、行业技师"3 支队伍组成教师群，形成课程思政改革的协同机制，经常开展集体备课，思政教师重点协助专业教师、行业技师挖掘思政元素。协同育人机制使思政教育的舞台变大，戏路变宽，将显著提升职业院校的思政教育效果。通过课程思政改革实现思政教育由"进教材、进课堂、进头脑"拓展为"进专业、进行业、进社会"，应可成为高职教育领域"全员育人、全方位育人、全过程育人"的活样板。

（三）打造专业课程思政的"金课"，在职业教育领域发挥引领作用

结合专业建设，逐步推出一批融课程思政理论、时事政策及专业实际于一体的

专业课程，打造一批融"德育味""思政味"于其中的经典案例和精品课程，寓课程思政教育于专业课堂，抓住课堂"育人"的本质要求，润物细无声地发挥专业课程课堂的隐性课程思政教育功能，形成"课程思政"建设长效机制。通过课程思政建设，重点打造 2 到 3 门专业课课程思政改革的"金课"，作为典型的案例，在上海乃至全国范围内进行课程思政建设成果分享。

项目建设方案

（重点介绍学院课程思政教育教学改革设计、方法举措等内容，同时详细列出领航团队、领航课程建设方案。领航学院建设要满足至少 1 个团队、15 门课程的基本要求）

印包系将在课程思政改革方面进一步深化实行同向同行的"课中课"教学模式，立足职业教育人才培养目标，以提高学生的理论知识和职业技能为支撑点，更加注重培养学生的社会主义核心价值观和职业素养，使学生在专业的操作能力上独当一面，职业素养显著提升，在行业中更受欢迎，对职业生涯的发展更有信心。

一、课程思政教育教学改革设计及方法

课程思政改革的措施——深化"三寓三式"、快乐教学和"五项负面清单"

在课程方案设计和课程建设中，因地制宜、有选择地结合我校首创并获全国教学成果二等奖的课程思政"三寓三式"（寓道于教、寓德于教、寓教于乐；画龙点睛式、专题嵌入式、元素化合式），以及快乐教学"五化五式"（情景化、形象化、故事化、游戏化、幽默化；启发式、互动式、讨论式、探究式、案例式）的要求，进行课程思政的方案设计。同时，贯彻执行学校课程思政改革具有先导性意义的"五项负面清单"，即不扯皮、不贴标签、不生搬硬套、不碎片化、不降低教学效果。

二、领航团队建设方案

印包系课程思政领航团队建设内容涉及全系图文信息处理、印刷媒体技术、数字印技术、包装策划与设计、包装工程技术，共计 5 个专业，15 门课程。团队由领航团队（校内专业教师）、支撑团队（校内思政教师、校外企业兼职教师）构成。

（一）团队分工与合作

课程思政改革是前无古人的伟大工程，没有成熟的理论和经验，前进道路上必

然会遇到很多困难。教师们只有组建团队，团结协作、协同攻关，才能够完成课程思政改革的历史重任。领航团队与支撑团队要密切配合，团队成员要分工明确，默契配合，形成合力，即协同效应。高学历、高职称的骨干教师要在课程思政改革中起模范带头作用，校外企业兼职教师和思政老师要予以积极的配合。

领航团队与支撑团队要形成"互补促进"。课程思政改革会经常遇到困难和挑战，团队成员就要开展研究设计，进行科学分工，奋力攻关。领航团队针对教学模块实行学科建设项目责任人制度，根据每位任课教师的专业特长和能力制定任务清单，细化工作职责与任务，建立定期任务汇报、检查、总结制度。支撑团队实行导师制，开展"传、帮、带"活动，由资深的教师任导师，对青年教师进行"一对一"的课程思政指导及实验实践指导，使青年教师在基础理论、专业知识、教学水平、研究能力等方面得到稳步提高。每当团队克服了困难、战胜了挑战之后，团队成员在享受成功喜悦的同时，也强化了育德意识和育德能力，更促进了团队的实力提升。团队除了召开攻关会议，还要定期召开庆功交流会。

（二）编制课程思政教学指南，形成课程思政操作规范

全系统一思想，明确立德树人目标，加强领导和指导，引导全体教师坚持立德树人，明确人才培养目标，担负起课堂教育中的德育责任。教材则由领航团队与支撑团队一起编写。在专业课程教学中主动将社会主义核心价值观和中华优秀传统文化教育内容融入教学全过程，引导大学生形成文化自觉和文化自信，树立正确的价值观取向。为此，从人才培养出发，领航团队与支撑团队教师在课程教学大纲制定及校企合作基地制度建设中，增加理想信念、爱国主义、品德修养、奋斗精神、综合素质等思政元素。不同专业中编写与相关专业相匹配的课程思政教学指南。另外，还要进一步借助"印迹中国系列"课程的完善，从内化社会主义核心价值观、强化互联网思维、塑造工匠精神着手，将爱国情怀、媒介素养和精工理念融入专业教学，鼓励学生树立坚定信念、文化自信、报效祖国的家国情怀，争做未来发展的开创者和建设者。

（三）加强制度建设，将课程思政融入高校现代治理体系

教务处、人事处等校内其他各部门通力合作、大力支持印刷包装工程系课程思政教改，为"课中课"同向同行模式的实践提供强有力的保障。教务处在课时安排、教材编写、教学评价等方面给予了大力支持，人事部门在工作量计算、绩效考核方面给予教师团队相应的考量与倾斜，科研规划处和财务处也给予了积极支持。

（四）加强教师培训，提升教师的德育意识和德育能力

1. 加强学习，提升教师的德育意识和能力

加大对教师，尤其是党员教师的培养培训力度，把德育意识培养纳入教师培训体系，强化专业课教师教书育人、引路导航的使命感和责任感。同时，依托教工党支部，大力加强教师课程思政理论学习，提升专业课教师的德育意识和政治理论素养，提高专业课教师的课程思政教育和价值引领能力。采用"走出去，请进来"的办法，特邀有关专家教授进行辅导，同时积极派教师外出参加课程思政的有关培训。通过团队建设，不断提升教师的德育意识和能力。

2. 树立典型，精心树立育人楷模

加强教师队伍建设，广泛挖掘、重点树立一批政治觉悟高、业务水平好，既能传授专业知识，又擅长课程思政教育的教书育人楷模，具体可结合听课等形式，总结提炼"课程思政"改革中凝练出的好经验和好做法。同时对教学效果良好的课程及表现突出的个人予以表彰。

四、领航课程建设方案

（一）课程思政的教学目标与要求

在制定课程思政的教学目标与要求时，将社会主义核心价值观和中华优秀传统文化教育内容融入教学全过程，引导大学生形成文化自觉和文化自信，树立正确的价值观取向。为此，从人才培养出发，编制15门领航课程的思政教学方案。结合印包系关于实施课程思政教学指南的通知（见《课程思政制度汇编》）中的表《社会主义核心价值观与思政元素》，在制定课程教学大纲时融入理想信念、爱国主义、品德修养、奋斗精神、综合素质等思政元素。不同专业可编写与相关专业相匹配的课程思政教学指南。

（二）课程大纲与课程思政教学要点

印包系课程思政建设内容涉及全系图文信息处理、印刷媒体技术、数字印技术、包装策划与设计、包装工程技术等5个教研室，共计15门课程，分别是《静电照相印刷》《三维模型制作与应用》《印刷概论》《喷墨印刷》《印刷过程与控制》《印刷电子》《网页设计与制作》《色彩原理与应用》《印刷物料检测与选用》《印刷企业管理实务》《包装印刷》《程序设计》《电子书设计与制作》《机械制造技术》《TRIZ 理论与印刷》《产品包装设计》等。下表1列出了每门课所要挖掘的思政元素。

表1　课程与思政元素的二维关系表

课程	爱国主义	理想信念	道德品质	奋斗精神	综合素养
《静电照相印刷》	√	√			√
《三维模型制作与应用》		√		√	√
《印刷物料检测与选用》	√			√	
《印刷企业管理实务》	√			√	
《包装印刷》	√		√		√
《程序设计》		√		√	√
《电子书设计与制作》	√		√	√	
《机械制造技术》				√	√
《TRIZ理论与印刷》	√		√	√	
《产品包装设计》			√		√
《印刷概论》	√	√	√	√	√
《喷墨印刷》	√		√		
《印刷过程与控制》	√				√
《印刷电子》		√		√	
《网页设计与制作》	√		√	√	√
《色彩原理与应用》	√	√	√		√

在课程建设方案上需统一标准。在此，印包系将"课谱"理论引入课程思政建设中，将每个课程视为"课谱"，各个"知识点、技能点"作为"块谱"，再将"块谱"分解为"点谱"，整个课程知识点技能点体系的构建是由"点谱"构"块谱"，由"块谱"构"课谱"。在课程知识点、技能点分解的过程中，将思政要素以润物细无声、潜移默化的方式融入其中，如图20所示。

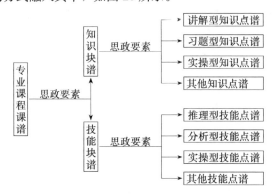

图20　课程建设方案

在教学单元的主要重（难）点中恰如其分地融入思政要点，运用我校首创并获全国教学成果二等奖的课程思政"三寓三式"（寓道于教、寓德于教、寓教于乐；画龙点睛式、专题嵌入式、元素化合式），进行课程思政的教学方案设计。其中的"三式"是基于"三寓"的融合手段，《静电照相印刷》课程教学内容、思政教学要点和融合手段的方案是一个典型的例子，如下表 2 所示。

表 2　课程教学内容、思政教学要点和融合手段

教学单元	专业教学内容	思政教学要点	融合手段
单元一 静电复印术的起源与发展	复印的起源、静电照相的基本概念、静电照相技术的发明、发展及进步	灵感来源于实践，锲而不舍、金石可镂	"画龙点睛式" + "专题嵌入式"
单元二 静电照相印刷材料	光导现象产生原理、静电照相印刷所需光导材料及对其相关要求	细节决定成败，行为铸就品格，发扬"工匠精神"	"专题嵌入式"
单元三 静电照相工艺原理与步骤	静电照相印刷工艺过程、根据工艺过程详述每一过程的具体内容和作用	把握事物发展规律，做事要循序善进	"元素化合式"
单元四 静电照相系统设计	介绍静电照相印刷机单元设计概念及其系统的划分	整体与局部的辩证关系，兼顾局部的同时，要树立整体意识和大局观念	"画龙点睛式" + "元素化合式"
单元五 静电照相印刷机结构	静电照相结构，即显影子系统、转印子系统、融化子系统、辅助机构	为使标准整体功能达到最佳，协同合作，实现"1＋1＞2"的效果	"元素化合式"
单元六 静电照相数字印刷排版与输出	静电照相数字印刷机排版imposing-plus 软件的使用	理论与实践并重，培养"理实一体化"人才	"画龙点睛式"

在此基础上，考虑快乐教学"五化五式"（情景化、形象化、故事化、游戏化、幽默化；启发式、互动式、讨论式、探究式、案例式）的运用，达到"汤里放盐加糖"的效果。

预 期 效 果

（列出预期目标，要求可抓可查可考核）

将课程思政与课程的专业知识点、技能点相融合，在知识传授、技能培养中实施价值引领，实现全方位育人。不仅教育学生要"专业成才"，更要促进其"精神成人"，帮助他们树立正确的世界观、人生观、价值观，从而使本课程的专业教学与课程思政理论同向同行，形成协同效应。具体预期效果如下：

1. 学生德育水平明显提升，职业技能和职业素养明显提升

课程思政改革立足学生的全面发展，从"问题"入手，以职业技能为支撑点，在技能实训过程中融入思政微要点和职业微素养，有力促进学生技能水平的提高。使用现代技术手段，通过新媒体信息技术等改善课程"颜值"，课堂有吸引力，课程有亲切感，大大提高学生参与课堂学习的动力。

2. 构建"协同育人"教师群，提供可复制、可推广的样板

印刷包装工程系整合"专业教师、思政教师、行业技师"3支队伍组成教师团队群，形成课程思政改革的协同机制，经常开展集体备课，思政教师重点协助专业教师、行业技师挖掘思政元素。协同育人机制使思政教育的舞台变大，戏路变宽，将显著提升职业院校的思政教育效果。通过课程思政改革实现思政教育由"进教材、进课堂、进头脑"拓展为"进专业、进行业、进社会"。

3. 提升教师德育意识和德育能力，树立典型，广泛挖掘育人楷模

加大对教职工，尤其是党员教职工的培养培训力度，把德育意识培养纳入教师培训体系，强化专业课教师教书育人、引路导航的使命感和责任感。依托教研室平台，通过集体备课等形式，提高教师的德育能力。依托教工党支部党日活动等载体，大力加强教师课程思政理论学习，提升专业课教师的德育意识和政治理论素养，提高专业课教师的课程思政教育和价值引领能力，促进教师增强自身的影响力和感召力，真正实现教育与教学融合统一的新局面。加强教师队伍建设，广泛挖掘、重点树立一批政治觉悟高、业务水平好，既能传授专业知识，又擅长课程思政教育的教书育人楷模，具体可结合听课等形式，总结提炼"课程思政"改革中凝练出的好经验和好做法。同时对教学效果良好的课程及表现突出的个人予以表彰。

4. 打造专业课程思政的"金课"，在职业教育领域发挥引领作用

结合专业建设，逐步推出一批融课程思政理论、时事政策及专业实践于一体的专业课程，打造一批融"德育味""思政味"于其中的经典案例和精品课程，寓课程思政教育于专业课堂，抓住课堂"育人"的本质要求，润物细无声地发挥专业课程课堂的隐性课程思政教育功能，形成"课程思政"建设长效机制。通过课程思政建设，拟重点打造2到3门专业课课程思政改革的"金课"，作为典型案例，在上海乃至全国范围内进行课程思政建设的成果分享。

5. 构建课程思政关键词和主题句资料库

课程思政关键词和主题句是非常优秀的教学资源，可以方便老师和同学学习并讨论。在建设课程思政领航学院和15门课程思政精品课的过程中，收集、汇总、筛选课程思政关键词和主题句，最终形成课程思政的关键词和主题句资料库。

6. 构建教学内容与思政要点融合的优秀案例库

以课程思政实践为基础，搜集知识点技能点与思政元素相融合的优秀实践案例，线上自主学习、线上与线下互动学习的优秀教学案例，以及课程思政重点内容对应的案例图片、视频等，构建印包系课程思政改革的优秀案例库。

顾春华书记在全国职教课程思政联合行动
院校线上会议上的发言

来源：新湖南客户端

2020-11-12 09:59:47

2020年11月10日，教育部职成司德育处组织召开课程思政联合行动院校线上会议，全国22所高职院校的党委书记、分管校领导、工作负责人参加本次会议。我校党委书记顾春华参加了会议，并在会上作有关学校课程思政建设典型经验的发言。下面是他的发言稿。

上海出版印刷高等专科学校课程思政建设情况汇报

顾春华

上海出版印刷高等专科学校的课程思政建设工作起步早，始终坚持实行"一把手领导、专业课主导、思政课指导"的建设思路，充分发挥专业课程育人功能，构建思想政治理论、综合素养、专业课程知识三位一体的课程思政教育课程体系，实现"知识传授与价值引领相结合"的课程目标。课程思政建设密切结合职业教育实际，也有利于解决职业院校重职业技能培养、轻思想政治教育和职业素养培养的问题，同时，对提升课堂质量也有显著效果。学校应以课程思政为契机，推动"金专""金课"建设。

一、学校课程思政建设工作的历程

1. 2012年启动课程思政改革，尝试在专业实训课中增加思政元素，探索以"德＋智＋技"为目标的专业课中融入思政课的"课中课"融合育人模式；

2. 2013年"课中课"项目获上海教卫党委立项，并得到10万元经费的支持，2014年以优异成绩通过验收，2015年成为全国高职质量报告的经典案例。

3. 2016年在全国思想政治理论课建设联盟平台上，面向全国开展"课中课"融合育人模式的培训，同年12月校党委书记刘道平代表上海高职高专参加全国思政教育工作会议。

4. 2017 年"课中课"融合育人模式获上海教学成果特等奖，2018 年获国家级教学成果二等奖。

5. 2017—2019 年，学校获批上海市课程思政重点培育校，在学校各个院系全面铺开涉及 79 门课程的"大国系列课、文化素养公共课和专业课"课程思政建设。

6. 2019 年 9 月学校获批上海市级课程思政领航学院立项，开展课程思政团队建设和一个专业 16 门课程的系统化课程思政建设；同年，学校批准建设 5 个校级课程思政领航学院，形成了整体化的推进态势，加大了推进力度。

7. 2020 年 3 月，面向全国，启动了国家级课程思政教学成果奖的应用推广工程，来自广东、江西、山东、北京、上海等省市的 10 多所学校的 30 多位领导和老师参加，并积极开展研究，努力实施和完成项目。

二、学校课程思政建设方式和机制的发展情况

学校课程思政建设经历了以下三个阶段：

1. 探索性单个课程阶段

从 2012 年至 2016 年，从专业实训课开始逐步扩展到专业理论课，鼓励有积极性的老师开展单个课程改革，在实训课中加入劳动光荣、工匠精神、爱国主义、科学精神、奋斗精神等思政元素，尝试将技能训练、知识传授和价值引领结合起来，取得很好的效果。

2. 项目化批量推进阶段

从 2017 年至 2019 年，在上海市课程思政重点培育校计划（每年 50 万元经费）的资助下，以项目申请、评审立项的形式在学校铺开课程思政建设工作，每年遴选 25 门左右进行立项资助建设，三年共立项 79 门，并对建设效果优秀的课程予以滚动支持，由此遴选出一批课程思政优秀教师，对他们开展常态化的培训与交流活动，在校内形成协同育人的良好氛围。

3. 系统化领航学院阶段

从 2019 年至 2020 年，学校入选上海高校课程思政重点改革领航学院，此后着眼于整个专业和院系，系统推进课程思政建设。遴选推出一批重点改革领航学院、特色改革领航团队和精品改革领航课程，形成了 1 个市级领航学院发挥示范带动作用，5 个校级领航学院协同推进的系统化格局，引领课程思政改革方向，推动课程思政改革向纵深发展。

三、学校课程思政建设的成绩

经过七八年的持续推进，不断地迭代完善，学校在课程思政建设方面取得了较好的效果，总结如下：

1. 形成了机制

课程思政是我校的一把手工程，定期在党委会和校长办公会上研究部署，召开课程思政推进会。学校成立了课程思政领导小组、委员会和办公室，明确责任，落实到人。在实践中不断优化教务处、思政部和院系专业间的协作模式，形成合力，为专业教师开展课程思政改革提供有力支撑。

2. 培养了师资

在公共基础课、文化素养课、专业课、实训课等不同类别的课程中，老师们在思政元素提炼与融合讲授、课程教案与思政案例的设计等方面不断进步，涌现出不同层次的40多名课程思政名师、快乐教学能手。

3. 建设了资源

建成了"印迹中国"课程、教材及相关教学资源；建设了覆盖全校各专业的近100门课的课程思政授课方案；即将完成印刷包装技术专业的课程思政指南；汇聚优秀课程思政案例，出版案例汇编。

4. 积累了经验

已经形成了具有课程思政经验模式的"三寓三式"（寓道于教、寓德于教、寓教于乐；画龙点睛式、专题嵌入式、元素化合式）、"五化五式"（情景化、形象化、故事化、游戏化、幽默化；启发式、互动式、讨论式、探究式、案例式）范式。

5. 固化了成果

近几年，全校教师共发表了100多篇课程思政方面的教学研究和教学改革论文，2020年3月编辑出版了课程思政专著《"课中课"融汇，德智技贯通——上海出版印刷高等专科学校课程思政改革探索与实践》，该书出版后很受欢迎，已经重印三次。

6. 交流了经验

我校利用全国和区域协作平台，至今已经与全国100多所的兄弟院校领导和教师直接或间接地开展观摩交流，我校有10多位老师以各种形式向全国兄弟学校进行课程思政的经验宣讲。

全国职业院校德育工作座谈会在长沙召开

2021年7月15日,全国职业院校德育工作座谈会在长沙民政职业技术学院召开,与会代表就如何推进职业院校德育工作迈上新台阶这一课题进行交流与探讨。

会议总结交流了近年来各地各职业院校德育和思想政治教育工作的经验做法和成效,展示了"少年工匠心向党 青春奋进新时代"主题教育活动、"文明风采"活动等德育实践活动的育人成果。

会议强调,要全面贯彻党的教育方针,落实立德树人的根本任务,坚持品德与技艺并修,探索符合职业院校学生特点和技术技能人才成长规律、学生喜闻乐见的思想政治工作体系和方法,促进学生全面发展。要充分发挥思政课堂的主渠道作用,开足开好思政课,深化思政课"三教改革";落实好课程思政,实现思想政治教育与知识体系教育、技术技能培养的有机统一。要加强思政工作队伍建设,把师德师风作为评价教师队伍素质的第一标准。

上海出版印刷高等专科学校作为全国课程思政改革的优秀学校,受邀在会议期间展示了课程思政的改革和建设成果,展示的题目为"勇做拓荒牛,勇当攀登者——上海出版印刷高等专科学校课程思政改革举措与典型经验介绍",获得了广大兄弟学校的好评。展示的材料见附件1,会议交流材料见附件2。

附件 1

课程思政建设

上海出版印刷高等专科学校

勇做拓荒牛，勇当攀登者
上海出版印刷高等专科学校课程思政改革举措与典型经验介绍

上海出版印刷高等专科学校党委高度重视课程思政建设，设立课程思政研究中心为独立设置的校级研究机构，坚持点面结合的工作机制，总结提炼学校经验，并向全校各系进行经验推广。

学校获国家级课程思政教学成果奖，上海市高职高专唯一的"课程思政教学研究示范中心"，出版三本课程思政方面的书籍。学校入选上海高校课程思政领航学院，并形成了1个市级领航学院示范引领，4个校级领航学院的全面推进的大格局。

学校首创了以"三寓三式"范式为特色的"课中课"2.0版，老师公开发表的课程思政研究论文为45余篇。近年来组织老师与全国近100多所兄弟院校开展互动交流和观摩，培训总规模达8000多人，时长总计达400课时。学校今后将进一步发挥课程思政改革建设示范效应，促进省际校际课程思政改革建设共同体不断发展壮大。

吉所职业院校落实立德树人根本任务联合行动

附件 2

勇做拓荒牛，勇当攀登者

——上海出版印刷高等专科学校课程思政改革举措与典型经验介绍

滕跃民

多年来，在教育部职成司的关心与支持下，上海出版印刷高等专科学校党委认真贯彻落实习总书记的讲话精神，在课程思政改革领域取得了辉煌成绩。以下是有关的情况介绍：

一、成绩喜人，成果丰硕

学校已获 2018 年国家级课程思政教学成果奖（见图 1），教育部课程思政示范项目，上海市高职高专唯一的"课程思政教学研究示范中心"，出版了三种课程思政方面的书籍，有系统介绍课程思政改革的论著（见图 2），国家级课程思政教学成果奖应用推广工程（见图 3），以弘扬中华优秀传统文化为主题的国际大赛作品集（见图 4）。

图 1 2018 年国家级课程思政教学成果奖

图 2 全面系统介绍我校课程
思政改革的论著

图 3 国家级课程思政教学
成果奖应用推广工程

图4   以弘扬中华优秀传统文化为主题的国际大赛作品集

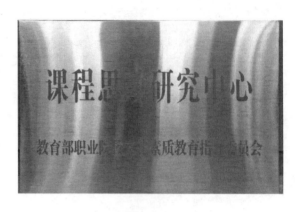

图5   学校被全国高职文化素质教指委授予"课程思政研究中心"

二、基础扎实，底蕴深厚

学校获全国高职文化素质教指委授予"课程思政研究中心"（见图5）。有1位老师获上海青教赛特等奖，并被评为上海市劳模。学校入选上海高校课程思政领航学院，并形成了1个市级领航学院示范引领，4个校级领航学院协同全面推进的大格局。

三、埋头苦干，砥砺前行

学校深入开展课程思政科学化、专业化的研究，在前期"三微一体"的"课中课"1.0版的基础上，又首创了以"三寓三式"范式为特色的"课中课"2.0版。"三寓"就是"寓道于教、寓德于教、寓教于乐"，"三式"就是"画龙点睛式、专题嵌入式、元素化合式"，实现了春风化雨、润物无声、潜移默化的目标。围绕"三寓三式"范式，老师们撰写了大量的经验总结、课程大纲、课程标准和教学指南等，总计200余篇。老师们公开发表的课程思政研究论文为45篇。

四、领导重视，政策齐备

校党委书记顾春华、校长陈斌分别担任课程思政研究中心主任、职教研究所所长，原常务副校长滕跃民任执行主任，中心为独立设置的校级研究机构。中心运行规范，有"双月汇报""单月例会制""通讯员"等制度。中心坚持点面结合的工作机制，总结提炼学校的"上海市课程思政领航学院"和各系部"校级课程思政领航学院"的经验，并组织中心的骨干教师向全校各系进行经验推广。

五、交流培训，辐射全国

学校近年来组织学校老师与全国 100 多所兄弟院校的领导和教师开展互动交流和观摩活动，我校已有 10 多位老师对全国 80 余所兄弟学校的干部老师进行培训，培训总规模达 8 000 多人，时长总计达 400 课时。学校今后将进一步发挥课程思政改革建设示范效应，促进省际校际课程思政改革建设共同体不断发展壮大。

SECOND

| 第二篇 |

§

立言之精华

打造三全育人格局，彰显思政教育效果

来源：《解放日报》上观 2020-11-27

顾春华

（上海出版印刷高等专科学校党委书记）

教育是国家发展的基石，事关民族兴旺、人民福祉和国家未来。党的十九届五中全会通过《中共中央关于制定国民经济和社会发展第十四个五年规划和二〇三五年远景目标的建议》，明确了"建设高质量教育体系"的政策导向，对职业教育提出了新的更高要求。上海出版印刷高等专科学校始终坚持以立德树人为己任，坚持党建引领，将思想政治教育贯穿教育教学全过程。在实施"三圈三全十育人"工作的过程中，注重夯实内圈，聚焦第一课堂育人主渠道，落实全员育人；充实中圈，聚焦素质教育第二课堂和网络思政第三课堂，落实全过程育人；联动外圈，聚焦"开门办思政"，落实全方位育人；构建校内校外合力育人格局，推动学校思想政治工作更上一层楼。

一、广泛参与，筑牢内圈，以全员育人加大思政教育力度

"三全育人"工作，学生是主体，教师是关键，课程是基础，思政是主线。学校在推进思政工作的过程中，强化第一课堂主渠道，推动所有课程发挥育人功能，激发所有教师担负育人职责，实现全员育人。

建强主力军，推进队伍协同。学校党委严格落实"第一责任人"制度，强化顶层设计，定期听取思想政治工作汇报，带头讲授和旁听思想政治理论课。充分发挥思政课教师的专业作用和专业课教师的骨干作用，促进两支队伍同心同向、资源共享、共同成长。整合辅导员队伍、心理咨询教师、就业指导教师、行业企业专家及党员教师各自的优势，形成育人合力。

畅通主渠道，推进资源协同。学校不断加强思政课程的创新，倾力打造让学生真心热爱、终身受益的思想政治"金课"。构建"课中课"模式，教师在传授专业知识的过程中注重融合人文素养、企业文化和专业要求，教学形式则采用适合大学生接受的案例式教学、体验式教学、情景式教学、热点问题辩论等多重方法，教学各

环节同时又融汇了学生就业或创业时必修的职业理想、职业规范、职业礼仪、职业情感，使培养的学生满足行业企业的用人需求。经过几年的建设，学校已经形成了具有课程思政经验模式的"一心二提三寓四式五化"的职业教育范式。一心："立德树人"核心；二提：提高德育意识、提升德育能力；三寓：寓道于教、寓德于教、寓教于乐；四式：画龙点睛式、专题嵌入式、元素化合式、隐性渗透式；五化：情景化、形象化、故事化、游戏化、幽默化。

夯实主阵地，推进平台协同。依托学校新闻门户网站、微信群、公众号等线上平台，加强媒体融合，将互联网这个最大变量转化为思政工作的最大增量。在线课程内容规划合理，紧跟教材，深化拓展了专题教学、案例教学、信息化教学等思政课教学改革方法，增强了教学吸引力和实效性。贴近时代，充分挖掘现实中的感人事迹、生动故事和典型人物，将鲜活教材运用于"课堂环节"，引导学生弘扬爱国主义精神、科学精神、奋斗精神，自觉担当青春使命。同时积极整合资源，依托研习会等专业社团，服装设计大赛等竞赛平台，大学生启盈电影节、爱心拍卖、"群星耀印刷"等系列精品活动，拓展实践载体的育人功能。通过线上线下育人平台联动，使思政教育更为多样、立体和鲜活，更具吸引力。

二、把握规律，夯实中圈，以全过程育人挖掘思政教育深度

在三全育人综合改革中，学校以社会主义核心价值观为引领，将思政工作贯穿学生从入学到毕业的全过程，贯穿教学、科研、管理、服务、社会实践等全领域，实现全过程育人。

入学教育阶段，开展"技能筑梦"行动。学校以感知教育为重点，重视入学教育第一课。学校坚持先声夺人，在学生入学时将习近平总书记强调的"在全社会弘扬精益求精的工匠精神，激励广大青年走技能成才、技能报国之路"作为入学教育的主要内容，让学生对所学领域、所属学校、所学专业有较为全面的认识，并培养较深的感情。通过各种载体加强宣传，发挥世界技能大赛的示范引领作用，在全校学生中形成"崇技尚能""技能铸就梦想"的良好舆论氛围，使"崇技尚能"成为学生励志前行的思想灯塔。

专业学习阶段，推进"青春探梦"行动。学校以文化素养教育和职业岗位素养训练为重点，重视日常每一课。通过构建通识教育课程体系，以"版专大讲堂"、电影党课等为载体，强化学生的社会主义核心价值观教育，加强学生思想素质与心理素质、人文素养与职业素养的培养；通过学校建立的上海印刷博物馆、图书馆精品阅览室、师生艺术作品陈列室等对学生进行素质教育，传递高雅的文化品味和艺术情调，促进学生科学文化素质和艺术审美素质的协调发展；凭借学校"工、文、艺"

融汇的办学特色和优势，在教学管理过程中注重把多学科综合性优势体现到人才培养过程中，培养学生构建多方面的知识与能力结构。搭建了"大学生社会化内容生产创筹平台"、"筑梦空间——创意中心"、"创新创业学院"、环版专文化创新产业带等载体，注重培养学生的创新意识与创业能力。多管齐下，以思政素质培养带动职业核心能力和创新创业能力培养，增强学生的核心竞争力。

顶岗实习阶段，推进"实践圆梦"行动。学校以职业价值观教育为重点，重视"毕业最后一课"。凭借上海新闻出版职教集团、长三角新闻出版职教创新联盟、校企合作理事会等校企合作平台，充分发挥学校、行业、企业联合育人作用。聘请一批行业企业高级管理人员、工程技术人员和能工巧匠为学校实践教学环节兼职教师，实行导师制。通过校内指导教师和校外代教导师的言传身教，培养学生爱岗敬业的精神、踏实肯干的态度、诚信处事的品质、团队合作的意识。

三、协同推进，融通外圈，以全方位育人增强思政教育效度

"三全育人"是集多元主体、多种教育力量为一体的系统工程。学校在打造三全育人格局，推进思想政治的工作中突出以人为本的理念，强化以学生为中心的思维，坚持人在哪里思想政治工作就延伸到哪里的思想，紧紧抓住校园、企业、社会"三个场域"，做好思想政治工作。

抓好"校园"教育场域，开展"文化思政"。校园是广大师生共有的精神家园，学校注重以文化人、以文育人，广泛开展文明校园创建，开展形式多样、健康向上、格调高雅的校园文化活动。加强以"启盈精神""王选精神"为底色的校园育人模式，开展系列育人活动，注入校园特色育人新活力；开讲以"印迹中国·匠心筑梦——信仰铸初心，技能成就强国伟业"为主题的"伟大工程"示范党课，大力弘扬劳模精神、劳动精神和工匠精神；疫情防控期间，校领导带头亲自授课，为师生上好第一堂疫情防控思政大课，广大教师更是将最美"逆行者"中的先进人物和先进事迹、生命教育和疫情防控常识等知识带进课堂、融入校园文化，用典型人物激励和鼓励学生增强中国特色社会主义文化自信、理论自信、道路自信、制度自信。

抓好"企业"教育场域，开展"职业思政"。学校在推进校企合作、产教融合的过程中，积极搭建企业育人载体，发挥企业育人功能。学校坚持"请进来"与"走出去"，一方面举办企业导师讲思政活动，通过聘请企业行业的相关部门负责人、业务和技术骨干、技术专业人才以及获得劳模荣誉的工匠担任企业导师，畅谈职业理想、细说工作体会、讲述岗位实践，培养学生对企业的认同感与责任感；另一方面，积极完善校企合作机制，与200多家行业企业建立校外实践、实习签约基地，引导学生在合作企业中养成正确的职业道德、职业价值、职业精神和职业素养，将思政

课堂搬进企业，关注学生的成长与发展。

抓好"社会"教育场域，开展"实践思政"。社会是校园教育和企业教育的延伸，是大学生思想政治教育的"大课堂"。学校坚持把大学生参加专业实践和社会实践作为人才培养的一个必要环节来抓，结合大学生的特点，立体设计实践课程。认真组织和开展大学生暑期社会实践活动，积极参加"红色之旅""志愿服务"和"社会调研"等暑期社会实践项目；连续三届组织学生参加上海进口博览会的志愿服务活动，负责各类相关证件的制作工作，凭借专业技能服务进口博览会，展现我校学子的良好风貌。鼓励学生参与"全国互联网＋创新创业大赛"等国家级赛事活动，取得优异成绩。通过社会场域开展实践育人，培养学生劳动意识、"志愿精神"、"工匠精神"和拼搏精神，提高劳动技能和动手能力。

四、搭建平台，辐射带动，以示范引领拓展思政教育广度

学校思想政治工作通过改革创新，培育了一批示范项目，打造了一些示范课程，培养了一支思政队伍。学校积极搭建平台，坚持资源共享，把思政工作积累的经验和规律进一步推广，不断扩大育人效果。

搭建交流平台，发挥引领作用。学校作为全国高职高专院校思想政治理论课建设联盟副会长单位、上海市高职高专院校思想政治理论课建设联盟会长单位，通过举办研讨会、培训会等形式，积极推动高职高专思想政治理论课建设，不断提高高职高专思想政治理论课教学效果。我校同时牵头成立长三角高职高专院校思想政治理论课建设联盟，坚持资源共享、师资共建、项目共做、发展共促，实现长三角地区思政课协作制度化、常态化，提高学校育人效能。

打造示范课程，实现资源共享。《毛泽东思想和中国特色社会主义理论体系概论》在线课程在中国大学慕课平台启动并对社会开放，疫情期间在线注册学生数超过3.7万，一年有近6万人注册学习，服务了全国20多个省市自治区共70多所院校的师生，优质的在线资源为全国高职院校在疫情期间上好思政课提供了有力保障。

示范教学巡讲，扩大对外影响。学校思政教研部的多位老师在上海市10多所院校和3所长三角院校讲思政示范课，深受广大师生欢迎。学校多名教师受邀参加中国职业技术教育学会、中国教育师资培训中心等举办的课程思政研修班授课，他们的精彩展示受到学员的一致好评。2020年，学校教师已经为全国300多所职业院校的教师开课程思政直播课10场。

当前，"劳动光荣、技能宝贵、创造伟大"正在成为新的时代风尚，国家重视技能、社会崇尚技能、人人学习技能、人人拥有技能的良好氛围正在推动和形成。上海出版印刷高等专科学校以培养具有"国际视野、人文素养、艺术眼光、创新意识"

的高素质技术技能人才为己任，坚持在思想政治工作过程中人员上无懈怠、时间上无空当、空间上无死角、内容上无遗漏，坚持三全育人、五育并举，努力培养德智体美劳全面发展的新时代大国工匠，为我国新闻出版传媒产业的发展提供人才支持。

链接：https://www.shobserver.com/journal/2020-11-27/getArticle.htm?id=304452

高职专业"课程思政"的"道法术器"改革

来源:《辽宁高职学报》2018 年第 8 期

滕跃民　张玉华　肖纲领

摘　要:高职院校在专业教育中实施课程思政是使各类课程与思想政治理论课同向同行、形成协同效应的重要组成部分。高职院校专业教育的课程思政改革,可以基于"道法术器"思路来实施。"道"即引导学生讲道理、走正道、行道德,实现价值引领;"法"即寓道于教、寓德于教、寓教于乐,遵循教学规律;"术"即构建画龙点睛式、专题嵌入式、元素化合式的教学方式,打造多元路径;"器"即融入信息技术。

关键词:高职院校;专业教育;课程思政;道法术器

"课程思政"是在马克思主义基本立场与观点方法的指导下,深入发掘各类课程的思想政治理论教育资源,并从战略高度构建集思想政治理论课、综合素养课程、专业教育课程为一体的"三位一体"思想政治教育课程体系。其目的是探索各类课程与思想政治理论课同向同行,形成协同效应。基于此,高职院校专业教育中的课程思政是指高职院校专业课教师在传授专业知识、培育学生职业技能的同时,进行价值引领,从而实现学生思想品德水平、文化素养和职业操守的同步提升。高职院校承担培养技术技能人才的重任,课程是高职院校人才培养最核心的抓手。专业课作为高职院校课程的主要部分,自然应成为高职院校课程思政的主阵地。在高职院校专业课中实施课程思政是"使各类课程与思想政治理论课同向同行,形成协同效应"的重要组成部分。因此,高职院校在专业课中进行课程思政改革,对于高职院校进行全方位人才培养而言具有重要意义。高职院校专业教育中课程思政的实施,可以在"道""法""术""器"四个方面进行有效探索。

一、"道"——实现价值引领

高职院校专业课程思政的最终目的在于立德树人。学生是受教育的主体,高职院校专业课程思政必须服务于学生的成长与成才。高职院校专业课程思政的开展首先需要从"道"上实现对于学生的价值引领,引导学生讲道理、走正道、行道德。

（一）以专业课程思政改革引导学生讲道理

在高职院校专业课中实施课程思政，旨在引导学生讲马克思主义的道理，用马克思主义的立场、观点、方法来认识和改造世界。当前较多西方学者认为马克思主义所反映的时代特点已发生了剧烈变化，马克思主义已不能解释日新月异的新时代了。他们认为现代西方科学和社会的新理论层出不穷，早就超越了马克思主义。虽然当今的世界已经不是马克思、恩格斯当年创立历史唯物主义理论时的样子，但是人类社会从资本主义向社会主义过渡的时代背景丝毫没有发生改变。而且中国革命和建设所取得的巨大成就，有力地证明了坚持马克思主义指导的正确性。特别是党的十八大以来，在以习近平为核心的党中央领导下，中国的国力和发展水平进一步提升，再次证明了马克思主义基本原理同中国实际相结合的巨大力量。马克思主义的道理，即马克思主义的立场、观点和方法，是马克思主义科学思想体系的精髓。[1]马克思主义的基本立场是始终站在人民大众的立场上，一切为人民，一切相信人民，一切依靠人民，全心全意为人民服务。马克思主义的基本观点，是关于自然、社会和人类思维规律的科学认识，是对人类思想成果和社会实践经验的科学总结。马克思主义的基本方法，是建立在辩证唯物主义和历史唯物主义世界观、方法论基础上的思想方法和工作方法，主要包括实事求是的方法、辩证分析的方法、历史分析的方法、群众路线的方法，等等。在高职院校专业课中实施课程思政，专业课教师需要结合专业课程实际，把马克思主义的基本道理内化到学生心中。

（二）以专业课程思政改革引导学生走正道

在高职院校专业课中实施课程思政，旨在引导学生走中国特色社会主义的正道，增强走中国道路的信心和决心。道路问题是关系到党的事业兴衰成败的第一位的问题，道路就是党的生命。中华人民共和国成立以来，特别是改革开放40年来，我们党坚持把马克思主义基本原理同我国具体实际和时代特征相结合，成功开辟了中国特色社会主义道路。中国特色社会主义道路正是中国共产党把马克思主义的理论同中国革命和建设实践相结合的成果。在高职院校专业课中实施课程思政，专业教师需要引领学生把马克思主义的哲学理论转化为思想方法，贯彻于自己的行动、自己的专业领域中，从而走马克思主义的正道。

（三）以专业课程思政改革引导学生行道德

"在同一件事情上人们的立场、观点如此多样，以致于教师难以在学生面前充当道德权威，谆谆教导学生什么是好的与坏的，什么是对的与错的，该做什么，不该做什么。把价值标准和道德观念当作确定的知识来教的时代，一去不复返了"。[2]价值取向多元冲突的现象对高职院校专业课教师开展课程思政提出了挑战。面对这种挑战，高职院校专业课教师不应坚持价值中立，而是应该勇敢地承担起价值引领的重任，引导学生践行集体主义道德。在高职院校专业课中实施课程思政，旨在引导学生践行集体主义的道德。承担课程思政任务的高职院校专业课教师需要引导学生"化理论为德性"。所谓"化理论为德性"，即引导学生通过身体力行的专业实训实习，把马克思主义理论化为自己的德性，具体化为有血有肉的人格。集体主义是我们长期信奉的道德原则。随着计划经济体制向市场经济体制转型，集体主义的道德原则也需要新的发展，这符合马克思主义经济基础决定上层建筑的论断。而社会主义核心价值观就是集体主义道德原则的当代发展。[3]在个人主义思想不断盛行之际，通过实施专业课程思政，学生将在专业实践中内化马克思主义的理论为自己的德性，从而把社会主义核心价值内化到自己的人格中。

二、"法"——遵循教学规律

课程思政本质上是一门课，与其他课程有一定的共性，因此课程思政也需要遵循一定的教学规律。课程思政既要遵循专业课的教学规律，又要遵循德育课的教学规律，因而需要把两种类型课程的教学规律有机结合起来，按照相应的"法"来实施教学，否则课程思政的效果会大打折扣。

（一）课程思政改革需要寓道于教

高职院校的专业教育中既要有专业知识方面的要求，也要有思政的高度与人文情怀的温度。但是长期以来，高职院校的专业课程过于注重知识技能传授，忽视价值观引领和学生品德养成，无疑贬低了学生作为"人"的价值。甚至学生只是被当作将来能产生更高劳动效率的"机器"来培养，产生了教育的异化。这显然与马克思主义关于实现人的全面发展的目标相去甚远。技术从本质上说是中性的。技术可以用来造福人类，也可以用来毁灭人类。美国哲学家汉娜·阿伦特曾在《人的境况》中指出："工程师并非其自身造物的主人，其他物品的制造者也是如此；超乎其上的政治学必须为体力劳动提供指导。"[4]在这里，阿伦特批评了那些只管提高技能和完成制造，其他什么都不考虑的技术工作者。在高职院校的专业教育中，教师不能只教学生如何在技术上精益求精，更要让学生学会思考技能对于社会有怎样的价值，即"寓道于教"。实现思政教育强化、职业素养培育和职业技能提高的"三促进效应"，才是高职院校专业教育的本真之所在。

（二）课程思政改革需要寓德于教

课程思政在本质上应该属于德育范畴，这就意味着高职院校专业课教师在课程思政中也应该自觉承担起德育的教学任务。因此，高职院校专业课教师在开展课程思政时应遵循基本的德育原则和方法。当前社会的文化从一元变成多元，这意味着道德教育要从一元的灌输走向多元的民主、对话。[5]一元文化下，道德教育的内容是唯一的，道德教育的方式也是强制性的，教师是道德教育中永恒价值的"法官"。在多元文化背景下，承担德育任务的教师不再直接告诉学生什么正确、什么错误，而是引导学生对各种道德取向与道德规范进行分析、比较与鉴别，自主、合理地选择真正符合时代要求或个人所应确立的道德价值，做到"寓德于教"。

（三）课程思政改革需要寓教于乐

在大众化教育阶段，高职院校学生存在着学习动力不足，不愿意学习的情况。在高职院校专业课的课程思政教学中要注重挖掘学生的兴趣点，从"问题"入手，"浅入深出"地开展教学，使学生体验到学习的乐趣和成就感，做到"寓教于乐"。上海出版印刷高等专科学校经过多年的探索，形成了思政元素融入实训课同向同行的教学模式。该模式通过实施课前启发式教育、课中体验式教育、课后感悟式教育，有效衔接了"课前、课堂、课后"这三个阶段。该模式综合运用案例、图片、视频、时政性强的材料，打造体验式课堂的"精彩一刻"，增强了课程的吸引力，从而创建了在学习中找到快乐、在快乐中学会学习的教学方法，达到了"快乐教学"的良好效果。

三、"术"——打造多元路径

高职院校专业课的课程思政要实现德智技的共同提高，需要探索具体的融入方式。论文提出了画龙点睛式、元素化合式、专题嵌入式、隐性渗透式这四种融入方式，以期助力高职院校学生技能和素养的双重提高，为专业课程的"同向同行"提供借鉴。

（一）课程思政的"画龙点睛"教学方式

"画龙点睛"教学方式是指在讲授专业课的知识点和技能点时进行社会主义核心价值观、唯物辩证法等的点睛。"画龙"是指高职院校专业课知识点的学习和技能点的训练；"点睛"是指用德育元素对相关知识点和技能点进行指点。如在《印刷概论》等专业的讲课中涉及到毕昇、王选、万启盈等内容时，可以进行社会主义价值观的点睛。万启盈是党的印刷事业和中国现代印刷工业的奠基人之一，他为了实现革命理想，1937年千里迢迢赶赴延安，被分配到党报委员会领导的中央印刷厂工作。万启盈排过字、拼过版、管过工务、当过厂长，90多岁高龄时仍在撰写《中国近代印刷工业史》。[6]在讲印刷的历史中，专业教师可以采用"画龙点睛"的教学方式，把万启盈的爱国事迹与敬业精神，提升到社会主义核心价值观的高度进行讲解。

（二）课程思政的"专题嵌入"教学方式

"专题嵌入"教学方式是指专业课教师选择相关主题，在不打破原来教学结构的基础上，将思政的某个专题进行嵌入，以加深学生对专业课程内容的理解，同时提高学生对思政要点的认识。比如在《印刷过程与控制》课程讲授关于水墨平衡的主题中，可以嵌入对立统一规律的阐述，以揭示印刷过程中的矛盾运动发展、两点论、重点论、量变到质变的规律。平版胶印是现今应用最广泛的印刷技术之一，其著名原理就是"水墨平衡"。在现代平版胶印过程中，印刷中的"水"和"墨"是在高速、高压的过程中相互接触、相互作用的，不少学生误认为"水墨平衡"就是"油水不相溶"。但嵌入对立统一规律后，学生更容易理解水墨平衡原理。"水"和"墨"两种互不溶解的液体在高速高压状态下，油水间的相互作用发生了显著的变化，一种液体以微滴的形式分散到另一种液体中，产生"乳化"现象，形成"油包水"型稳定乳状液。依托课程思政的"专题嵌入"教学方式，高职院校学生专业课的学习有了更有力的支撑。

（三）课程思政的"元素化合"教学方式

化合反应指的是由两种或两种以上的物质反应生成一种新物质的化学反应。课程思政的"元素化合"教学方式，就是将专业知识、专业技能、思政要点这三种不同的教学元素进行化合，进而产生合而为一的效果。比如《音乐欣赏》课程的讲授，其知识点通过与文化的元素化合，就很好地融入了课程思政要点。在讲授民族音乐时，一方面把优秀的民族作品的定义、特点等知识点介绍给学生，让学生对中国优秀传统音乐作品有所了解；另一方面，引入国外有代表性的音乐，使学生在欣赏外国音乐的同时，产生对祖国的民族自豪感，增强文化自信。再比如歌曲《黄河》教学中，作为来源于西方的音乐体裁，除了钢琴技法和作曲技法等知识点之外，所有知识点都体现中国传统音乐文化的魅力，如"起""承""转""合"的中国传统音乐创作技法，笛子与琵琶两种中国传统乐器的融入。正是这种音乐知识点与文化的育人元素结合在一起，实现了双重育人功效，使得爱国主义、文化自信等思政要点有机化合到专业课程中，充分体现出了课程思政"元素化合"教学方式的效果。

四、"器"——融入信息技术

高职院校专业教育的课程思政要提高颜值，需要信息化技术来包装。随着时代的发展，传统教学模式已不能适应课程教学的发展。而信息技术以其灵活、高效、信息丰富等特点更加适应课程思政的现代化教学模式。课程思政教育的信息化，要求在教育过程中较全面地运用以计算机、移动通讯为基础的现代信息技术，从而适应正在到来的信息化社会提出的新要求。高职院校专业课教师应该处理好信息技术与课程内容的有机融合关系，发挥信息技术在价值观教育中的功能和作用。新型信息技术教学应用创新是深度融合的动力。比如《传播学概论》课程中，可以运用VCR 虚拟现实技术来呈现中国共产党在长征途中宣传革命的事迹。把这些红色事迹通过虚拟现实来让学生体验，必然会加深学生的感受。

总体而言，高职院校专业课程思政的"道法术器"改革，是课程思政在高职院校专业课程教育中的有力渗透，有利于提高高职院校思政教育的效果，也是提升高职院校专业课程教育教学水平，实现"全员育人、全方位育人、全过程育人"，促进学生思想品德水平、文化素养和职业操守的同步提升的有利思路。高职院校专业课程思政的"道法术器"改革，为高职院校开展专业课程思政提供了一定的参照和借鉴，值得进一步加以探索和研究。

参考文献

［1］孟源北.《习近平新时代中国特色社会主义思想的理论来源》,《学习时报》,2017 年 11 月 3 日第 A2 版.

［2］黄向阳.《道德相对主义与学校德育》,《全球教育展望》,2001 年第 6 期,第 5—8 页.

［3］崔宜明.《社会主义核心价值观与中国优秀传统文化的再认识》,《道德与文明》,2014 年第 5 期,第 21—27 页.

［4］［美］理查德·桑内特.《匠人》,李继宏译,上海译文出版社,2015 年 1 月出版.

［5］孙峰,李欢.《道德教育的现实选择：从灌输走向对话》,《辽宁师范大学学报（社会科学版）》,2009 年第 5 期,第 56—60 页.

［6］杜维兴.《正直坚强的老人：怀念万启盈同志》,《印刷杂志》,2014 年第 11 期,第 36—38 页.

同向同行：知识传授与价值引领同频共振
——上海出版印刷高等专科学校"课中课"课程思政改革探析

来源：《中国教育报》 2019 年 6 月 19 日 第 11 版

滕跃民 张玉华 马前锋 汪 军 孟仁振

落实"职教 20 条"开启职教新时代

2016 年，全国高校思想政治工作会议指出，做好高校思想政治工作，要提升思想政治教育的亲和力与针对性，满足学生成长发展的需求和期待，各门课都要守好一段渠、种好责任田，使各类课程与思想政治理论课同向同行，形成协同效应。

这一全新的理念与精神指引，创造性地为高校提升"立德树人"动力，破解思政教育的"孤岛"困境提供了科学的行动指南。

以此为遵循，上海出版印刷高等专科学校迅速开启了由单轨式思政教育向融入式思政教育推进的改革探索之路。

学校通过多年来的理论探索和教学实践，形成了思政教育融入各类课程的"课中课"同向同行教学模式。该模式聚焦课程育人、实践育人和文化育人等全新领域，创新性地将德育元素融入知识技能培养环节，打通了显性知识技能培养与隐性素养培育相互促进的通道，最终凝练出基于"寓道于教、寓德于教、寓教于乐"，具有"画龙点睛式、专题嵌入式、元素化合式"实施标准的"同向同行"范式，成为全国高校"课程思政"改革成功的先行者。该成果获得了上海市教学成果特等奖、全国二等奖，在课程思政这一全新教育教学领域实现了历史性的突破，构建了各类课程开展课程思政改革的模式和标准。人才培养迸发出澎湃的活力，其独具创意的"课中课"思政教育改革经验值得分享与借鉴。

"三微一体"设计创新育人架构

职业教育的实习实训承担着职业技能人才的技能训练和应对行业发展需求的各级职业技能培训任务。把思政课要点融入职业教育的实习实训，有助于培养职业技能人才的职业素养。在实践中，思政课教师走进专业实训课堂，将提炼出的理想信念、实事求是、遵纪守法、工匠精神、团队合作、环境意识等 6 个思政微要点融入专业实训课，把思政课的教学要点具体化为实训操作体验，从而把专业实训教学与思政教育有机结合起来，让学生在技能训练过程中体验 6 个思政微要点。例如将《毛泽东思想和中国特色社会主义理论体系概论》课中"实事求是"的教学要点，具体化为实训操作中"会就是会，不会就是不会；如果不会继续找原因、摸索规律、操作学习"的微行为，引导学生养成正直诚实的职业微素养。思政要点和实训技能与素养由此相互对应起来，统合为微要点、微素养、微行为的三"微"一体育人架构，从而将思政教育的价值引领落细落地。

"课中课"模式立足学生的全面发展，从"问题"入手，以职业技能为支撑点，在技能实训过程中融入思政微要点和职业微素养，激发了学生"学知识、练技能"的热情，营造出苦练职业技能、争当高素质技能人才的良好学习氛围。"课中课"模式不仅体现了专业课与思政课的"同向同行"，而且展现了技能与素养培育的"同学同步"理念。2015 年张淑萍在第 43 届世界技能大赛上获得了印刷媒体技术项目银牌，充分体现了思政课融入专业实训课的育人效果。

"课中课"教学模式通过"精"心设计，建立了课前启发式教学、课中体验式教学、课后感悟式教学的"三段式"教学。教师们通过课程开始后的前 5 分钟，引出要融入实训课堂的技能微行为、思政微要点。在课中的体验式教学中，如果学生在实训环节出现粗心大意、畏难退缩等现象，思政教师会适时贴近学生开展遵守规则、团队合作、敬业务实等职业微素养的教育。课后感悟式教学让学生们分享关于在职业规范、职业道德和操守方面的感悟。

"三寓三式"探索坚持与时俱进

在"课中课"的推广中，学校开创了课程思政"三寓三式"融合原则方法和路径手段，成功打造了"课中课"的升级版（2.0 版）。"三寓"是指在"课中课"教学过程中需要"寓道于教""寓德于教""寓教于乐"相融合的方法原则。"寓道于教"是引导学生自觉认真地学习探索客观规律，尊重遵守客观规律。如在讲解高等数学的极限原理时，把"不忘初心、砥砺奋进"的奋斗精神、"精益求精、方得始终"的工匠精神、"一丝不苟、字斟句酌、作风严谨"的辞海精神润物细无声地融入到课程教学中。"寓德于教"指各类课程潜移默化地对学生进行社会主义核心价值观的教育，各类课程教师在课程中应该自觉承担起德育的教学任务，引导学生学习毕昇、万启盈、王选等榜样的事迹，发挥榜样的示范效应。"寓教于乐"是用情景化、形象化、故事化、游戏化、幽默化、启发式、互动式、讨论式、探究式、案例式等方法开展快乐教学，在"汤里放盐"的基础上"加糖"，从而达到提升课堂教学的效果。

　　"三式"指在"课中课"教学过程以"画龙点睛式、专题嵌入式、元素化合式"为融合路径手段。"画龙点睛式"指基于对各类课程的知识点和技能点的简明提示，对学生开展社会主义核心价值观、唯物辩证法、职业素养等的"点睛"。"专题嵌入式"是各类课程教师选择相关主题，在不打破原有教学结构的基础上，将思政的某个专题进行嵌入，以加深学生对各类课程内容的理解，同时提高学生对思政道德的认识。如在学校专业课《印刷过程与控制》关于"水墨平衡"的讲授中，嵌入对立统一规律的阐述，揭示了印刷过程中的矛盾运动规律、量变到质变的规律。"元素化合"教学方式，就是将专业知识、专业技能、思政要点这三种不同的教学元素进行化合，进而产生合而为一的育人效果。如在全校平台课《音乐鉴赏》关于"民族音乐"的教学中，把西洋音乐与乐器、我国的民族音乐与乐器、爱国主义等元素有机地化合在一起，大大激发了学生爱国主义情怀，产生了前所未有的显著效果。

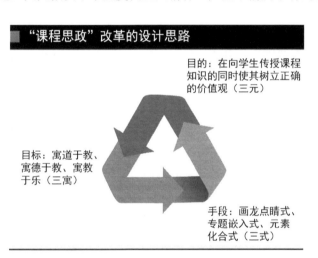

"课程思政"改革的设计思路

目的：在向学生传授课程知识的同时使其树立正确的价值观（三元）

目标：寓道于教、寓德于教、寓教于乐（三寓）

手段：画龙点睛式、专题嵌入式、元素化合式（三式）

　　此外，在"课中课"的推广应用中，学校还形成了课程思政改革具有先导性意义的"五项负面清单"（不扯皮、不贴标签、不生搬硬套、不碎片化、不降低教学效果），以及"道法术器"的系统化设计框架，得到了全国许多兄弟院校领导和教师的高度认同。因此，"五项清单""道法术器""三寓三式"构成了"课中课"升级版（2.0版）的三大重要组成部分。

　　"课中课"升级版（2.0版）彰显了各类课程与思政课"同向同行"的协同育人效应：各类课程以"三寓三式"为指导，充分提炼专业课程中蕴含的文化基因和价值引领，并将其渗透于教学目标、教学内容、教学方法、教学资源之中，从而转化为社会主义核心价值观具体化、生动化的有效教学载体，内化于心、外化于行，提升了专业课教师的德育意识和德育能力，在"润物细无声"的知识传授中融入理想信念层面的精神指引。

"三全育人"实践强化价值引领

"课中课"模式紧密结合行业,对接印刷出版文化,创新了行业文化育人路径。整合"思政教师、专业教师、行业技师"3支队伍组成教师群,将思政教育、实训教学的独角戏变为众多角色共同参与的同台演出,显著提升了职业院校思政教育的效果。通过"课中课"教学模式实现了思政教育"进专业、进行业、进社会",成为高职教育领域"三全育人"的活样板。

上海出版印刷高等专科学校是一所具有鲜明办学特色,以培育高技术技能人才为目标的学校。学校浓厚的校园文化氛围和丰富的校企合作资源,是"课中课"模式教学实践的有力支撑。通过印刷博物馆现场教学和行业企业实践,学生从中国传统印刷文化的熏陶中,感受到中华优秀传统文化的厚重和历史传承的责任;从"红色印迹"展览中体会到老一辈革命者艰苦奋斗的精神,从而坚定理想信念,增强战胜一切困难的信心和决心。同时让学生从企业实践中把握到印刷出版行业、文化传媒产业在传播先进文化方面的光荣使命,从而增强爱岗敬业、努力学习的自觉性。通过创新实践"全程思政教育、全面思政教育、立体思政教育、创新思政教育",点亮学生心中的信仰,用信仰的力量引领学生在成长成才的过程中执著攀登,收获精彩。

随着"课中课"模式广泛和深入的应用,成果在全国范围内产生了广泛的辐射效应。现已有上海交通职业技术学院、陕西铁路工程职业技术学院等100多所院校借鉴应用"课中课"模式中的教学方法,并取得良好效果。

放眼今天的上海出版印刷高等专科学校,全员、全过程、全方位育人的大思政格局正在形成,"课中课"课程思政改革的生动实践释放出无穷能量,推动学校的人才培养和科学发展大踏步走向更加美好的未来。

解放日报 专题|15

上海创业指导专家志愿团，创业者的"最佳拍档"

现有专家逾 800 位，累计服务创业者超过 61.4 万人次，帮助 10 万余名创业者成功创业，20 年来他们持续向城市传递志愿服务"温度"

（李小佳）

打造三全育人格局 彰显思政教育效果

上海出版印刷高等专科学校党委书记 滕跃华

一、广泛参与、贯串内核，以全员育人放大思政教育效果

二、阶段结合、有效衔接，以全过程育人激活思政教育内生动力

三、协同培植、融通内外，以全方位育人增强思政教育效果

高职院校专业课课程思政与思政课的协同育人探究①
——以上海出版印刷高等专科学校为例

俞忠华　滕跃民

摘　要：在"大思政"格局下，专业课和思政课是高职院校思政教育的两大主要阵地。专业课通过课程思政与思政课有机结合，开创了思政育人新模式。上海出版印刷高等专科学校（以下简称"上海版专"）围绕知识传授、技能培养、价值引领三大任务打造的"三寓三式"范式，在课程思政的实施方法、手段等方面为高职院校实现专业课课程思政与思政课同向同行、协同育人提供了良好的范例。

关键词：高职院校；课程思政；三寓三式；协同育人

Explore the Collaborative Education Between "Ideological and Political Education in Specialized Courses" and "Political Education Courses" Based on "Three-implicit and Three-fusional" in Higher Vocational Colleges
— Take Shanghai Publishing and Printing College as An Example

YU Zhong-hua，TENG Yue-min

（Shanghai Publishing and Printing College，Shanghai 200093，China）

Abstract：Under the pattern of "big ideological and political", the specialized courses and political education courses are the two main ideological education positions in higher vocational colleges. The effective combination of "ideological and political education in specialized courses"

---

① **作者简介：**俞忠华（1973—），女，硕士，上海出版印刷高等专科学校印刷包装工程系讲师，研究方向为高职教育。

滕跃民（1960—），男，硕士，上海出版印刷高等专科学校教授，课程思政研究中心主任，原常务副校长，研究方向为教育管理。

基金项目：本文系上海市高等教育学会 2021 年度规划研究课题（课题编号：Y1-52）、2019 上海高校课程思政重点改革领航学院项目子项目（项目编号：SLPKS—2019）、2019 上海市一流专业建设项目研究成果。

with "political education courses" has created a new mode of ideological education. Around three major tasks of knowledge，skills and value guidance，SPPC has built the paradigm of "Three-implicit and Three-fusional"，which provides a good example for the other colleges on the collaborative education between "ideological and political education in specialized courses" and "political education courses".

Keywords：higher vocational college；ideological and political education in course；Three-implicit and Three-fusional；collaborative education

在 2016 年 12 月的全国高校思想政治工作会议上，习近平总书记强调"各门课都要守好一段渠、种好责任田，使各类课程与思想政治理论课同向同行，形成协同效应。"[1]这一重要讲话，明确要求高职院校专业课与思政课要同向同行、协同育人。2020 年 5 月，教育部《高等学校课程思政建设指导纲要》（以下简称《纲要》）的发布，为高校贯彻落实习近平总书记重要讲话精神提供了根本遵循及具体行动指南。自此，全国各类本科及高职院校的课程思政建设进入快车道，各高校、各学科、各专业结合自身特点，通过推行课程思政改革，充分发挥每一门课的育人作用，大力推动构建三全育人大格局。

上海版专一直以来高度重视并积极推进课程思政建设与改革。学校 2012 年就已开始积极探索，先后创立了课程思政"课中课"1.0、2.0 版，并通过在全国高职院校开展教学成果推广运用工程取得更大突破，目前已形成以"三寓三式"范式（"寓道于教、寓德于教、寓教于乐"的课程思政实施方法和"画龙点睛式、专题嵌入式、元素化合式"的实施手段）为主导的"课中课"3.0 版，不断强化全国高职院校课程思政的品牌效应。[2]

一、课程思政"三寓三式"范式要点

上海版专探索的"三寓三式"范式，将思政教育融入各类课程，其特有的"课中课"同向同行教学模式聚焦课程育人、实践育人和文化育人等领域，将德育元素融入知识技能培养环节，打通了显性知识技能培养与隐性素养培育相互促进的通道。2018 年相关教学成果获得国家级教学成果二等奖、上海教学成果特等奖，这些全国职业教育领域课程思政改革的历史性突破，离不开"三寓三式"范式发挥的关键作用。

"三寓"是以"三寓三式"范式为主导的"课中课"模式之"法"。该范式在教学过程中引导学生自主、合理地确立道德价值观，实现"寓道于教"；在知识技能传授中实现价值引领和品德养成，实现"寓德于教"；用情景化、形象化、故事化、游戏化、幽默化、启发式、互动式、讨论式、探究式、案例式（五化五式）的方法开展快乐教学，增强课程吸引力，提升课堂教学效果，实现"寓教于乐"。

"三式"则是"课中课"模式之"术"：其一"画龙点睛式"指基于对各类课程的知识点和技能点的简明提示，对学生开展社会主义核心价值观、唯物辩证法、职业素养等的"点睛"；其二"专题嵌入式"是以不打破原来的教学结构为前提，将相关的思政专题嵌入到某一知识内容的教学，达到既提高学生的思政认识又加深学生对课程内容理解的效果；其三"元素化合式"是将专业知识、专业技能、思政要点这三种不同的教学元素进行化合，进而产生合而为一的育人效果。

二、高职院校"专业课课程思政"与"思政课"的关系

《纲要》明确指出全面推进课程思政建设是落实立德树人根本任务的战略举措，[3]这一举措标志着高校的思想政治教育将改变原有的思政课"单兵作战"困境，全面进入面向所有课程的课程思政育人大格局模式。高职院校"三寓三式"范式下的课程思政与思政课，是同向同行、相互协同、相互促进的关系。

（一）专业课课程思政不是思政课，也不等于"课程＋思政"

思政是社会主义制度下所有课程的内在属性，思政课是确定的课程，如"思想道德修养与法律基础""形势与政策"等，思政课在思想品德和政治教育方面具有全面性、统一性、直接性、专业性，受重视程度高，它属于显性思政，是落实立德树人根本任务的核心课程，也是主要渠道。

课程思政则是一种教育理念，是新时期中国特色社会主义理论在教育领域实践结出的成果，是新时代课程育人的一种新形式、新要求、新任务。由于各类高校办学的人才培养目标定位不同、学科发展与专业课程体系不同，所以课程思政具有局部性、分散性、间接性、创新性、时代性等特点，它属于隐性思政，是一项系统工程，其最为核心、最为关键的是专业课程的课程思政。专业课课程思政基于专业人才培养方案与专业课程体系，以课程为载体对思政理论进行深化和具体化。

因此，专业课课程思政不是思政课，也不是"专业课程＋思政"的机械式"硬融入"，是专业课教师以明确的专业课育人意识，通过挖掘专业课中的思政元素（盐），将其溶于专业知识或技能知识（汤）传授过程中的价值引领，在丰富专业课自身内涵的同时，也拓展了思政教育的新领域、新渠道、新载体。

（二）专业课课程思政与思政课本质上是同向同行关系

思政统领课程教学之魂，课程体现思政育人之要。[4]高职院校的专业课课程思政

是思政课在专业教学领域的延伸和拓展，思政课为其提供理论支撑和方向引领。

首先，两者目标一致：社会主义制度下的高职院校思政课以帮助学生树立正确的人生观、价值观、世界观，培养社会责任感为目标；专业课课程思政的目标是通过将思政元素内化到专业知识和技能的传授过程，强化价值引领和育人导向。其次，两者使命一致：思政课以铸魂育人为使命，专业课课程思政在让学生获取专业知识与技能的同时，也担负着培养有责任、有担当的专业人才的教育使命。再次，两者对教师要求一致：思政课教师必须具备正确的马克思主义观和政治方向，而专业课课程思政的有效推行同样离不开具有良好的政治素养和专业德育能力的教师。

专业课课程思政与思政课在目标、使命、教师要求等方面的一致性，决定了两者本质上是同向同行关系，共同的立德树人属性和思想政治教育功能，使两者同向同行、协同育人成为完成高校人才培养任务的着力点。

三、"三寓三式"范式下专业课课程思政与思政课协同育人的方法

在课程思政从国家到地方，从地方到高校层层推进落实的新时代教育背景下，课程思政已成为高职院校在校大学生思想政治教育的关键构成部分，已落地于包括思政课、公共课、专业课（专业理论课＋专业实践课）在内的所有课程。高职院校专业课课程思政与思政课协同育人已成为高职院校培养德才兼备的高技能人才的重要途径，通过协同将两者之间的相关要素结合起来形成合力，促进共同的育人目标的完成。上海版专"三寓三式"范式下的专业课课程思政，始终坚持"一把手领导、专业课主导、思政课指导"的建设思路，充分发挥专业教师的主力军作用和专业课程的育人功能，构建思想政治理论、综合素养、专业课程知识三位一体的课程思政教育课程体系，实现"知识传授与价值引领相结合"的课程目标，彰显"课中课"融合育人模式的特色成果。

（一）"寓道于教"实现价值引领的育人理念协同

习近平总书记指出："才者，德之资也；德者，才之帅也。"做好高校思想政治工作，要因事而化、因时而进、因势而新，遵循思想政治工作规律，遵循教书育人规律，遵循学生成长规律。立德树人是高职院校技能人才培养的基础。"三寓三式"范式下，专业课课程思政与思政课协同，以坚持正确的政治方向为出发点，以学生为本为立足点，共同承担学生思想成长、价值观确立的引领责任，实现思想政治教育对大学生成人、成才的整体性渗透，遵循教育的基本规律。

在"寓道于教"的方法指引下，上海版专一方面强化正确的思想政治工作理念，校思政课教师协同专业课教师，以将社会主义核心价值观内化为大学生的基本思想

观念和根本价值标准为原则，发掘各类专业课中的思政元素，紧紧围绕培养什么样的人、如何培养人以及为谁培养人这个根本问题，形成了专业课课程思政与思政课同向同行的协同效应，更好地引导大学生自主、合理地确立价值观；另一方面是树立正确的教书育人理念，学校通过将思政教育融入各类课程的"课中课"模式打破了思政课教师与专业课教师在思想政治教育和专业知识教育方面"各司其职"的传统局面；通过专业课课程思政与思政课协同，纠正了思政教育仅为思政课教师之职责的片面认识，也改变了大部分专业课教师重教书轻育人的错误思想，使所有课程的教师都将教书和育人二者统一，引导学生自觉认真地学习探索客观规律，遵循客观规律，协同实现价值引领。

（二）"寓德于教"实现品德提升的育人目标协同

思想道德素质是一个人的为人基础，所以长期以来思政课一直是我国所有大学教育的必修课程，其精髓是教育大学生做事先做人。"寓德于教"方法指引下的课程思政，在知识技能的传授过程中潜移默化地实现学生品行修养的提升。

作为一所印刷传媒类高职院校，上海版专一直以培养具有正确价值观和扎实专业知识的高技能印刷传媒行业人才为目标，品德教育始终贯穿专业人才培养的全过程。学校开设的《印迹中国》系列课程，以"工文艺融合、德智技并进"为导向，结合各学科优势，充分发掘校内外行业育人资源，通过"传承红色印记""成就技能梦想""构筑追梦空间""升华版专情怀"等教学模块，体现"德之魂、学之养、文之道、技之用"等文化内涵。该系列课程将"价值观引领、中国梦教育、坚定四个自信和弘扬优秀文化"以"润物细无声"的方式内化其中，特别有助于引导学生在当前社会文化多元化时代对各种道德取向与道德规范进行鉴别与分析，然后去合理地选择符合时代要求或个人所应确立的道德价值。这种贴近大学生实际的专业教育与思政教育的有机结合，开创了思想政治教育的新形式，丰富了新时代高校思想政治教育的内容，实现专业课与思政课同向同行提升品德教育的育人目标协同。未来只有具有高尚的品德、热爱印刷行业的人才，才能担得起实现印刷强国梦的重任。

（三）"寓教于乐"实现多元化的育人方式协同

课程思政实现了思政内容与专业知识的融合，改变了以往思政教育内容过于哲学化和理论化的刻板形象。作为一种新的思想政治教育渠道，课程思政与思政课一样，必须充分考虑当代大学生的特点，要使学生从情感上认同相关知识点的思想政治内涵，以激发学生的学习兴趣。课程思政"三寓三式"范式下的"五化五式"教学方法，充分展现"寓教于乐"的多元化教学形式，有效地激发学生的学习兴趣。如专业课《印刷企业管理实务》中关于印刷企业 5S 管理的讲解，通过案例式教学展示优秀印刷企业的 5S 实例，让学生切身感受 5S 的效用；通过"5S 找数字小游戏"开展游戏化教学，让学生体会 5S 实施要领，活跃课堂气氛的同时提升了课程的活泼性、趣味性、参与性；通过启发式教学引导学生领悟 5S 的核心——素养，启发学生将工作、学习、生活中的 5S 着眼于个人综合素养的提高，要将责任心内化为自觉的意识，外化于自觉的行为。课程思政与思政课协同育人，其实质是从思想政治教育的针对性与实效性出发，解决思政课意识形态教育单一化的问题，使思政教育理念得到了升华，同时也满足了学生多样化的学习需求，提高了学生的学习能力和课程教学效果。

四、"三寓三式"范式下专业课课程思政与思政课协同育人的手段

无论是专业课、基础课还是实训课，课程思政建设的基础性工作都是基于课程特点，对课程所蕴含的思政教育元素进行"精、准、深"地挖掘，然后再选择适当的手段将这些思政元素巧妙地融入到课程教学实践中。从技术层面讲，课程思政可以说是一种教学技术，只有掌握了技巧才能有效促进学生对思政元素的认同和自觉内化，真正发挥它的育人功能。"三寓三式"范式已探索出独具特色、新颖实用的实施手段，在推广应用中已取得显著成果并带来良好的辐射效应。

（一）"画龙点睛式"强化专业课的思政教育元素，提升课程高度

各门专业课程都富含德育因子，经过凝练的课程思政元素"画龙点睛"地融入专业课教学，强化了专业课的思政育人功能，提升了专业课的价值高度。如专业课《印刷物料检测与选用》的课程教学中有很多实验教学环节，其中纸张平滑度实验项目的教学，是通过讲解纸张平滑度的测试过程及平滑度高低对印刷的影响这一"画龙"过程，实现"点睛"——培养学生耐心细致的职业素养，巩固学生对唯物辩证法的认识。实验中要求学生操作过程规范、一丝不苟，实验后要求学生对数据处理实事求是、科学分析。纸张平滑度过高易产生"墨条痕"，影响印刷品质量，过低会增加油墨用量，并给油墨转移的均匀性及印刷品的光泽度带来影响。"三寓三式"范式下的"画龙点睛式"教学将辩证意识这一思政元素融入专业课知识讲解，完全不同于思政课上对辩证法的纯理论讲授，在专业课中强化思政元素，实现润物细无声中将学生的思想政治教育与职业技能与素养培养相结合，达到专业课与思政课同向同行、协同育人的目的。

（二）"专题嵌入式"深挖专业课的思政教育价值，提高课程温度

新的历史时期，高职院校的人才培养是思政育人与知识育人的统一，要在知识教育的过程中融入社会主义核心价值观的教育内容，让学生明确获取知识和技能不仅是其自身发展的需要，更重要的是行业发展和国家建设的需要。"专题嵌入式"是在不打乱课程内容体系的前提下将思政专题嵌入，潜移默化中使学生学专业、爱专业，提高专业课程的温度。

如专业课程《印刷企业管理实务》中的"绿色印刷"项目。绿色化是我国印刷业的发展战略，在当前生态环境遭到严重破坏的情况下，大学生所形成的生态观正确与否关系到社会是否能够持续发展。"专题嵌入式"将习近平新时代中国特色社会主义思想"坚持人与自然共生"的思政专题嵌入，加深学生对绿色印刷战略意义的理解，巩固学生对人与自然辩证法的认识，增强学生对实现中国梦之"绿色印刷强国梦"的责任感。"绿水青山就是金山银山"的绿色发展理念和"崇尚人与自然和谐共生"的生态意识，提高了专业课的人文温度。

（三）"元素化合式"实现专业课的三点合一，拓展课程广度

高职院校的专业课课程思政的实施要领在于如何将专业知识、专业技能、思政要点这三种不同的教学元素整合起来。"三寓三式"范式下的"元素化合式"提供了实现三点合一育人效果的有效教学手段。如专业课《印刷工程识图》中的读组合体视图章节，知识点是掌握读图关键，抓特征、重联系地构想组合体形状；技能点是化"整体"为"部分"，分解之后再考虑简单形体之间的位置关系及关联的线面关系，最后联系起来想出整体。通过学习和训练，学生领会需要用联系的观点看问题，只有从整体、多角度看才能还原事物的原貌，才能领悟到哲学上先整体后局部的辩证统一思想。"元素化合式"实现了在传授读图相关知识和技能的同时引导学生树立解决问题要分清主次关系、抓住主要矛盾，做事要树立全局观念、从整体着眼但也要细化好局部的科学思维及辩证方法，拓展了课程的知识广度。

五、高职院校专业课课程思政与思政课的协同要点

（一）主体协同，着力推进

课程思政与思政课的协同，是课程与课程之间，也是教师与教师之间的协同。[5]课程思政背景下，高职院校的育人主体是包括思政课教师在内的所有课程的教师，切实加强专业课教师与思政课教师的相互交流与合作，使两者在学生的思想政治教

育方面达成共识，做到育人的主体协同是势所必然。

一般而言，专业课教师比较注重教学内容的科学性和专业性，他们对思政理论缺乏全面、系统的理解和认识，所以在教学中对思政理论的渗透意识较为单薄。思政课教师则比较注重教学内容的思想性和政治性，而缺乏必要的知识支撑。从育人角度而言，两者目标是一致的，因此，一方面可以让思政教师为专业教师提供必要的理论指导；另一方面可以让专业教师为思政教师提供必要的知识支撑。上海版专近年来陆续推进专业课教师与思政教师的联合教研，落实育人主体的协同，学校思政课教师走进专业实训课堂开创了实训课教学新模式，构建了"协同育人"教师群，提供了以"三寓三式"为范式的、可复制、可推广的"课中课"样板。[6] 除此以外，在修订专业培养计划、制定专业课程标准、课程教学大纲的过程中，各专业会邀请思政教师一起参与研讨。目前学校所有课程教学大纲都已修订成课程思政版，在原有的知识点和技能点的基础上，新增了针对各门课程特点的思政点，学校的印刷包装工程系市级课程思政领航学院正联合思政课教师积极构建专业课课程思政图谱，形成具有专业特色的、富含思政育人元素的专业课程体系，更好地指导专业课教师实施课程思政教学。

（二）内容协同，抓实推进

专业课课程思政与思政课同向同行、协同育人，就是要在政治方向、育人目标方面保持"同向"，在前进步调、相互促进方面坚持"同行"，其本质上是一种既强调"课程承载思政"，也强调"思政寓于课程"的教育实践过程。[7]

针对课程思政的内容方面，《纲要》明确提出要围绕政治认同、家国情怀、文化素养、宪法法治意识、道德修养等重点优化课程内容供给，这与思政理论课教育教学内容是一致的，两者横向贯通，相互促进，形成育人共同体。尽管不同高职院校的行业定位不同，但高职教育的主要目标都是培养具有思想政治觉悟、职业道德、工匠精神及创新意识的中国特色社会主义建设者和接班人。在构建"大思政"格局的过程中，各类院校进行课程思政设计时必须结合专业特点及课程特点，明确思政教育在本专业、本课程中的融合点及融合程度，既要门门课有"思政味"，也要各有各的"特色味"，整体上又必须有共同的"专业味"。所以专业课课程思政与思政课的协同育人过程，必须紧紧围绕人才培养方案中专业核心素养的要求，紧密结合行业发展，从内容上保障思想性、前沿性、时代性，使政教育进课堂、进头脑、进人心，最终实现思政育人进专业、进行业、进社会。

（三）机制协同，保障推进

思政教育具有规范性和严肃性，思政元素融入课程的过程讲究科学性、学术性和有效性，专业课课程思政与思政课协同育人不是"贴标签"的过程，而是一项长期、艰巨、复杂的系统工程，需要构建良好的协同机制，以科学的知识晓人、高尚的品德育人、富有魅力的人格服人。[8]

1. 构建协同育人的理念引导机制

加强顶层设计，从思想上引导教师认识高职院校全员、全面、全程协同育人是提升学生素质的根本举措。[9]通过细化高职院校思政教育目标，让党政领导干部、课程教师、辅导员等育人主体明晰责任和具体任务，提高协同育人意识，要"以人为本"，更要达到"理念人人知、工作人人做"的境界。

2. 构建协同育人的示范引导机制

课程思政概念的提出已有多年，但各高校建设进展程度不一，需要选树典型，推动选拔优秀的协同育人教师团队与课程做示范。2021年上海版专基于"三寓三式"范式的课程思政专业课《静电照相印刷》入选首批教育部课程思政示范课程、课程思政教学名师和团队。在这一成果的示范引领下，学校目前已成功打造20门校级课程思政示范课程，6门课程正申报市级示范，学校的各类教学比赛也已融入课程思政要求，全校形成了良好的专业课课程思政与思政课协同育人氛围。

3. 构建协同育人的考核评价机制

《纲要》提出将课程思政融入教学全过程的要求，所以针对思政课、公共课、专业课等各类不同课程，需要制定不同的思政育人反馈评价制度，形成具体化、细致化、差异化的评价标准，纳入干部考核、教师考核，使所有教师都有参与思政育人的压力和动力，激发所有教师参与课程思政建设的主动性和积极性。

4. 构建协同育人的监督管理机制

课程思政与思政课同向同行、协同育人已成为高校构建三全育人格局的重要举措。构建"学校—系部—专业"一体化的监督管理机制，确保协同育人实施方案、考核办法的落实，为专业课课程思政与思政课的同向同行提供制度保障。

占高职院校课程80%以上的专业课必然是课程思政的主战场，专业课教师是主力军。为落实国家关于全面推进课程思政建设的通知要求，高职院校需要准确定位，把握方向，各类课程与思政课同向同行，共同探索具有思想性、前沿性、时代性的思政教育内容，最大程度实现教育能量的最大化，推动大思政格局的形成，进而实现培养全面发展人才的目标[10]。

参考文献

［1］《习近平总书记在全国高校思想政治工作会议上的重要讲话》，新华社，2016年12月8日.

［2］滕跃民，张玉华，肖纲领《高职专业"课程思政"的"道法术器"改革》，《辽宁高职学报》，2018年第

8 期，第 53—55 页，第 61 页.

［3］教育部关于印发《高等学校课程思政建设指导纲要》的通知，教高〔2020〕3 号，2020 年 5 月 28 日.

［4］何衡.《高职院校从"思政课程"走向"课程思政"的困境及突破》,《教育科学论坛》,2017 年第 30 期,
第 27—30 页.

［5］李卫东，黄祐，黄金燕.《高职建立各类课程与思政课同向同行、协同思政育人机制的探索》,《高教论
坛》,2019 年第 7 期，第 107—110 页.

［6］马前锋，滕跃民，张玉华.《思想政治教育融入专业实训课的"课中课"同向同行模式创新研究》,《思想
政治工作研究》,2018 年第 12 期，第 142—144 页、第 150 页.

［7］唐德海，李枭鹰，郭新伟.《"课程思政"三问：本质、界域和实践》,《现代教育管理》,2020 年第 10 期,
第 52—58 页.

［8］高锡文.《基于协同育人的高校课程思政工作模式研究——以上海高校改革实践为例》,《学习党建与思
想教育》,2017 年第 24 期，第 16—18 页.

［9］杨彩平.《新时代高职院校专业课与思政课"同向同行，协同育人"机制探析》,《延边教育学院学报》,
2019 年第 6 期，第 126—129 页.

［10］林流动.《"思政课"与"课程思政"的协同要素探析》,《闽南师范大学学报（哲学社会科学版）》,
2018 年第 4 期，第 153—156 页.

基于"三寓三式"模式的课程思政教学设计^①
——以"出版物发行实务"为例

来源:《科教导刊》2021 年第 26 期

王 贞 滕跃民

(上海出版印刷高等专科学校 上海 200093)

摘 要:推进课程思政建设既是顺应高等教育改革新形势的要求,也是为行业培养高素质后备人才的需要。基于"三寓三式"模式,《出版物发行实务》课程创新思政教学设计,围绕发行人才核心素养构建课程目标,深入挖掘体现课程特点和价值理念的思政元素,以行之有效的方式和教学方法将思政元素融入授课过程,实现课程育人目标。

关键词:课程思政;三寓三式;发行实务;人才培养

百年大计,教育为本。教育的核心是培养人,立德树人成效是检验高校一切工作的根本标准。全面推进课程思政建设是新时代高校落实立德树人根本任务的战略举措,它要求所有高校、所有教师、所有课程都承担好育人责任,使各类课程与思政课程同向同行,形成协同效应,构建"三全育人"的大格局。

近年来,上海出版印刷高等专科学校以培养具有正确价值观和过硬专业知识技能的德智健全的合格接班人为目标,积极推进课程思政建设,形成了"三寓三式"的改革模式("三寓"即寓道于教、寓德于教、寓教于乐,"三式"包括画龙点睛式、专题嵌入式和元素化合式)。本文以《出版物发行实务》 (以下简称《发行实务》)课程为例,阐述如何基于"三寓三式"模式开展专业课课程思政教学设计,激活课程德育元素,释放课程育人功能,实现知识传授、技能培养和价值引领的同频共振。

一、围绕核心素养培养,确立课程教学目标

教学目标是教育教学活动预期要达到的结果,是我们开展课程教学的出发点和

---

① **基金项目**:"课中课"国家级教学成果奖应用推广工程子项目(编号 ZK-2020-041)

归属点。要使课程思政有机融入到专业课程的教学中，实现寓道于教、寓德于教，必须首先做到课程思政教学目标的融入。我们应当正确处理专业知识技能培养与学生的全面发展之间的关系，从培养学生核心素养的角度设置课程教学目标。

1. 发行人才核心素养分析

发行人才的核心素养，是对从业人员适应发行行业发展变化所必需的个人品格与能力的概括。发行是通过各种方式将出版物传播给消费者的过程。出版物发行活动是一种经济活动，需要遵循市场规律运作，同时，它又具有鲜明的文化属性，承担着引导社会、教育人民、传承文化、促进发展的社会职责。发行活动的特殊性使它需要一支政治坚定、业务精湛、作风优良的从业人员队伍，过硬的思想政治文化素质、扎实的发行业务功底和开放的互联网思维与创新意识是出版物发行人才必备的核心素养。

2. 围绕核心素养培养的教学目标设计

出版商务专业肩负着为发行行业输送后备人才的大任，作为专业核心课之一，发行实务课程对学生核心素养的培养起着重要的支撑作用。学生在完成了本课程的学习后，应当熟悉出版物发行的相关概念和基本工作原理，掌握出版物进、销、调、储、运的实务技能，并在对出版物发行活动的历史、现状与发展的分析梳理中，增强文化自信，形成爱岗敬业、诚实守法、科学严谨、守正创新的职业修养。可以看到，课程的教学目标设计紧紧围绕"适应行业需要的核心素养培养"这一中心，将知识传授、技能训练和价值观塑造三个维度的培养要求结合起来，实现了课程思政教学目标的有机融入。

二、挖掘课程教学素材，优化思政内容供给

对学生的价值引领蕴藏在课程内容的讲授中，因此，实现专业课程的育人目标需要从多方面挖掘课程思政教学素材，优化课程思政内容供给。由于出版发行行业肩负着重要的文化宣传使命，它的发展与实践也为我们提供了更为广泛的思政教学内容来源。

1. 从红色发行史中挖掘课程思政内容

中国共产党从一开始就把出版发行作为革命大业加以重视。从战争时期到建设时期，再到改革开放时期，中国出版发行业形成了坚持正确出版导向和文化担当、不怕困难、创业奋斗、与时俱进、改革创新的优良传统，服务于党的宣传任务、国民教育和全民阅读，受到了党和人民的高度信任。通过将党领导下的发行业发展历程融入发行实务课程教学，能够唤醒红色记忆，传承红色基因，让学生从行业的优良传统中汲取奋进力量，坚定理想信念；同时也能够引导学生提高创新意识和建立

终身学习的观念，以适应行业发展新趋势，承担起在中国特色社会主义新时代出版人被赋予的新文化使命和历史责任。

2. 从行业案例中提炼课程思政内容

当前，出版发行行业加快了媒介融合发展的步伐，行业企业跟随"互联网＋"发展的浪潮，不断创新出版物发行的渠道和方式。很多优秀出版物成功运作的案例，都是优质内容和精准营销的结合。通过对这些案例的展示和分析，能够帮助学生直观了解行业现状，培养他们的创新思维，同时也能借案例所涉的优质出版物内容对学生开展中华优秀传统文化、社会主义核心价值观教育。

3. 从人物事迹中发现课程思政内容

在出版发行行业不乏学识精深广博、工作精益求精的大家，也有大量兢兢业业的普通从业者，将这些人物的事迹融入发行课程相关知识点，学生能受到生动的职业理想和职业道德教育，感受科学严谨的工匠精神，收获优秀同行的榜样力量，形成爱岗敬业、无私奉献、开拓创新的职业品格和行为习惯。

三、注重隐性导入，设计思政教学实施方式

课程思政是一种隐性思政，它需要以一种春风化雨、润物无声的方式开展。"三寓三式"模式中的"三式"是专业课程中思政元素的具体融入方式，它为课程思政教学的实施提供了很好的思路。

1. 画龙点睛，强化德育元素

"画龙点睛式"，即在开展课程知识点、技能点教学时，深入发掘并适当强调蕴涵的德育元素，通过思政内容供给提升教学讲解的高度，实现价值引领。如在介绍发行的购销形式这一内容时，可以从践行社会主义核心价值观的角度开展课程思政教学。当前出版物交易过程中最常见的购销形式是寄销，它是出版物所有者委托发行商销售出版物，允许退货的购销形式。出版机构将图书交给发行商寄卖，经过一定阶段后发行商向出版社退货回款。在从专业知识技能层面介绍寄销的种类和运作过程，提示回款风险的同时，教师可以进一步对学生进行诚信守约、友善待人的价值引导，通过画龙点睛的总结，帮助学生将诚信、友善的社会主义价值观牢记于心，外化于行。

2. 专题嵌入，扩展课程广度、深度和温度

"专题嵌入式"，是在保持课程原有结构体系的前提下，嵌入有关党史教育课程思政专题，帮助学生在深化专业知识学习的同时，增长见识，通晓道理，坚定信念，实现专业课程在广度、深度和温度上的扩展。如在发行实务课程教学中，可以将新华书店的红色发展史专题嵌入《出版物发行渠道》单元。新华书店发行系统是我国

最主要的发行渠道。新华书店是中国共产党创立的大品牌，自 1937 年在延安清凉山诞生以来，它一直坚定不移地在党的领导下进行先进思想和文化的传播，发扬革命传统，坚守红色阵地。新华书店的发展历史是发行专业知识与课程思政元素的重要结合点，也是将党史教育融入课程思政教学的最佳专题。

教师通过点面结合梳理相关史料，既全面介绍新华书店 80 多年来在中国革命和建设的各个时期发展壮大的历程，同时注重发掘体现新华发行队伍革命传统的具体事例。学生通过学习，一方面能充分认识到在党的领导下我国发行业取得的巨大成就，坚定信念，增强自信；另一方面也能深刻体会新华书店从革命战争时期传承至今的艰苦奋斗、不怕困难、为人民服务的优良传统，树立传承红色基因的责任意识。

3. 元素化合，发挥专业知识与思政元素交融促进的效果

"元素化合式"，是要化合专业知识点、技能点和思政知识点，使这三种教学元素合而为一，产生协同育人效果。

在讲解发行活动的经济效益与社会效益这个知识点时，教师重点介绍了《这里是中国》一书的出版发行案例。作为献礼新中国 70 周年的典藏级国民地理书，该书上市 20 天，全国销量就突破 10 万册，入选"2019 年度中国好书"，获得第十五届"文津图书奖"，实现了"双效"结合，很好地诠释了专业知识点。与此同时，本书内容中对祖国壮丽河山的展示，能激发学生的爱国情怀；精益求精的内容编校和力求完美的设计制作，体现了出版人科学严谨的职业素养；图书聚焦中国地理的独特思维与视角，填补地理科普出版空白的市场定位，将传统媒体与新媒体渠道细分为6 个方向的针对性推广措施，反映了新形势下出版发行人争做创新主体，在媒介融合的背景下创新发展，满足群众精神文化需求的责任担当。通过一个案例的分析讨论，将专业知识与家国情怀、职业规范、创新精神等课程思政元素进行有机融合，实现了在潜移默化中完成正能量传递和价值观引领的育人效果。

四、贯彻快乐教学理念，探索多种教学方法

当代大学生接受信息的渠道多元化，生硬刻板的说教很难引发他们对内容的关注。要使学生从情感上认同课程传达的价值观并在行动上自觉践行，教师需要创新教学方法，通过"寓教于乐"的方式，激发学生的学习兴趣，提升教学效果。

发行实务课程贯彻快乐教学理念，通过情景化、故事化的讲授方式，增加课程的趣味性，设计案例分析、问题探究、讨论互动环节，提升同学的课程参与度，增强大家的自主学习能力。

比如在讲授出版物宣传这一章节时，教师没有直接照本宣科列举各种宣传方式的优缺点，而是通过设置一个应用场景，挑选一本书籍，请学生先思考讨论该书适

合通过哪些渠道宣传，接下来再介绍出版发行单位实际操作的案例。先由学生通过对比分析自己设想的优点和不足，最后由教师系统地总结几种宣传方式的特点和适用情形。通过情景模拟，从讨论、互动和案例分析自然过渡到知识点讲授，能够帮助学生体验到学习的乐趣和成就感，提升课堂吸引力。在快乐教学的实施过程中，学生的学习主动性增强，学习方法与学习能力也得到锻炼，有利于学生个人的全面发展。

　　推进发行实务课程思政建设既是顺应高等教育改革新形势的要求，也是为行业培养高素质后备人才的需要。如表1所示，发行实务课程基于"三寓三式"模式创新思政教学设计，围绕发行人才核心素养构建课程目标，深入挖掘体现课程特点和价值理念的思政元素，以行之有效的方式和教学方法将思政元素融入授课过程，实现了寓价值引导于专业课程教学中。课程思政建设不是一劳永逸的过程，只有在现有基础上反复实践、改进，朝着正确的方向持续推进，才能长久发挥育人功效。

表1　"出版物发行实务"课程思政教学实施方案

单元名称	教学内容	课程思政要点	实施手段
发行基础知识	1. 发行工作的基本概念 2. 发行工作的文化宣传属性和经济属性 3. 发行工作的两个效益	运用唯物辩证法中的矛盾论分析发行工作社会效益和经济效益的关系，强调要把社会效益放在首位，强化学生恪守职业规范、勇担社会责任的意识。	专题嵌入式 元素化合式 案例式 讨论式
出版物市场及其需求	1. 出版物市场的构成及其作用 2. 出版物市场需求整体特征 3. 不同出版物市场的需求情况和读者购买行为分析	运用马克思主义政治经济学供求理论分析出版物市场的概念和构成，培养以读者为中心的服务意识，科学引导并满足读者需求的创新精神。	元素化合式 案例式 互动式
出版物购销形式	1. 出版物包销、经销、寄销及代理四种购销形式的概念和特征 2. 核算码洋、实洋、发行折扣率、发行折扣额等出版物购销经济指标	强化学生在出版物购销活动中的诚信意识和契约精神。	画龙点睛式 探究式 启发式
出版物发行渠道	1. 出版物流通渠道的概念，直接渠道与间接渠道、长渠道与短渠道等渠道类型的实现方式 2. 出版物发行的传统渠道与网络渠道	介绍国有发行系统的历史发展，让学生体会发行行业艰苦奋斗、踏实敬业的优良传统；介绍当前出版发行业媒介融合创新发展的现状和趋势，培养学生的创新意识。	专题嵌入式 案例式 故事化 探究式
出版物流通过程	1. 出版机构发行活动组织过程 2. 中间商发行活动组织过程	从矛盾的特殊性解读处在不同流通环节的出版物发行企业流通组织过程的异同。	专题嵌入式 互动式 讨论式

(续表)

单元名称	教学内容	课程思政要点	实施手段
出版物宣传	1. 常用宣传方式及特征 2. 出版物宣传媒介和方式选择	强调出版物宣传的表达应当力图准确，坚持积极向上的思想内容和尽可能完美的艺术形式的统一；结合相关法律规定，培养学生知法守法的意识和规范严谨的职业素养。	画龙点睛式 案例式 讨论式 情景化
卖场运营管理	书店选址、定位、设计装修、图书分类、陈列、收退货、采购、活动等经营活动管理要求	把握书店文化内涵和读者服务功能，坚守文化使命，培养学生的开拓精神和创新意识。	元素化合式 案例式 故事化

参考文献

［1］滕跃民，张玉华，肖纲领.《高职专业"课程思政"的"道法术器"改革》，《辽宁高职学报》，2018 年第 8 期.

［2］郑卓，陈莹.《新闻传播专业推进课程思政建设的价值意蕴与实践路径》，《传媒》，2021 年第 9 期.

［3］王永梅，程蕾.《新闻史课程思政教学的实施及效果评估》，《青年记者》，2020 年 12 月上期.

《影视配乐》课程思政 "三寓三式" 教学法初探①

来源:《辽宁高职学报》2020 年第 22 期

王　莹　滕跃民

摘　要：文章在简要阐述"三寓三式"内涵的基础上，系统介绍了《影视配乐》课程的课程思政改革的思路和举措，列举了"元素化合式""画龙点睛式""专题嵌入式"，以及"快乐教学"在课程教学中的实施案例，对推进课程思政改革具有推广和借鉴价值。

关键词：课程思政；三寓三式；影视；音乐

Teaching Methods of "Three-implicit and Three-fusional" in the Curriculum of Film Soundtrack

Wang Ying　Teng Yuemin

Abstract：On the basis of briefly explaining the connotation of "Three-implicit and Three-fusional", the paper systematically introduces the thoughts and measures of the ideological and political curriculum-reform in the Film Soundtrack, and gives the teaching cases of applying the fusional methods of "elemental combination", "finishing touch", "embedded topics" and implementing "Happy Teaching" as well, all of which offer the valuable experience in promoting the ideological and political curriculum-reform.

Keywords：ideological and political education in the curriculum；Three-implicit and Three-fusional；film and television；music

---

① 作者简介：王莹（1972—），女，福建福州人，汉族，博士，副教授，上海出版印刷高等专科学校影视艺术系副主任。

滕跃民（1950—），浙江绍兴人，汉族，硕士，教授，研究生导师。上海出版印刷高等专科学校常务副校长，全国新闻出版行指委秘书长，上海高职高专文化素养教育教学指导委员会主任委员，高职高专课程思政改革"课中课"国家教学成果负责人。

基金项目：1. 2020 年"课中课"国家级教学成果奖应用推广工程课题编号 ZK-2020-006

2. 2019 年校级资源库课程建设《影视配乐》项目编号：Y1A-0307-19-06-46y

高校作为"培养社会主义的核心接班人"[1]的主阵地，肩负着"立德树人、培根铸魂"的重任，围绕"培养什么人、怎样培养人、为谁培养人"[2]这一根本问题，应不断创新理念，积极开展教育教学改革。课程思政作为教育教学改革的新理念、新举措，目前已经在教育界进行广泛推广和运用。我校的课程思政改革实践取得了丰硕成果，并获得了国家教学成果奖。《影视配乐》课程思政改革运用该成果中的"三寓三式"的教学法，在课程的教学中春风化雨、润物无声地融入思政元素，提升了教学的亲和力和教学质量，受到了学生的喜爱。

一、何为"三寓三式"

"三寓三式"指的是"思政与专业课程融合的路径和方法"[3]。"三寓"就是"寓道于教""寓德于教""寓教于乐"，是课程思政高屋建瓴的总思想，其核心就是一种"隐性教育"[4]，体现润物无声、潜移默化。"三寓"的"道"就是"指规律、规范和准则"，要遵循客观规律，要遵守行为准则。"德"指品行修养，做人的根本，要大力培养和发扬。"乐"为快乐教学，快乐教学会活跃课堂气氛，使教学事半功倍。"三式"指的是课程思政的教学方式。分别是"画龙点睛式、专题嵌入式、元素化合式"。"画龙点睛式"是指"在课程的知识点和技能点的教学中，对其中的思政元素进行点睛"[5]；"专题嵌入式"是指将思政元素以"块"的形式（若干元素）嵌入到课程知识点和技能点的教学中；"元素化合式"是指将知识点、技能点与思政元素进行化合，产生"合而为一"[6]的育人效果。"三式"的目的就是避免"生搬硬套"[7]，达到自然生成的境界。

二、课程介绍

《影视配乐》是与影视艺术相生相长的艺术课程。它是一门声画艺术，兼具了"音乐"和"影视"的特性。探寻音画之间的关联和意义，能够提升观众对影片的欣赏和审美水平，也为影视剧配乐提供了理论支撑。学生要了解、熟悉和掌握这门课的内容，就必须解决音乐的流动性、联觉性与影视艺术的时间性、表现性高度结合等问题。在影视配乐中，如何确定配乐使用的时间点，如何运用音乐使用的路径和方式方法，如何通过音乐提高影视作品的艺术价值，不仅是一个复杂的学习和实践过程，也是该课程教学的核心内容。一部优秀的影视作品，必须具有较高的艺术水准，而其中的配乐不可或缺。该课程正是从艺术的角度出发，管窥电影音乐的特点、功能、作用，了解音乐创作的基础要素、音乐构成、体裁、乐曲类别等，并将有特色的广告音乐、动画音乐融入其中，学生可以循序渐进地深入了解影视音乐的风格特点，初步建立自己的音乐概念构架，为最终驾驭配乐、独立完成高水平的影视艺术作品打下扎实的基础。

三、《影视配乐》课程思政建设路径和方法

(一) 基于"画龙点睛式"的教学方式

在"三式"中，"画龙点睛式"的教学方式是最为常用的，音乐在影视作品中的"点睛"作用无处不在。通过《影视配乐》课堂上一系列的观影活动，同学们会发现音乐在这个镜头当中就是一个"点睛"的作用。教师也会让学生尝试做一些实验，比如同一个镜头下有音乐和没有音乐时的情感体验，让他们切实地感受到音乐在影视作品中的重要性。优质的影视配乐作品不仅能提升影片的画面感，更能通过传递正能量、弘扬主旋律来震撼、洗涤人们的心灵，使观众发现音乐的本质。在表现影视作品的"大无畏精神和奋斗精神"时，通常会使用一些特殊的乐器、音响，或者一些特殊的处理方式，如交响乐、管乐、人声、合唱等形式，这都具有"点睛"的效果。中国古诗词蕴含的是中华民族文化的精髓，可以激发爱国主义情怀。在《影视配乐》课程的关于短旋律和歌曲创作的教学中，教师将唐诗宋词引入课程教学，将具有中国特色的"鱼咬尾""起承转合"的民族音乐创作方法与唐诗宋词紧密相结合。这里是把音乐创作教学视为"龙"，进一步点出诗词教学中爱国主义精神的"睛"。教师在课堂上讲授民族音乐创作方法，同时引导学生吟唱唐诗宋词，既达到了短旋律和歌曲创作教学的要求，又让学生在活跃的课堂气氛感受到了灿烂的古诗词魅力，弘扬了中国优秀传统文化，从而凸显了"点睛"之笔。

(二) 具有浸润作用的"专题嵌入式"教学方式

《影视配乐》课程教学中有相当多的实践环节，教师在教学过程中将中国传统、社会热点、校园文化等以"专题嵌入"的方式融入到教学之中。例如在授课进程中会遇到中国传统节日"端午节"，教师会布置一个 3 至 5 分钟的介绍端午节的短视频音乐配乐作业，作业要求学生运用中国民族调式，使用古筝、二胡、琵琶等乐器来完成。学生既要考虑旋律大小调的音色给予的画面差异，又要考虑乐器的选择。二胡音色醇厚，有着忧郁的气质，可以用于屈原投江（端午节的由来）？龙舟大赛（端午节的习俗）欢快热闹的场面选择琵琶还是古筝？这些问题能够在启发学生自主思考，培养他们的发散性思维，激发学生的学习兴趣和学习热情的同时，促使学生"浸润"在节庆的大环境中，体验与感受中国优秀传统文化的博大精深，进一步激发爱国主义精神。

（三）基于"洋为中用"的"元素化合式"教学方式

作为媒体介质的影视传播，在体感度上更具直接性和实效性。宽泛的网络、电视、传媒信息传递着不同国家的音乐创作风格和时尚走向。正所谓"他山之石可以攻玉"，走出国门的中国音乐大师谭盾以他特有的"中国元素"为核心，兼容并蓄西方音乐的精华，创作的音乐作品享誉世界。他的影视音乐作品《武侠三部曲》（电影《英雄》《卧虎藏龙》《夜宴》）完美地阐释了他对中西方音乐的领悟，他把中国的禅意、鼓文化、民族乐器灵活地融入到了西方的交响乐中，与西方交响乐的各种音乐元素进行恰如其分的"化合"，形成了独具匠心的音乐风格。他的音乐不仅是中国武侠哲意与视听艺术的完美结合，更为世界舞台贡献了丰富的中国人文精神和传统哲理。学生通过该章节的学习，不但知晓了西方的音乐语言，更了解了本民族的音乐特点，在不知不觉中增强了学生的文化自信。

（四）无处不在的"快乐教学"方法

寓教于乐就是采用"快乐教学"的方法，如"启发式""互动式""案例式"等。教师在课堂引入"角色互换"，由学生当教师，做部分专题案例分析，增强学生的主动性和获得感。同时采用"竞赛式"教学，将比赛方式引入课堂，以赛促练，通过比赛激发学生的学习兴趣和探究能力。还可以请学生在课堂上展示自己的作品，师生共同现场评分，既可以潜移默化地植入思政元素活跃课堂教学气氛，又进一步加深了对知识点的理解，从而使教学质量得以提高。

（五）云端授课，云上花开

疫情期间，身处各地的师生在教育部"停课不停学，停课不停教"的号召下，利用各类网络和在线教育平台开展在线教育，打响了一场在线教学攻坚战。该课程在教学上积极将"三寓三式""五化五式"教学法用于云端，教学形式上探索出"四云"新模式。"云连结"——利用互联网云端架起了教师和学生的桥梁；"云共享"——教师利用"云课堂"传道，学生通过"云研究""云作品"等形式完成作业；"云深入"——鼓励学生勇于在多维度的网络世界深入挖掘，大胆尝试，追寻问题本质；"云体验"——网课＋直播，教师变主播，没有做不到，只有想不到。"三寓三式"和"五化五式"教学法在"四云"模式的推动下云上"花开"。这种创新不仅提升了教师在线教学活力，优化了教学内容，更是课程中见思政，以思政塑课程，实现"盐溶于水，润物细无声"的强有力手段，成为把"理论教育与专业教育协调同步、相得益彰的过程"[8]。例如，在讲授声音的三大要素知识点时，嵌入

"武汉加油"主题短片系列，这种浸润式的教学手段极大地增强了学生的好奇心和求知欲。

结语

课程思政改革自 2016 年 12 月在全国高校思想政治会议上被提出后，作为一个系统而长期的教育方针，被提升到一个前所未有的历史新高度。"十年树木，百年树人"，课程思政就是将"全员、全过程、全方位"[9]立德树人进行贯彻落实的一个重要组成部分。"沿用好办法、改进老办法、探索新办法，不断提高教育的针对性和亲和力"[10]，让学生在专业教学中，主动愉快地接受思政教育，使专业课程既有"高度"又有"温度"[11]，思政课与各类课程不互相扯皮，各类课程打破"孤岛效应"，与思政课程教育改革同向同行、相得益彰。课程思政是一首弘扬社会主义核心价值观的赞歌，也是人才培养的永恒旋律，我们专业教师要不断地自觉咏唱，这也是我们当代教师的使命和责任。

参考文献

[1][2]习近平在全国高校思想政治工作会议上强调："把思想政治工作贯穿教育教学全过程，努力开创我国高等教育事业新发展"，《人民日报》，2016 年 12 月 09 日 01 版.

[3]滕跃民，张玉华，肖纲领.《高职专业"课程思政"的"道法术器"改革》，《辽宁高职学报》，2018 年第 8 期，第 53—61 页.

[4]滕跃民，张玉华，马前锋，汪军，孟仁振.《同向同行：知识传授与价值引领同频共振》，《中国教育报》，2019 年 6 月 19 日第 11 版.

[5]上海版专教研《上海版专首次举行课程思政教研论坛》，2019 年 12 月 10 日.
https：//mp. weixin. qq. com/s/AS0UNwLtTUaYuExmNxR3gw

[6]上海版专教研《学校"德智技融合"的"课中课"人才培养模式初见成效》，2018 年 1 月 10 日.
https：//mp. weixin. qq. com/s/6sIaJtmYKmXysjTTDYbWmw

[7]上海版专教研《我校课程思政改革又获新成果》，2018 年 4 月 2 日.
https：//mp. weixin. qq. com/s/9w6GS2Woe _ nT9qNtmXLCg

[8]杨涵.《从"思政课程"到"课程思政"——论上海高校思想政治理论课改革的切入点》，《"课中课"融汇，德智技贯通——上海出版印刷高等专科学校课程思政改革探索与实践》滕跃民主编，2019 年 12 月出版，第 62 页.

[9]习近平.《坚持中国特色社会主义教育发展道路 培养德智体美劳全面发展的社会主义建设者和接班人》，《人民日报》，2018 年 09 月 11 日 01 版.

[10]陈宝生.《切实推动高校思政政治工作创新发展》.

[11]新华社武汉.《"有高度"融合"有温度""天下事"讲成"身边事"——思政课〈深度中国〉何以成为"爆款"课程?》2019 年 1 月 12 日.

一流专业建设语境下高专院校课程思政探索①
——以"商品包装设计"为例

来源：《辽宁高职学报》2021 年第 11 期

高秦艳　滕跃民

摘　要：基于一流专科高等职业教育专业建设方案，讨论该语境下高专院校课程思政体系建构问题，分别从价值导向意义、协同融入效应、全方位育人功能等三个方面研究课程思政建设的角度。以《商品包装设计》课程为例，通过对于思政课介入艺术设计教学价值与意义的思考，借助中国传统哲学思想，从"道""法""术""器"四个层面分别解析《商品包装设计》课程思政实践研究的路径和成效。研究表明，课程思政建设必须与专业教学实践进行有效融合，才能使其贯穿专业教学的全过程，实现立德树人的根本任务。

关键词：一流专业建设；三寓三式；商品包装设计；课程思政

The Practical Research of Curriculum Morality Education in "Commodity Packaging Design" Course in Junior Colleges of First-Class Majors Construction

GAO Qin-yan　TENG Yue-min

（Shanghai Publishing and Printing College）

Abstract：Based on the construction plan of the first-class higher vocational education，it discusses the construction of the ideological and political system of the curriculum in the context，and studies the ideological and political construction of the curriculum from three aspects：the significance of value orientation，the effect of collaborative integration and the function of all-

---

① **作者简介**：高秦艳（1982—），女，上海人，副教授，博士；滕跃民（1960—），男，浙江绍兴人，副校长，教授，硕士，硕士生导师。
基金项目：2019 年度上海市教育委员会一流专科高等职业教育专业建设项目（Z5A-0413-19-05-01y）

round education. Taking the course of "commodity packaging design" as an example, through thinking about the value and significance of Ideological and political course in art design teaching, and with the help of traditional Chinese philosophy, it analyzes the path and effect of Ideological and political practice research of "commodity packaging design" course from the four levels of "theory", "law", "technique" and "instrument". Research shows that the ideological and political construction of curriculum must be effectively integrated with professional teaching practice, so as to make it run through the whole process of professional teaching and realize the fundamental task of moral education.

Keywords: first-class majors construction; three methods; commodity packaging design; curriculum morality education

一流专业建设是我国政府对于中国高等教育教学水平长远统筹部署的一项重要决定。"十三五"规划建议已明确指出我国新时期高等教育改革的方向，2015 年国务院印发的《统筹推进世界一流大学和一流学科建设总体方案》（后简称《方案》）将这一命题进行科学分析和深化，描绘了中国高等教育改革发展的清晰蓝图。[1]上海市教育委员会依据《方案》的总体规划，结合服务上海市"五个中心""四大品牌"的战略需求，着力发展一流专科高等职业教育，制定了打造一流高等职业院校的实施方案。课程思政作为一流专业建设中"立德树人"的重要抓手，已成为落实这一重要任务的关键环节。习近平总书记在全国高校思想政治工作会议上的重要讲话，深刻回答了高校培养什么样的人、如何培养人以及为谁培养人这一根本问题。课程思政融入专业实训课程，实现思政元素"盐溶于水"是促进思政理论与技能培养同向同行的重要途径，也是响应市教委对于贯彻一流专业建设立德树人根本任务的积极行动。

一、一流专业建设语境下高专院校课程思政体系的建构

在坚持"一流"定位、服务需求、产教融合和绩效导向的建设原则之下，大力发展一流专科高等职业教育，打造和支持一批高等职业院校、专业进入一流领先行列，为上海建设提供高素质劳动者和技术人才支撑是上海一流专科高等职业教育专业建设的总体目标。[2]2019 年，上海出版印刷高等专科学校首批立项为建设院校之一，包括艺术设计（印刷美术设计）在内的六个专业坚持以建设试点方案为导向有序开展专业建设工作。建设方案强调，加强思想政治教育、坚持立德树人的根本任务是一流专业建设的首要使命，因此课程思政体系的建构就显得尤为重要和紧迫。

（一）课程思政体系的价值导向意义

在当前形势下，我们应当站在党和国家事业发展的全局视角来把握课程思政体系建构的重要意义。从维护国家意识形态的角度来看，课程思政就如同一面旗帜，它坐实于课程教学的各个环节，明确指引着为党育人的目标。全面贯彻党的教育方针，就要求我们必须以培养德智体美劳全面发展的社会主义建设者和接班人为价值导向，在一流专业建设的过程中将课程思政体系的建构置于重要的战略地位，以社会主义价值观为核心内容，构建科学有效的思想政治教育体系。党的十八大以来，习近平总书记在"培养社会主义建设者和接班人"这一问题上，深刻阐明了"培养什么人、怎样培养人、为谁培养人"的根本命题。[3]作为新时代的教育工作者，我们要牢牢把握人才培养的核心方向，在培养计划的设定、教学大纲的规划、课程设计的结构中，充分体现思政要素与教育教学的紧密交织。教师也应当在每一堂课中，始终将立德树人放在专业教学的首位，想方设法把提升学生的思想觉悟放在日常教学的重要位置。因此从这个意义上来说，课程思政就是一面旗帜，它指引着我们以正确的价值导向作为专业教学的终极目标。

（二）课程思政体系的协同融入效应

坚持思想政治工作贯穿教育教学全过程是一流专业建设的重点任务之一。习近平总书记明确指出：各门课都要守好一段渠、种好责任田，使各类课程与思想政治理论课同向同行，形成协同效应。课程思政体系应当充分发挥其灵活性、适应性、渗透性等优势，围绕立德树人这一根本目标，以多样化的形式手段培育学生的爱国情怀与职业素养，提升思政教育的实效性和亲和力。课中有课、显隐并济，有利于将课程思政体系的协调融入机制，纳入到"三圈三全十育人"这一多维向度的拓展规划之中。[4]为了更好地将课程思政融入高等教育，教学设计者必须从教育的实际出发，从当代学生的身心特点出发，寻找课程思政体系与专业教学的最佳耦合点。为了使课程思政更好地与专业课程有效融合、构建同向协同效应，我们应当从整合内圈（第一课堂育人主渠道）、中圈（素质教育第二课堂）、外圈（社会资源服务高校育人）等三个方面的资源，共同推进校内外课程思政教育一体化，统筹各环节、各领域的思政育人资源和力量，实现知识传授、技能培养与理想信念、价值观念、思想道德等育人要素的有机结合与协调互融。

（三）课程思政体系的全方位育人功能

发挥各方优势、凝聚育人合力，是课程思政体系全方位育人功能的重要体现。

一流专业建设恰好为我们提供了发挥课程思政全方位育人功能的有利平台。除了校内专职思政教师在课堂中进行意识形态方面的培育，依托校企合作、产教融合、标准对接等相关资源，我们还可以大力拓展课程思政全方位育人的疆域，使学生在明确职业发展方向、增强技能本领的过程中，切身感悟到劳动光荣、技能宝贵、创造伟大的精神境界和人文情怀，牢固建立以社会主义价值观为核心内容，以全方位、全过程、全员育人为路径方法的思想政治教育体系。笔者以为，对于成长于信息时代的新一代青年学生，教育者应当充分挖掘多媒体技术和网络信息平台等元素，借助网络课堂、思政教学信息化、教育资源全覆盖等形式，探索课程思政体系全方位育人路径的可能性。随着时代的发展，课程思政的方法、路径和实施手段也应当与时俱进，教师可以围绕立德树人的根本目标展开丰富多样的实施活动，使课程思政"有血有肉"地活起来。

二、一流专业建设语境下思政课介入艺术设计教学的价值与内涵

依托上海出版印刷高等专科学校的优势学科基础，作为我校艺术设计系具有34年开设历史的艺术设计（印刷美术设计）专业，在此次一流专业建设中发挥着重要的作用。探寻课程思政介入艺术设计教学的具体思路和方法，拓展艺术设计教学中课程思政的价值内涵，结合本校建设经验梳理有关路径方法，是本文研究的目的之一，也是为落实课程思政融入教学实践而探索的一些尝试。

（一）高度与温度：铸金炼课压实专业建设之基

课程，是思政要素介入专业教学的落脚点和最终归属。如果说立德树人是人才培养的根本任务和一流专业建设的首要宗旨，那么优秀的课程设计则将成为压实专业建设和落实课程思政的基础力量。艺术设计教学具有与其他课程教学不同的特点。其中理论教学和实践教学相统一、技术训练与艺术创作相适应是艺术设计教学特色的重要表现。这就要求教学设计者从一流专业建设的高度和视域，探寻思政课介入艺术设计教学的落点，努力打造具有亲和力、实战性和指向性的教学环节。上好一堂课、建好一门课，就是为推行思政入课程、进头脑走出扎实的步伐，而这一过程即是铸金炼课、铸魂育人的求索之途。近几年来，我校艺术设计（印刷美术设计）专业在课程建设方面进行了诸多探索，完成了国家高等职业教育专业教学资源库的建设任务，多个课程立项为2020年上海高职高专院校市级精品在线开放课程，这些成果都将成为提升课程思政质量水平和夯实一流专业建设基础的重要推动力。

（二）匠心与德性：塑魂育人提升课程思政之境

"才者，德之资也；德者，才之帅也"。在包括艺术设计教学在内的所有专业课程教学中，育人与育才是一对辩证统一的概念。它们相互依存转换，共同构建塑魂育人的良性循环。在 2019 年上海市教育委员会印发的《上海深化产教融合推进一流专科高等职业教育建设试点方案》中，培养一流的"上海工匠"是其中重要的目标任务。加强思想政治教育、培育追求卓越的工匠精神和培养杰出技术技能人才是逐步推进培养一流"上海工匠"的实施手段，符合立德树人、培育一流人才的理念和宗旨。我校艺术设计系引进市级非物质文化遗产项目象牙篾丝编织技艺代表性传承人和蓝染艺术非遗工艺美术大师，先后分别成立传统艺术大师工作室，获得教育部"传统技艺传承示范基地"称号。为了更好地发挥传统技艺的思政育人功能，艺术设计系开设非物质文化遗产专业和非遗技艺第二课堂，充分利用课堂内外，引导学生铸匠心、塑德性，切实提升课程思政的格局与境界。

（三）角度与维度：全程协同拓展课程思政之域

就艺术设计课程教学体系的基本规律而言，许多课程存在着前后递进、层层深入的关系。如面向大一的素描、色彩等课程主要解决艺术设计教学中的基础造型与审美问题。字体设计、图形设计、三大构成等课程从设计基础层面拓展相关知识，通常在大二开设。商品包装设计、书籍装帧设计等课程成为对接行业需求的核心专业课，一般为高年级学生开设。总体来看，单门专业课程中的思政建设可以依据教学内容与特点形成一定角度，而多门专业课程中思政建设所形成的体系则产生了维度。在此基础上，结合本院校的特色基础以及一流专业建设的标杆体系，这一维度又可升华为立体化的场域，形成一流专业建设语境下思政课介入艺术设计教学的全程协同效应。因此，教学设计者应当注意把握艺术设计专业教学中课程思政建设的角度与维度，从"点、线、面、体"的关系角度来构建思政课融入专业课程体系的格局，不断开拓思政教学的领域。[5]

（四）同向与同行：融汇联动深化专业建设之效

这里的同向与同行具有两个层面的内涵。首先，思政课程与课程思政协调联动，是探索思想政治教育融入高校艺术设计课程内容的有效方法。除了专职思政课教师，让专业课教师"动起来"至关重要。我们需要提高专业课教师的思想觉悟，让专业课也成为思政教育的主渠道，"双道同行"深化专业建设的效果。校内外资源有机联动、共同发力，则体现了"同向同行"第二个层面的内涵。一流专业建设实施方案鼓励高等职业院校创新体制机制、深化产教融合与校企合作，现代师徒制的建立弥补了单纯课堂教学的不足，工学交替、岗位成才的培育机制使学生在实际工作岗位的实践过程中，不断锤炼自身的团队合作精神、钻研奋斗精神和锲而不舍的意志品质。这些融汇联动的机制体系无疑将会进一步强化专业建设的效用。

三、一流专业建设语境下高专院校《商品包装设计》课程思政实践研究

如前所述，课程思政体系的建构最终都将落实到每一门专业课之中，作为课程思政体系建设的"细胞"，一门专业课程的设计和规划都要依据教学规律和思政元素的类型特点，这样才能使其与教学实践进行有效融合，使课程思政贯穿于专业教学的全过程。《商品包装设计》是我校艺术设计（印刷美术设计）专业的核心技能课程之一，教学团队也曾参与国家高等职业教育专业教学资源库的建设，具有一定的建设基础和经验。围绕课程思政实践研究这一主题，笔者将借助中国传统哲学概念中的"道、法、术、器"四字来展开相关讨论（见图1）。

图1　课程思政实践路线

（一）"道"——产教融合培育职业道德素养

与本科院校有所不同的是，上海高职高专院校的一流专业建设更注重在落实本市发展战略优势的基础上，深化产教融合、对接需求、完善职业教育体系和技能人才培养机制。就这个意义上来说，从校企合作的角度来探索《商品包装设计》课程思政的具体实践方法与路径，不仅符合上海市教委发布的建设方案导向和重点，亦可与课堂思政教学形成齐头并进的"双驾马车效应"，从而强化课程思政的实施

效果。

在一流专业建设背景下，高专院校通过与行业、企业、产学研基地所进行的产教融合实践，使学生亲身体验实际岗位环境。他们在向企业技能名师学习的过程中，能受到老师的人格魅力与敬业精神的陶染，使他们感受到技能、劳动和创造之美，于无声处润心灵。在此次我校一流专业建设进程中，笔者担任"商品包装设计策划"子项目负责人，先后带领三批学生赴上海市原创设计大师工作室（产学研合作基地）完成产教融合项目，顺利实现师生教学成果转化。在经历企业岗位实践之后，学生们不仅能更加明晰地把握《商品包装设计》课程的定位和知识点，他们的职业道德素养水平也获得了显著的提升。

（二）"法"——三寓三式逐层推进课程思政

中国传统思想中的"法"既有章法、方法之意，也可以理解为原则、原理。人们可以通过对长期实践的考察与思考，从中得出事物内部的变化规律。从这个意义上来说，"法"是人通过实践所参悟出的道理，体现为实现价值观的原则和方法论。要在专业课程中讲好思政，同样需要我们对这些原则和方法论进行高效把握。

2018年，在滕跃民校长的带领下，我校课程思政科研团队的研究成果《思政教育融入专业实训课的"课中课"同向同行模式创新与实践》荣获国家教学成果二等奖。其中课程思政"三寓三式"教学法的成功推广，在上海高职高专院校课程思政研究领域形成了一定的辐射效应。其中的"三寓"，是指把专业课与思政课知识点进行融合的三大原则，即寓道于教、寓德于教和寓教于乐。而"三式"则是指三种将课程思政要素融入课程教学环节的方式，主要包括画龙点睛式、元素化合式和专题嵌入式。在《商品包装设计》课程教学中，笔者尝试将党史元素融入专题案例教学之中，围绕主题性设计展开百年党史素材的专题考察，激发学生们的情感共鸣和爱国、爱党、爱校的情怀。[6]

（三）"术"——显隐相促强化核心专业知识

创建一流专业是推进一流专科高等职业教育建设试点方案中的重点任务之一。优化布局结构、重构课程体系是实现这一建设目标的有效途径。今年是我校一流专业建设的收官之年，艺术设计（印刷美术设计）专业的所有课程都已完成大纲修订和实施方案调整。以《商品包装设计》课程为例，今年不仅完成了实施方案、教学计划和大纲的修订，课程建设负责人还将近三年来教学实践的思考和经验进行总结梳理，完成了教材编纂和教研论文的发表工作。[7]以上这些看似琐碎的项目建设内容，都由立德树人这条主线所串联，形成了清晰的脉络体系。可以说，无论是大纲修订还是教材编写，课程思政元素或隐或显地呈现于其间，与核心专业知识互相配合、彼此呼应，营造了水乳相融的语境，使学生在接受专业知识的同时自然而然地受到思想政治教育的洗礼。"显隐相促"的重点在于课程设计者要把握好课程思政的节奏和力度，既不能标签式说教，也不能生搬硬套。因此，教师要善于"穿针引线"，将课程思政元素灵活地融入到专业教学的各个环节中去。[8]

综上所述，这里的"术"并非指固定不变的操作方法，它以"道"作为指导原则，是一种可变通、讲策略的方法体系。

（四）"器"——信息技术增强课程思政影响

"器"主要指产品或工具，它是"道""法""术"的最终体现。"器以载道"即体现了这对哲学概念的相互关系。面对信息技术浪潮的冲击，高专院校专业建设的平台和技术方法也应当进一步革新。在推进一流专科高等职业教育建设试点方案中，全方位推动教学组织、教学方法、教学资源的开发、利用与创新，成为培养杰出技术技能人才的必要条件。对于课程思政的实施与实践阶段来说，以上也是我们必须面对和解决的重要问题。[9]

毋庸置疑的是，新形势下，课程思政与专业建设正在面临新的技术挑战。融媒体、信息技术、网络教学资源等相关平台的搭建为我们提供了更为宽广的舞台。"器"之转型不仅符合一流专业建设的需要，更与课程思政和专业课程建设的未来趋势相契合。通过优化信息技术，一些优秀的课程思政案例与专业建设经验可以更快地被发布和传递，学生也可以借助不同的信息接收终端及时了解课程内容的变化和更新，可见信息技术的应用在拉近师生距离的基础上进一步扩大了课程思政的辐射效应和对外影响。在课程建设团队的共同努力下，《商品包装设计》课程已在两个平台（校内"BlackBoard"和"智慧树"）建成了网络教学资源库，可在移动终端和个人计算机端口实现教学和互动，形成了较为立体的课程思政平台覆盖。[10]

在一流专业建设语境下，专业课课程思政教学的探索还存在许多尚未解决的问题，本文以《商品包装设计》课程的思政实践探索作为一个切片，尝试寻找适合中国国情和院校特点的思政建设实践路径。笔者以为，课程思政的顺利推行不仅仅是思政课教师的任务，它还需要政策、院校、教师、企业等多方因素的通力合作与同向同行。保持开放的视野和心态，不断探索，不断交流成功的建设经验是我们到达胜利彼岸的有效路径。

参考文献

［1］王战军.《世界一流大学世界一流学科建设政策汇编》，中国科学技术出版社，2018 年 1 月出版.

［2］卞观宇，李浩.《高职环境艺术设计特色专业建设研究与实践》,《艺术与设计（理论）》,2020 年第 2 期,第 150—152 页.

［3］王学俭,石岩.《新时代课程思政的内涵、特点、难点及应对策略》,《新疆师范大学学报（哲学社会科学版）》,2020 年第 2 期,第 50—58 页.

［4］江鸿波.《论"三圈三全十育人"的时空意蕴》,《思想理论教育》,2019 年第 10 期,第 103—106 页.

［5］陈胜国.《新时代高校思想政治教育创新发展研究》,印刷工业出版社,2019 年出版,第 45—46 页.

［6］邵勤,李莉.《高职高专提升职业教育质量的途径》,《教育与职业》,2014 年第 32 期,第 26—27 页.

［7］吴红梅.《"三全育人"理念下〈包装设计〉课程思政改革与实践》,《包装工程》,2020 年第 41 期,第 183—186 页.

［8］滕跃民,张玉华,马前锋,汪军,孟仁振.《同向同行：知识传授与价值引领同频共振——上海出版印刷专科学校"课中课"课程思政改革探析》,《中国教育报》,2019 年 6 月 19 日第 11 版.

［9］姚克难.《艺术设计专业创新创意理论教学的"课程思政"改革研究》,《艺术教育》,2021 年第 1 期,第 270—273 页.

［10］滕跃民,张玉华,肖纲领.《高职专业"课程思政"的"道法术器"改革》,《辽宁高职学报》,2018 年第 8 期,第 53—55 页.

新工科背景下《包装印刷》课程思政探索和实践①

曹 前 滕跃民 肖 颖

（上海出版印刷高等专科学校）

摘 要: 以新工科建设为背景，结合课程思政和《包装印刷》课程特点，以"三寓三式"为课程思政融入原则和手段进行课程思政教学改革，围绕"知识传授"与"价值引领"相结合的课程思政教改目标，挖掘课程思政元素、探讨"课程思政"实施路径，凝练课程思政教学案例等方面进行积极探索，为其他理工课程开展"课程思政"提供一定借鉴。

关键词: 课程思政；三寓三式；思政元素；包装印刷；教学改革

以新技术、新业态、新模式、新产业为代表的新经济高速发展，对工程专业人才培养提出了更高要求和挑战，教育部于 2017 年提出新工科建设计划，提出培养具备交叉学科融合能力强、工程创新实践能力高、国际化视野能力强的高素质复合型工科人才。[1-2]习近平总书记在全国高校思想政治工作会议上的重要讲话精神指出，坚持把立德树人作为高等教育的中心环节，把思想政治工作贯穿教育教学全过程，实现全员育人、全程育人、全方位育人，努力开创我国高等教育事业发展新局面。[3]因此，课程思政和新工科成为大学生的能力培养和道德教育的新要求，专业课教学过程需要将新工科和课程思政有机结合。

本文以上海出版印刷高等专科学校（下文简称"上海版专"）包装工程技术专业《包装印刷》课程思政教学改革为例，以"三寓三式"为课程思政融入原则和手段，在充分挖掘《包装印刷》教学过程中的各类思政元素的基础上，实现"知识传授"与"价值引领"相结合，推动《包装印刷》课程思政教学改革。

---

① **基金项目:** 上海市高校课程思政重点改革领航学院课程"包装印刷"（SLPKS-2019-011）；
上海高等教育学会 2021 年度规划研究课题"高职院校混合式教学的设计与实践研究"（Y2-57）。
作者简介: 曹前（1982—），男，博士，上海出版印刷高等专科学校讲师，主要研究方向为包装工程人才培养。
滕跃民（1960—），男，浙江绍兴人，硕士，上海高职高专文化素养教育教学指导委员会主任委员，上海出版印刷高等专科学校教授。
肖颖（1973—），女，福建福州人，硕士，上海出版印刷高等专科学校副教授。

一、新工科背景下，高职院校专业课开展"课程思政"的必要性

在新工科背景下，以专业课为载体，开展思想品德和职业素质教育是当前专业课课程思政改革的大方向，把思想政治教育融入到专业课教学的各个环节是实现全员育人、全程育人、全方位育人的重要途径。[4]与人文学科相比，工科专业的教学更加注重专业知识的传授与运用，而忽略课程思政在育人过程中的引领作用，因而在课程思政实施过程中往往存在以下问题：

（1）部分专业课教师重视程度不够，个别专业课教师甚至存在抵触情绪。专业课部分教师认为专业课教学是教给学生专业知识，学生的德育教育是思政课教师的任务。

（2）学生对思政课重视程度不够，在思政课上主动性和自觉性不够，以获得学分为上课目的，表现在自律性较差，上课时说话、睡觉、玩手机，甚至戴耳机上课等时有发生。或者行为规范与思政学习脱离，并未将在课堂上学到的道理和知识作为平时学习和生活的行为准则。

（3）学风不良，比如迟到、旷课、不认真听讲、玩手机等。针对这一问题，高校采取了诸如加强学籍管理、教学管理，召开学风建设大会，实施快乐教学等学风建设改革措施，但收效不佳。

学生的德育教育仅仅依靠思政课是不够的，每门课程都有育人功能，每个教师都有育人的职责和义务。专业课教师讲授大量的专业课程、实验课程，而且担负着指导实习、毕业设计、就业等的工作，和学生接触的时间长，比较熟悉学生的情况，学生也比较信任专业课教师，所以，专业课教师进行"思政教育"可能起到事半功倍的效果。

二、以"三寓三式"为课程思政融合原则和手段

上海版专通过多年来的理论探索和教学实践，形成了思政教育融入各类课程的"课中课"同向同行教学模式。[5]该模式将德育元素融入知识技能培养环节，基于"寓道于教、寓德于教、寓教于乐"（"三寓"），和"画龙点睛式、专题嵌入式、元素化合式"（"三式"），成为全国高校"课程思政"改革成功的先行者。该教学模式获得了上海市教学成果特等奖、全国二等奖。课程思政的根本性问题是如何将课程思政融入到专业课教学中，"三寓三式"提供了课程思政的融合原则和手段。课程思政的融合原则是"寓道于教、寓德于教、寓教于乐"。"寓道于教"指在教学过程中引导学生学习和遵守客观规律和道理；"寓德于教"指思政课教师和专业课教师在教学过程中主动承担起德育的教学任务；"寓教于乐"是使用案例式、探究式、讨论式、启发式、互动式等教学方法开展快乐教学。课程思政的融合手段为"画龙点睛

式、专题嵌入式、元素化合式"。"画龙点睛式"指基于对教学知识和内容的讲解，对科学精神、品格塑造、专业伦理等思政元素的"点睛"；"专题嵌入式"指在特定的主题中，选择个例嵌入，结合思政元素，以加深学生的理解；"元素化合式"指将思政要点、专业技能、专业知识等不同的教学元素进行化合，进而产生合而为一的育人效果。[6]

三、《包装印刷》课程思政教改目标

《包装印刷》是包装工程专业必修课，覆盖面非常广泛，包括《数字印前技术与工艺》《包装印后加工》等课程在内，共同向学生介绍包装产品的印前、印刷和印后加工的技术和工艺。该课程介绍柔印、凹印、胶印、丝印、数字印刷、组合印刷等的特点、原理、工艺、材料和设备等，同时也详细介绍折叠纸盒印刷、瓦楞纸箱印刷、金属印刷、软包装印刷、标签印刷等具体的包装印刷产品的工艺特点。实践教学环节，结合学校现有实验设备，让学生学习和操作柔性版印刷、胶印和丝网印刷的制版过程；通过印刷厂参观、实习等环节，让学生有效地将课堂知识应用于实践，提高学生将所学知识用于解决实际问题的能力。

1. 知识目标

介绍包装印刷行业广泛使用的柔性版印刷、凹版印刷、平版胶印、丝网印刷、数字印刷等的特点、原理、制版、工艺。同时也详细介绍折叠纸盒印刷、瓦楞纸箱印刷、金属印刷、软包装印刷、标签印刷等具体的包装印刷产品。

2. 技能目标

熟悉柔性版印刷、凹版印刷、平版胶印、丝网印刷的制版过程，通过实地操作，使学生进一步理解和掌握柔性版印刷、凹版印刷、平版胶印、丝网印刷的原理及工艺，有效地将课堂知识应用于实践，提高学生解决实际问题的能力。

3. 素质目标

培养学生树立正确的世界观、人生观、价值观，进一步培养学生对优秀传统文化的弘扬与传承，提升文化自觉与文化自信；提升学生的绿色环保意识与观念；加强学生求真务实、循序渐进、认真严谨、按标准按规范做事的职业素养；提升学生用所学理论指导实践，解决实际问题的能力，最终实现知识传授与价值引领的教学目标。

四、《包装印刷》课程思政元素的挖掘和实施

1.《包装印刷》课程思政元素的挖掘

只有对每门专业课程的课程思政元素进行认真挖掘，并在授课过程中进行系统设计与规划，才能让思想政治教育在专业教学中有扎实的"落脚点"。根据《包装印

刷》的教学内容，以不改变原有知识点和教学内容的基础上，梳理和挖掘思政元素，如表1所示，结合"画龙点睛式""专题嵌入式"和"元素化合式"等课程思政融入手段，形成富有成效的"课程思政"实施方案。在每个教学章节中讲授知识点和技能点的同时，有针对性地讲授相应的思政元素。

表1 主要教学内容和思政教学要点

教学章节	教学内容	思政元素	思政元素目标	融合手段
第一章 绪论	(1) 印刷发展 (2) 印刷定义、要素和分类 (3) 包装印刷定义、分类和特点	当代毕昇——王选	爱国情怀	专题嵌入式
第二章 柔性版印刷	(1) 柔性版印刷概述 (2) 感光树脂柔性版的制作和计算机直接制柔版技术 (3) 柔性版印刷油墨 (4) 网纹辊 (5) 柔性版印刷机	环保油墨：水性油墨、UV油墨 制版环节环保情况：水洗版制版、热敏制版、环保型溶剂制版等	环保意识	专题嵌入式
第三章 凹版印刷	(1) 凹版印刷特点、应用 (2) 凹印版的制版 (3) 凹印承印材料 (4) 凹版油墨 (5) 凹版印刷机 (6) 凹版印刷工艺	对多色套准、印刷速度、印刷质量等方面要求越来越高，引入细节决定成败，行为铸就品格，发扬"工匠"精神。	工匠精神	画龙点睛式
第四章 平版胶印	(1) 平版胶印特点和应用 (2) PS制版和CTP制版工艺 (3) 油墨 (4) 胶印机 (5) 平版胶印工艺	平版胶印的水墨平衡原理：理论上的水墨平衡是无法实现的，含水15%～26%的油墨才能实现水墨平衡。	辩证思维：矛盾的对立统一规律	画龙点睛式
第五章 丝网印刷	(1) 丝网印刷概述 (2) 制版材料及绷网工艺、丝网印刷版的制版 (3) 丝网印刷设备 (4) 丝网印刷油墨	丝网印刷作为一种补充印刷方式，是对高速印刷方式胶印、凹印和柔性版印刷一种补充和完善。	奉献精神	画龙点睛式
第六章 数字印刷	(1) 数字印刷的定义、特点和应用 (2) 数字印刷的基本原理 (3) 典型数字印刷机 (4) 数字印刷材料	数字印刷和传统印刷相比节省简化了流程，减少了印刷时间，代表印刷的最新技术和发展方向。	不断探索的创新精神	画龙点睛式
第七章 组合印刷	(1) 组合印刷概述 (2) 组合印刷设备 (3) 组合印刷应用	结合各种印刷方式的优点，提高印刷质量。	合作精神、团队精神	元素化合式
第八章 包装印刷产品案例	(1) 标签印刷 (2) 纸盒印刷 (3) 瓦楞纸箱印刷 (4) 金属印刷 (5) 软包装印刷	理论与实践并重，培养"理实一体化"人才。	知行合一理论联系实际	元素化合式

2.《包装印刷》课程思政的教学原则和手段

（1）以寓德于教为课程思政原则和目标，运用专题嵌入式融合手段，培养学生的爱国情怀

在介绍印刷的发展历史时，以专题嵌入式介绍毕昇、王选等榜样的事迹，发挥榜样的示范效应，激发同学们的爱国情怀。毕昇创造发明的胶泥活字、木活字排版，是中国印刷术发展史上的一次根本性的改革，是对中国劳动人民长期实践经验的科学总结，对中国和世界各国的文化交流做出了伟大贡献。2001 年度国家最高科学技术奖获得者，中国科学院院士和中国工程院双院院士王选被誉为"当代毕昇"。他的主要成就是汉字激光照排系统，使我国印刷业告别铅与火，迈入光与电的时代，实现了印刷业的技术革命。[7]

（2）以寓道于教为课程思政原则和目标，运用画龙点睛式融合手段，培养学生不断探索的创新精神

与传统印刷相比，数字印刷简化了流程，减少了印刷时间，弥补了传统印刷在短版、急单和个性化印刷等方面的不足。很多数字印刷技术体现出科技进步和创新精神。如静电照相数字印刷的显影过程，分析比较富士施乐的单定影装置、佳能数字印刷机的双定影装置和惠普 indigo 无定影装置的优缺点，可以得出定影技术的创新提高了印刷质量、适应了更多的承印物种类的结论，由此可以画龙点睛式地点出不断探索的创新精神。

（3）以寓教于乐为教学手段，灵活运用"五化五式"践行快乐教学模式

在《包装印刷》课程思政的实施过程中，可以将专业技能点、专业知识点、思政元素点等进行有机整合和梳理，采用故事化、幽默化、游戏化、情景化、讨论式、案例式、互动式、探究式等方式，使学生能够以轻松的心情从故事中、从互动中、从讨论中通过分析与推理，学会自主归纳与总结，在增强学习兴趣的同时增强对包装印刷技术基本理论的理解。

五、凝练《包装印刷》课程思政的教学案例

在《包装印刷》课程思政教学的实施过程中，对于比较典型的教学内容和思政元素，注重收集、整理课程思政教学案例，进一步凝练出优秀课程思政教学案例。在介绍软包装印刷时，分析软包装印刷污染来源和解决方式，结合我国目前的环保政策，形成《蓝天保卫战与绿色印刷》课程思政教学案例，培养学生的环保意识。

1.《蓝天保卫战与绿色印刷》课程思政案例的背景

改革开放以来，我国的经济获得了极大的发展，极大提高了人民的生活水平，现在已经稳步进入全面小康阶段。但是，新经济形势下，也面临空气污染、水污染、

食品安全问题等诸多方面的挑战。2018 年 7 月 3 日，中华人民共和国国务院公开发布《打赢蓝天保卫战三年行动计划》，明确大气污染防治工作，提出打赢蓝天保卫战的线路图和时间表。[8]中国工信部和财政部联合发布的《重点行业挥发性有机物削减行动计划》明确指出了包括包装印刷、油墨在内的 11 个挥发性有机化合物（VOCs）削减，提升绿色制造水平的重点行业。[9]目前广泛使用的溶剂型油墨和复合薄膜软包装所使用的溶剂型黏合剂是包装印刷污染的主要来源。

2. 实施绿色印刷，打赢蓝天保卫战

（1）软包装印刷过程的污染源分析

根据科印传媒《印刷技术》杂志对我国复合薄膜软包装行业调查，我国复合薄膜软包装仍以凹版印刷为主，复合薄膜软包装的复合方式以干法复合为主，印刷、复合工艺、凹版制版过程中的电镀工艺等都造成很大的环境污染。[10]

（2）如何减少软包装印刷过程中的污染

① 使用水溶性或 UV 油墨。目前柔性版印刷水性油墨是所有油墨中唯一通过美国食品药品协会认证的无毒油墨，因此，柔性版印刷被称为"绿色印刷"，广泛用于软包装产品印刷、标签印刷、瓦楞纸箱印刷、无菌包装印刷等。

② 使用无溶剂复合技术。与干法复合相比，无溶剂复合是一种资源节约型、环境友好型生产工艺，而且还具有复合产品无残留溶剂、卫生性能可靠的优点。随着我国社会经济的发展，环境保护越来越受重视，对食品包装的要求也越来越高，无溶剂复合取代溶剂复合将成为必然趋势。

六、总结

在新工科建设背景下，我系将结合我校课程思政"三寓三式"提供的融合原则和路径，以《包装印刷》专业课为载体，在技能培养和知识传授中，以润物细无声的方式实现价值引领。《包装印刷》课程思政建设工作虽已启动，但仍需时间的凝练和实践的检验，我们将继续优化《包装印刷》课程思政教改目标，深挖细挖课程思政元素和教学案例，推进并完善《包装印刷》课程思政的教学改革。

参考文献

［1］"新工科"建设复旦共识［J］. 高等工程教育研究，2017（01）：10-11.

［2］"新工科"建设行动路线（"天大行动"）［J］. 高等工程教育研究，2017（02）：24-25.

［3］习近平在全国高校思想政治工作会议上强调：把思想政治工作贯穿教育教学全过程，努力开创我国高等教育事业发展新局面［N］. 人民日报，2016-12-09（01）.

［4］席燕辉，唐欣. 新工科背景下工科课程思政的探索与研究［J］. 科教导刊，2020（20）：82-83.

［5］滕跃民，张玉华，马前锋，等. 同向同行：知识传授与价值引领同频共振：上海出版印刷高等专科学校"课中课"课程思政改革探析［N］. 中国教育报，2019-06-19（11）.

［6］滕跃民，张玉华，肖纲领. 高职专业"课程思政"的"道法术器"改革［J］. 辽宁高职学报，2018(08)：53-55.

［7］杨巍，葳蔓，智飞. 告别铅与火　迎来光与电——"当代毕昇"王选的职业生涯启示录［J］. 职业技术，2006（07）：4-15.

［8］印刷技术编辑部. 中国软包装行业业情及发展分析［J］. 印刷技术，2017（10）：6-11.

［9］中华人民共和国国务院. 打赢蓝天保卫战三年行动计划［EB/OL］.

［10］工业和信息化部，财政部. 重点行业挥发性有机物削减行动计划［EB/OL］.

基于课程思政的专业教学改革思考与实践①
——以《三维模型制作与应用》课程为例

孔玲君

上海出版印刷高等专科学校

摘　要：专业课程是实施课程思政的基本载体，是助力学生成长成才的主力军。本文以上海出版印刷高等专科学校建设的"上海高校课程思政重点改革领航学院"中《三维模型制作与应用》课程为例，以"道法术器"理念为指导，以课程思政"三寓三式"和快乐教学"五化五式"为实施方法和手段，探讨课程思政的顶层设计思路、知识技能与思政元素的融合方案等，并通过具体教学案例介绍课程思政的具体实施策略与成效，为广大教师开展课程思政教育提供一定的参考。

关键词：课程思政；三寓三式；德智技并进

引言

十九大报告指出，青年一代有理想、有本领、有担当，国家就有前途，民族就有希望。高等职业教育的根本任务是立德树人，作为高职院校的专业教师，肩负着培养德智体美劳全面发展的社会主义事业建设者和接班人的重要任务。

课程思政是夯实立德树人的高效途径，是提升人才培养质量的有力举措。当前，课程思政工作备受关注。根据习近平总书记"其他各门课都要守好一段渠、种好责任田，使专业课程与思想政治理论课同向同行，形成协同效应"的指示精神，2020年5月，教育部印发了《高等学校课程思政建设指导纲要》（教高〔2020〕3号），指出要深入贯彻落实习近平总书记关于教育的重要论述和全国教育大会精神，把思想政治教育贯穿人才培养体系，全面推进高校课程思政建设，发挥好每门课程的育人作用，提高高校人才培养质量。2020年9月，中共上海市教育卫生工作委员会和上海市教育委员会联合发布《关于深入推进上海高校课程思政建设的实施意见》

---

① 作者简介：孔玲君（1972—），女，上海出版印刷高等专科学校教务处副处长、教授。

（沪教委党〔2020〕18号），指出课程思政是高校落实立德树人根本任务的关键举措，是推进知识传授、能力培养与价值引领相结合的现实路径，是落实高校党委意识形态主体责任的有力抓手。

本文以我校2019年获批的"上海高校课程思政重点改革领航学院"建设的《三维模型制作与应用》课程为例，探讨课程思政与专业课教学改革的有关思考与实践。

一、基于课程思政的专业教学改革目标

为深入学习贯彻习近平总书记在学校思政课教师座谈会上的重要讲话精神，贯彻落实教育部《高等学校课程思政建设指导纲要》，以"立德树人"作为专业课程教学的根本任务，以"德智技并进"为专业课程教学的育人目标，通过深入梳理《三维模型制作与应用》课程教学内容，结合该课程教学特点和思维方法，充分挖掘课程思政元素并有机融入到课程教学过程中，寓价值观引导于知识传授和能力培养之中，帮助学生树立正确的世界观、人生观、价值观。

通过课程思政，把马克思主义立场观点方法的教育与职业能力的培养结合起来，提高学生正确认识问题、分析问题和解决问题的能力。深化职业理想和职业道德教育，引导学生深刻理解并自觉实践职业精神和职业规范，增强职业责任感，培养遵纪守法、爱岗敬业、无私奉献、诚实守信、开拓创新的职业品格和行为习惯。培养学生精益求精的工匠精神，激发学生技能报国的家国情怀和使命担当。使专业课程教学与思政教育同向同行，将显性教育和隐性教育相统一，实现思政教育与技术技能培养有机融合，形成专业教育与思政教育的协同效应，最终达到润物无声的育人效果。

二、课程思政教学设计

1. 总体设计思路

在《三维模型制作与应用》课程的教学方案设计中，充分应用我校首创并获全国教学成果二等奖的课程思政建设成果，把"道法术器"理念[1]引入专业课程教学，有选择地结合课程思政"三寓三式"和快乐教学"五化五式"实施方法进行课程思政的方案设计，将思政元素有机地融合到课程的知识点和技能点的讲授过程中，寓价值观引导于知识传授和能力培养之中，实现基于"技术技能传授与价值引领相融合"的"德智技并进"课程育人目标，实现思政教育与专业课的"同向而行"，促进知识技能培养与素养培育的"同学同步"，达到润物无声的效果。

"三寓三式"是实施课程思政的"法"与"术"，具体是指教学方法与手段。其中"三寓"是指寓道于教、寓德于教、寓教于乐；"三式"是指画龙点睛式、专题嵌

入式、元素化合式。[2] "寓教于乐"又可进一步通过"五化五式"实施快乐教学，"五化"是指情景化、形象化、故事化、游戏化、幽默化；"五式"是指启发式、互动式、讨论式、探究式、案例式。

同时，在开展课程思政教学中，贯彻执行我校课程思政改革成果中具有先导性意义的"五项负面清单"范式，即不扯皮、不贴标签、不生搬硬套、不碎片化、不降低教学效果。

2. 知识技能与思政元素的融合方案

《三维模型制作与应用》课程使学生在了解三维模型制作的基本理论知识的基础上，深入掌握三维模型制作技术及其应用，重点聚焦在三维模型的正向设计与制作、三维模型的逆向建模技术、3D打印输出技术三方面，共分为七个教学单元，落实到20多个知识点和12个技能点。

在思政育人上，主要培养学生的爱国主义情怀、品德修养、辩证思维能力、工匠精神、知识见识、职业素养等综合素质。引导学生坚定理想信念，在兼顾局部的同时，树立整体意识和大局观念；以工匠精神引导及鼓励学生，培养学生勤奋拼搏、严谨求实、精益求精、团结协作、爱岗敬业的职业素养；培养学生理论联系实际的能力、知行合一的意识和开拓创新的精神等。

通过充分挖掘和提炼课程知识点和技能点中所蕴含的思政元素，以"三寓三式"为指导，把《三维模型制作与应用》课程的技术技能培养与课程思政育人有机融合，确定课程思政实施的顶层架构，如表1所示。

表1　教学内容与思政元素的融合教学实施表

课程主题	知识传授与技能培养要点		思政元素（关键词）	实施手段
	知识点	技能点		
专题一 三维模型制作概述	计算机三维模型制作与应用的发展现状及趋势	了解三维模型的主要制作方法	发展观 终生学习精神	故事化+ 启发式
	三维模型的数据结构与文件格式；三维模型应用方式	熟悉三维模型制作的工作流程	综合素养 遵纪守法	案例式+ 讨论式
专题二 3Ds MAX 软件建模	三维建模系统中的参考坐标系、变换中心、不同视图及模型效果等	掌握三维模型正向制作的基本操作	辩证思维 大局意识	画龙点睛式+ 探究式
	可编辑多边形、修改器的作用；不同应用对模型精度的要求；三维模型的合并、导入与导出	掌握3Ds MAX的主要建模方式	敬业精神 勤奋拼搏 理想信念（技能成才）	游戏化+ 专题嵌入式+ 案例式

（续表）

课程主题	知识传授与技能培养要点		思政元素 （关键词）	实施手段
	知识点	技能点		
专题三 三维模型 贴图及渲染	材质与贴图的概念	掌握材质及贴图设置的基本方法	辩证思维（内外兼修） 思想品德	画龙点睛式＋ 元素化合式＋ 案例式
	渲染的作用与方法	了解利用 C4D 等工具进行渲染与效果图制作	协作意识 合作精神 创新创意思维	
专题四 三维扫描 技术应用	3D 扫描工作原理、应用领域、扫描数据的曲面重构	掌握 3D 扫描仪的使用与扫描数据的加工处理	工匠精神 团队合作意识 环境意识 文化自信	元素化合式＋ 情景化＋ 案例式
专题五 三维数据 处理技术	点云数据的特点、多边形数据的特点；三维数据检测与修复；分层切片的作用与必要性	熟练掌握分层切片参数的设置与软件使用	工匠精神 知行合一意识	画龙点睛式＋ 案例式
专题六 3D 打印 技术	3D 打印的概念、成像原理及其特点；3D 打印机性能指标	熟悉 3D 打印的优点	生态文明意识 科学精神	故事化＋ 探究式
	主流的 3D 技术原理与特点；3D 打印材料特点	掌握 3D 打印机的使用与三维模型输出	国际视野 职业素养 责任意识	专题嵌入式＋ 案例式
专题七 3D 创意 产品开发	3D 打印的发展历程与未来趋势；国内 3D 打印技术发展情况；3D 建模与 3D 打印的创新应用	了解 3D 建模技术与 3D 打印技术在文化创意领域和印刷行业中的应用	爱国情怀 时代精神 文化自信	故事化＋ 探究式
	3D 打印职业工种与岗位要求	探索 3D 作品的创意设计、制作与输出	创新意识 创新精神 职业素养	形象化＋ 讨论式

三、课程思政的具体实践案例

1. 教学背景

本案例教学内容是《专题四　三维扫描技术应用》的实践教学部分，即利用三维扫描仪获得对象的三维模型数据，并利用相应的编辑软件对获取到的数据模型进行必要的后处理加工。要求学生在了解掌握三维扫描仪使用的基本方法后，分小组扫描获得某一位同学的头像模型，后续再利用 3D 打印设备输出得到头像模型。通过本案例教学，希望达到使同学们掌握逆向扫描建模技术的教学目标，同时在实训过程中引导学生明白"细节决定成败""坚持就是胜利""行为铸就品格"的道理，培养"精益求精，追求卓越"的工匠精神，以及工作后应物归原处，保持环境整洁的环境意识等基本职业素养。

2. 教学过程

（1）明确知识点与技能点要求

在开展本案例教学之前，同学们已经了解到"专题四 三维扫描技术应用"中的知识点和技能点要求，学习并初步掌握了知识点，即3D扫描工作原理、应用领域、扫描数据的曲面重构。本案例要求同学们在观摩学习有关案例操作示范的基础上，分小组开展技能点的实训实践。

（2）教学案例的导入

在进入具体实训内容之前，首先向同学们展示了由我校与上海商务数码图像技术有限公司以及上海域达三维图像技术有限公司合作完成的一个三维建模成功案例——新疆龟兹第17石窟的三维重建模型的一段展示视频。图1为其中的两帧截屏画面，（a）图为第17石窟的整体外观效果图，（b）图为该石窟内部某一区域的三维展示效果。

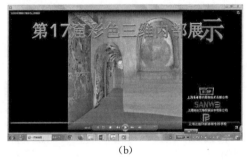

（a）   （b）

图1 逆向建模的典型案例

通过图1所示的校企合作案例，让同学们知道三维扫描技术具有无限的应用空间，小到一个设备零部件，大到一台小汽车；抑或是从身边的常见物品到古瓷器，甚至是石窟，均能借助于3D扫描仪进行逆向建模，并通过数据处理重建这些物体的立体图像。该案例确实让同学们非常好奇，他们不仅惊讶于如此之大的石窟如何能够被数字化再现，也惊叹于自己足不出户就欣赏到了远在大西北的优秀文化古迹，于无形中增加了对中华民族文化的认同与自信。此时，任课老师会适时地告诉同学们，掌握3D扫描技术大有用处，除了模型重建外，还可用于仿形加工、文物保护等多个方面，由此激发同学们浓浓的学习兴趣。

（3）实训案例及其要点

本教学案例是基于3D扫描仪获取人物头像的三维立体图像。在本案例中，要求一组同学利用学校实验室中的 3D 扫描仪获得点云数据，经数据处理后得到头像的扫描图像。在扫描之前，同学们要确定被扫描头像和 3D 扫描仪镜头之间的大致距离，并在软件中进行参数设置。然后，负责扫描的一位同学应将镜头对准作为模特的同学头部，调整镜头与其之间的距离，使该同学的头像清晰地显示在扫描软件的活动视图区的中间位置。此时，另外一位同学负责软件的操作与控制。在扫描过程中，负责扫描的同学手持扫描仪，不能有较大幅度的抖动，且须围绕被扫描的同学保持匀速走动，以确保采集到扫描对象的 360°数据。扫描结束后，再利用扫描仪配套的数据处理软件，对扫描数据进行编辑处理，得到最终的立体图像。最后再用合适的格式导出并保存文件，后续再利用 3D 打印机进行输出。

3. 课程思政的实施策略与成效

（1）元素化合式教学，融工匠精神培养于专业技能培训中

在 3D 扫描过程中，不仅需要学生们掌握扫描操作的基本方法和步骤，同时要求扫描操作人员在绕着被扫描同学走动一周的过程中要保持匀速、稳定，且被扫描同学要保持静止，否则在未完成整个头像扫描之前，3D 扫描系统会自动跳出而中止扫描，因此常常会遇到失败重来的情况。同学们在实训过程中，有些小组会比较顺利地完成扫描，有些小组则需要经历很多次才能得到一个完整的三维模型。很多时候，同学们会出现急躁、不耐烦的情绪，想放弃，同时降低对扫描成果的要求。每当这个时候，指导教师会告诉同学们首先寻找问题所在，认真总结经验后重新开始，并引导同学们遇到做不好的事情更要坚持，要有毅力，有耐心并细心做事，要有精益求精的精神，只有这样才能得到高质量的扫描结果。同时告诉同学们，完美的扫描结果不是我们的唯一目的，更宝贵的是扫描实践的过程。如果试验了很多次仍未能获得满意的结果，也不要气馁，因为相比于遇到问题就放弃的人，那些迎难而上、决不退缩的人本身就是一种成功。由此培养学生的逆商，培养他们经得起失败与挫折的素养，让他们学会面对失败的最好方式。图 2 是部分小组的 3D 扫描头像，图像经 3D 打印后的成果，每一组同学基本上都在通过多次尝试后获得了高质量的三维头像模型。

图 2　学生实训成果示例

（2）案例式教学，培养学生的合作意识与协作能力

在本次课程实训过程中，要求每一小组中的各位同学根据自己的特点"扮演"不同的角色，有的担任"模特"岗位，有的操作与控制扫描软件，有的执行扫描工作，每位同学各司其职，分工协作。只有每个同学做好各自的责任担当，才能圆满高效地完成实训任务，由此培养同学们的团队合作意识与协作能力。

（3）情景化教学，融环境意识与职业素养培养于实训活动中

在人物头像扫描实训过程中，指导老师会适时提醒同学们注意环境卫生，如实训结束后应断开 3D 扫描仪与计算机的连接，收拾整理好连接线，与 3D 扫描仪一起按原样放回到储存箱中，并把工作台面整理清理干净，把椅子等各类物件物归原处，保持整洁有序，等等，由此引导和培养同学们的环境意识，自觉做好实训环境的维护工作，养成良好的习惯和劳动意识，保证实训结束后，实验室的设备收齐整理完备而不是散落各处，桌椅保持整洁有序，实训废料收集处理干净。

4. 案例总结

本案例通过精心设计，在同学们的专业技能训练中，通过"元素化合式"融合手段开展了课程思政的教学实践，并充分运用"寓德于教""寓教于乐""情景化"融合方法，借助大家感兴趣的案例让同学们在快乐的氛围中学习与训练，达到了较好的提高专业课的教学质量、提升同学们的专业技能的目的，锻炼和培养了同学们的工匠精神、团结协作意识、环境意识，同时通过导入案例于无形中增强了学生的民族自信与文化自信，达到了在本课程中有机融入思政元素，以润物无声的方式实现价值引领的目标。

四、关于考核评价改革的思考

在开展课程思政育人过程中，我们还需要改革人才培养质量评价体系与标准，增强多元评价考核指标，优化课程考核办法。在强调考核学生掌握专业知识和技能的基础上，将课程学习过程中同学们所表现的团队协作精神、工匠精神，以及实训结束后仪器设备是否摆放整齐、实践场所是否卫生、实践过程是否规范等道德品质、职业素质等综合素养作为考核评价指标的构成要素，作为形成性考核的重要组成部分，由此激发学生"学知识、练技能、讲素养、重品格"的热情，润物细无声地培养学生的道德品质、理想信念、职业素养、知识技能等，达到"德智技并进"的育人目标。

结束语

专业课程是实施课程思政的基本载体，是助力学生成长成才的主力军。对于每

一门专业课程而言，要做好课程思政的顶层设计，全面梳理知识点和技能点等专业教学内容，结合课程特点、思维方法和价值理念，深入挖掘课程思政元素，有机融入课程教学全过程，落实到课程目标设计、课程标准修订、教学大纲修订、教案课件编写等各方面，贯穿于课堂讲授、教学研讨、实习实训和作业各环节。

通过课程思政，把知识传授、技能训练和价值引领有机结合，不仅达到潜移默化、润物无声的思政育人效果，而且通过思政的融入提升学生的学习动力，提高专业课的教学质量和教学效果，达到立德树人和提升学习兴趣与效果的双重目标，从而带动学风和教风建设。

参考文献

［1］滕跃民，张玉华，肖纲领. 高职专业"课程思政"的"道法术器"改革［J］. 辽宁高职学报，2018（08）.

［2］滕跃民，张玉华，马前锋，汪军，孟仁振. 同向同行：知识传授与价值引领同频共振——上海出版印刷高等专科学校"课中课"课程思政改革探析［N］. 中国教育报，2019 年第 6 期.

THREE

LIGONG ZHI JIAOYIN

§

立功之脚印

一、上海市课程思政示范课程、教学名师和团队《印刷企业管理》申报材料（选）

1. 申报书

课 程 名 称：印刷企业管理

课程负责人：俞忠华

联 系 电 话：13918983684

推 荐 类 别：● 职业教育
○ 普通本科教育
○ 研究生教育
○ 继续教育

申报学校（公章）：上海出版印刷高等专科学校

二〇二一年十月

一、课程基本信息

课程名称：印刷企业管理

课程类型：自然科学类专业教育课程

所属学科门类：轻工纺织

一级学科/专业类：印刷/印刷媒体技术

课程性质：必修

开课年级：大二

学　　时：32

学　　分：2

二、课程思政建设总体设计情况

上海出版印刷高等专科学校（以下简称"上海版专"）以培养服务上海和全国出版印刷传媒业的技术技能型人才为己任。《印刷企业管理》是我校印刷媒体技术（含中高职贯通）专业的一门专业必修课，课程开设的目的是加强学生对印刷行业的认知，培养学生的文化理念，提高学生的综合素养，改善原有的工作方法。2019 年本课程入选上海市高校课程思政领航计划领航学院（上海版专印刷包装工程系）金课。

本课程从现代印刷企业的特点入手，重点讲授企业文化建设、人力资源管理、印刷企业 PMC、生产现场管理、质量管理、印刷设备管理、印刷 ERP、精益印刷、绿色印刷等内容，对学生个人的职业道德以及职业素养都有较高的要求，这正契合"课程思政"中有关"立德树人"的大方针。和其他印刷专业课程一样，本课程富含"育人"思政元素，通过爱国主义、工匠精神、科学精神、大局意识、辩证意识、道德品质、四个自信和生态文明这八个思政维度（如图 1），打通显性印刷企业管理基础知识和技能与隐性

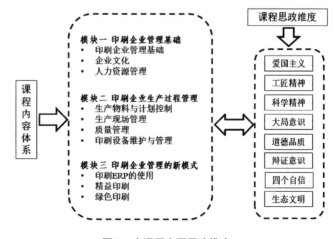

图 1　本课程主要思政维度

素养培育相互促进的通道，充分发挥专业教育课程在学校整体课程思政教学体系中的协同育人作用。

在我校国家级教学成果——课程思政"课中课"模式的指引下，本课程采用"三寓三式"（寓道于教、寓德于教、寓教于乐；画龙点睛式、专题嵌入式、元素化合式）作为教学方法与手段，达到向学生传授知识的同时帮助学生树立正确的世界观、人生观、价值观的目标。

三、课程思政教学实践情况

《印刷企业管理》作为我校印刷媒体技术专业的一门专业必修课，坚持把立德树人作为中心环节，围绕印刷行业认知、文化理念、工作方法以及综合素养，将"知识传授"与"价值引领"相结合作为课程目标，把思想政治教育工作贯穿于课程教学的全过程，近年来本课程在课程思政建设方面不断取得新突破（图2）。

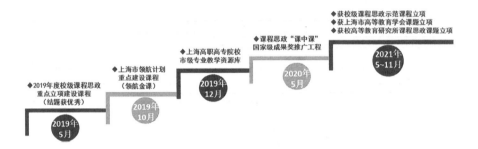

图2 近三年本课程的课程思政建设历程

1. 结合课程特点挖掘、梳理课程蕴含的思政元素

根据课程思政教改要求，对课程每一个项目所涉的知识点、技能点和重难点进行了梳理，挖掘出对应的思政元素，归纳入相应的思政维度，提炼出专业课程思政金句。教学团队对课程的教学大纲、授课计划表、教学标准、课程教案等也都进行了重新修订，并充分运用我校课程思政研究中心"三寓三式"的课程思政改革成果全面开展课程思政实践（如图3）。

课程着眼于人的全面发展的教育，注重学生的参与感和体验感，充分利用平台资源、课堂讨论、课程论坛、工匠课堂、企业参观等形式，拓展教学的时间和空间，实现课堂内外、学校内外、线上线下"三结合"的多元化教学形式。

2. 实施"课中课"模式中的"三寓三式"方法与手段，实现课程育人目标

课程主要以"三寓"为"法"，通过"寓道于教、寓德于教、寓教于乐"的方法将印刷企业管理相关知识点、技能点与思政要点相融合；在课程教学实施中以"三

课程模块	专业教学内容 （子项目）	思政元素	融合实施手段
模块一 印刷企业管理 基础	印刷企业管理基础	爱国精神、工匠精神	画龙点睛式
	企业文化	文化自信、家国情怀	元素化合式+画龙点睛式
	人力资源管理	综合素养、择业观	专题嵌入式
模块二 印刷企业生产 过程管理	生产计划与物料控制	对立统一、辩证思维	专题嵌入式
	生产现场管理	集体意识、责任意识	画龙点睛式+案例式
	质量管理	大局意识	画龙点睛式+游戏化
	印刷设备维护与管理	发展观、辩证意识	专题嵌入式
模块三 印刷企业管理 的新模式	印刷ERP的使用	科学观、创新意识	专题嵌入式
	精益印刷	创新思维	探究式+案例式
	绿色印刷	生态文明、责任意识	画龙点睛式+元素化合式

图3 "三寓三式"在课程中的实践

式"为"术"，借助"画龙点睛式、专题嵌入式、元素化合式"这三种教学手段（图4），一方面引导学生正确树立道德价值观，实现知识与技能传授过程中的价值观引领和品德养成；另一方面坚持"寓教于乐"的教育理念，灵活采用互动式、游戏式、案例式等快乐教学法。

图4 "课中课"模式中的"三寓三式"（国家级教学成果奖）

通过"课中课"模式的"三寓三式"这一上海版专课程思政教学"范式"，将知识点、技能点、思政点"三点合一"，实现印刷企业管理知识传授过程中无声融入思政思想的育才育人双重效果（图5）。

3. 积极参与课程思政课题，探索推动课程思政建设的路径

围绕本课程的课程思政建设，近年来积极申报校内外相关课程思政教改课题，

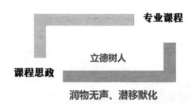

专业课程
立德树人
课程思政
润物无声、潜移默化
通过“三寓三式”实现知识点、技能点、思政点“三点合一”

图5 课程育人目标的实现

主要有：2019年5月校级课程思政试点获重点立项，同年9月获批开始上海市高校课程思政领航计划领航学院金课；2020年完成课程思政“课中课”国家级教学成果奖应用推广工程课题；2021年5月获批校级课程思政示范课程立项，同年9月《高职院校专业课课程思政与思政课的协同育人研究》获批上海市高等教育学会规划研究课题立项，同年11月《基于‘三寓三式’理念的课程思政育人效果评价标准探究》相关课题获批高教所课程思政研究课题重点立项。目前已发表3篇与本课程课程思政建设相关的教改论文，还有一些课程思政案例获奖（如图6—图14）。

上海出版印刷高等专科学校 SHANGHAI PUBLISHING AND PRINTING COLLEGE 国家骨干高职院校建设优秀单位

首页 | 学校概况 | 系部设置 | 师资队伍 | 科学研究 | 人才培养 | 合作交流 | 校园信息 | 信息公开 | 招生就业

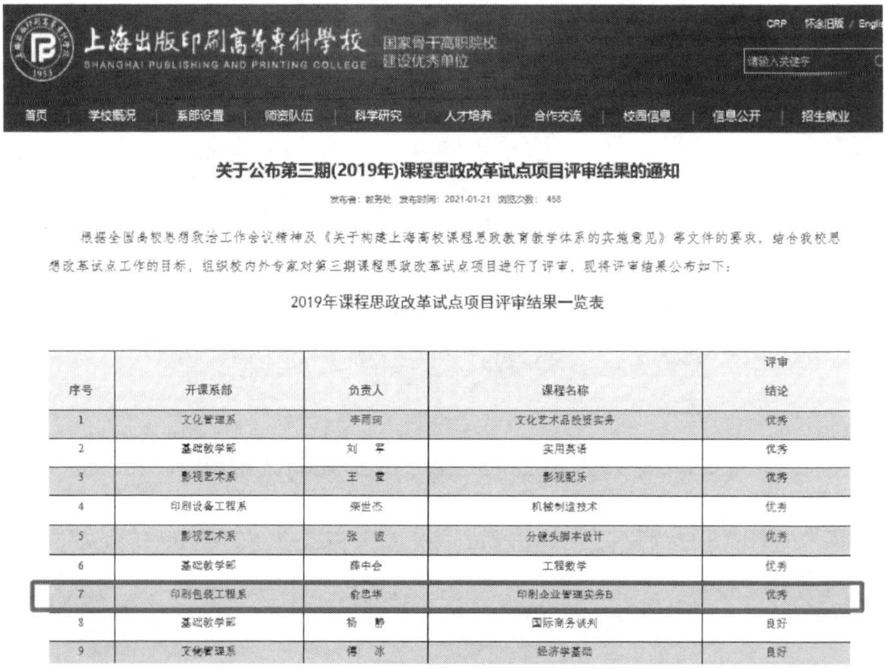

关于公布第三期(2019年)课程思政改革试点项目评审结果的通知

发布者：教务处 发布时间：2021-01-21 浏览次数：458

根据全国高校思想政治工作会议精神及《关于构建上海高校课程思政教育教学体系的实施意见》等文件的要求，结合我校思想改革试点工作的目标，组织校内外专家对第三期课程思政改革试点项目进行了评审，现将评审结果公布如下：

2019年课程思政改革试点项目评审结果一览表

序号	开课系部	负责人	课程名称	评审结论
1	文化管理系	李雨珂	文化艺术品投资实务	优秀
2	基础教学部	刘 军	实用英语	优秀
3	影视艺术系	王 莹	影视配乐	优秀
4	印刷设备工程系	栾世杰	机械制造技术	优秀
5	影视艺术系	张 波	分镜头脚本设计	优秀
6	基础教学部	薛中会	工程数学	优秀
7	印刷包装工程系	俞忠华	印刷企业管理实务B	优秀
8	基础教学部	杨 静	国际商务谈判	良好
9	文化管理系	傅 冰	经济学基础	良好

图6 课程获批课程思政改革试点项目（重点立项2019年，结题优秀2021年）

图 7　课程获市级课程思政领航计划课程建设（金课建设 2020 年）

附件2

上海高职高专院校市级专业教学资源库
申报书

资源库名称	《印刷企业管理》
所属专业大类	材工纺织
面向专业	印刷媒体技术
主持单位（盖章）	上海出版印刷高等专科学校
子项目负责人	俞忠华
申请日期	2019-12-13

图 8　获批市级专业教学资源库建设（"智慧树"，BB 平台 2020 年）

图 9　"课中课"国家级教学成果奖推广工程（2020—2021 年）

图 10 上海市高等教育学会课题立项（2021 年）

（1）校级课程思政示范课程　　　　（2）2021 校高等教育研究所课题

图 11 高教所课程思政课题立项（2021 年）

图 12 论文《课程思政"三寓三式"模式教学实践探索》

图 13 论文《"画龙点睛式"课程思政教学模式探究》

图 14 论文《印刷企业管理实务"三寓三式"教学法课程思政实践》

四、课程评价与成效

目前该课程正试运行新的考核评价机制,逐步将课程思政教学改革评价纳入课程考核,突出学生在对印刷行业的认知、文化理念的培养、工作方法的改进以及综合素养的提高等方面的考查。

课程思政教学改革后，通过学习印刷技术发展史，使学生感悟王选不惧挑战的创新精神、细致踏实的工匠精神、百折不挠的开拓精神，更加深了对行业的认知；通过学习优秀印刷企业的企业文化，更加坚定文化自信；通过学习现场 5S 管理，从微要点、微素养、微行为方面改变自己，全面提高个人素养；通过学习设备管理，领会终身学习意识；通过学习绿色印刷，强化生态文明意识……总之，课程通过课程思政教学改革后，学生在爱国主义、工匠精神、科学精神、大局意识、辩证意识、道德品质、四个自信和生态文明等方面都有了明显提升（图 15）。

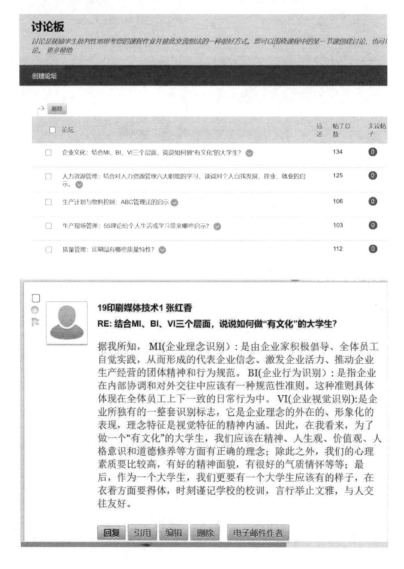

19印刷媒体技术(贯通)2 顾明妍

RE: 结合MI、BI、VI三个层面，说说如何做"有文化"的大学生？

企业识别系统CIS有企业理念识别MI、企业行为识别BI和企业视觉识别VI三者组成。我认为"有文化"的大学生需要树立起正确的人生观和价值观，对自己的大学期间的学习生活和未来职业发展做做好规划，有良好且积极向上的精神面貌。除此之外，在和他人包括同学和老师交流时要注意自己的言语和态度，还需要注意自己的仪容仪表和衣着服饰。在不同的场合当中，例如在职场或其他重要场合都应注意自己的行为举止，讲文明懂礼貌。在自己学业空闲之余我们要积极参加一些有意义的课外活动，通过开展社会实践活动并在活动当中开展社会调查或社会调研的方式，围绕自身大学在校生活进行学习和思考。对待自己的工作和收到的任务时也应该具有敬业精神，按时保质的完成。

《印刷企业管理实务》作业　　　1901K10019 朱梓祥

通过王选老师的视频，让我对我的专业有了不一样的看法，原来我们的专业不仅仅是印刷，我们也可以在印刷基础上面做一些科学发展的事情，印刷也许不能让你让你出人头地，但是以印刷为基础的科学研究可以！

十几年过去了，我们时时重提起王选精神，就是要弘扬刻苦踏实，勇于创新的工匠精神和正确对待名利的态度，我们生活的时代面临的机遇与挑战前所未有，加入每个人都踏踏实实，认真把工作做好，以"方正之士"的标准来要求自己，尽管可能达不到王选院士那么高的成就，但有朝一日，王选院士的遗嘱"超越王选，走向世界"终将会实现。

《印刷企业管理实务》作业　　　1901K10016 萧达飞

作为当代大学生，同时也是印刷媒体技术专业的学生。在看过王选的经历后，让我对他的工匠精神刮目相看，在当时那么困难的背景下，他决然走上了一条谁都不敢走的路，为今后中国印刷的发展做出了巨大的贡献。印刷是中国四大发明之一，能够进入这个专业领域进行学习，我觉得非常开心。我们要把王选的精神投入到今后自己的学习和工作当中。如今印刷行业也在经历着变迁，由于互联网的高速发展，现在很多事情都可以通过电子产品来进行解决。人们可以通过手机和电脑看新闻、查资料，纸质书籍看得人越来越少，但数字印刷的发明，使得印刷行业有了新的突破，数字印刷在某些方面优于传统印刷，但传统印刷也仍然有自己的优势。希望印刷行业能够将数字印刷和传统印刷相结合，发展的越来越好。

图 15　课程 BB 库讨论板回帖与作业

　　作为校级课程思政改革试点课程、"上海高校课程思政改革领航学院"重点建设课程金课、课程思政"课中课"国家级教学成果奖应用推广工程课程、校级课程思政示范课程，本课程的课程思政育人实践得到了学生的认可。此外，已发表的与本课程相关的课程思政教改论文中有 1 篇获得上海市高职高专教学研究会年度优秀论文二等奖，课程的 1 个课程思政案例获上海高职高专职业院校"战疫课堂"课程思政典型案例评选二等奖，1 个教学案例荣获学校"党史教育融入课程思政育人体系"优秀案例二等奖，形成一定的示范辐射作用（图 16—图 18）。

图 16　课程思政教改论文获奖

图 17 "战疫课堂"课程思政案例获奖

图 18 "党史教育融入课程思政育人"教学案例获奖

五、课程特色与创新

课程的教学实践凸显国家级教学成果奖课程思政"课中课"模式的"三寓三式"范式：寓道于教，案例教学中揭示管理学基本规律，折射课程思政的高度与温度；寓德于教，培养学生立足行业，知印刷、爱印刷，做有"文化"的印刷人；寓教于乐，灵活应用"五化五式"（情景化、形象化、故事化、游戏化、幽默化；启发式、互动式、讨论式、探究式、案例式）践行快乐教学。

本课程的课程思政建设各类成果及典型课程思政案例集，收录在由我校课程思政研究中心执行主任滕跃民教授主编的《课程思政"三寓三式"范式探索与研究》和《课程思政系统性探索与实践》这两种课程思政专著中（图 19）。

图 19 课程思政建设成果

【典型案例】　画"王选精神"为"龙"，点"社会主义核心价值观"之"睛"

作为四大发明之一印刷术的发明国，中国在世界印刷史上的地位无可撼动。古有毕昇发明世界上最早的活字印刷，今有"当代毕昇"王选带来继活字印刷术后中国印刷界的"第二次革命"，他使印刷告别铅与火，进入了光与电的时代。

通过"画龙点睛式"教学，巧妙完成"画龙"——学生了解印刷业发展史，实现"点睛"——把王选院士爱国、敬业的精神，提升到社会主义核心价值观的高度，激发学生学习王选院士敢于质疑、开拓进取的科学精神。学生们今天学印刷，明天做印刷，由印刷业发展史进一步增强民族自信，知印刷、爱印刷，立志为建设明日之印刷强国而努力学习。图20为本课程的课堂授课情景。

图20　课堂授课情景

六、课程建设计划

课程思政是新时代一首永恒的旋律、一项宏大的工程，是高校人才培养中的主旋律，其意义非常重要和深远。基于前期建设成果，课程后续建设计划如下：

1. 完善课程思政教学评价机制

以专思相长、多元多维的原则，从教学目标、思政元素、课程思政育人达成度等角度探究课程考核形式和育人教学效果评价标准。

2. 挖掘思政课程资源，深化思政元素融入

开拓校企合作资源，加强校企"课程思政"建设的合作工作，将课程思政目标贯穿于课堂外的其他教学实践过程中，促进对学生的知识传授、能力培养与价值引领的提高和完善，推进专业课课程思政建设的创新实践。

3. 立德先正己，树人先树师

充分利用学校创造的条件促成优质资源的共享，进一步加强自身思想政治理论修养，善于从专业课程既有的教学内涵逻辑中挖掘出育人的价值功能，"用心、用力、用情"做好课程思政建设。

2. 教学设计样例

上海出版印刷高等专科学校
Shanghai Publishing and Printing College

课程思政教学设计样例

课程名称： 印刷企业管理

教学内容： 企业文化的内涵与建设

课思案例： 做爱国、爱校的文化版专人

主讲教师： 俞忠华

二〇二一年十一月

做爱国、爱校的文化版专人

——"企业文化的内涵与建设"课程思政教学设计

一、课程教学目标

1. 了解企业文化的内涵本质。
2. 掌握企业文化的建设要领。

二、思政育人目标

1. 增强学生的民族自信心和自豪感，激发学生的爱国热情。
2. 感悟版专魂、中华魂，扬版专校园文化，做爱国、爱校的文化版专人。

三、教学内容

1. 重点和难点
重点：企业文化的内涵本质
难点：企业文化的建设层次及相互关系

2. 课程思政要点
文化自信、家国情怀——"画龙点睛式＋元素化合式"融入

四、思政育人案例设计及实施

（一）课程前导

在中国，《易经》最早把"文"和"化"两字联系起来：观乎天文，以察时变；观乎人文，以化成天下。在现代企业管理中，企业文化已成为企业的核心竞争力和企业成功的关键，是企业发展的原动力。企业文化是企业的灵魂！

（二）课程内容分析

1. 整体感知，初识企业文化
【提问1】　谁能说说对"文化""企业文化"两词的理解？

教师明确：企业文化是企业管理的高级阶段。所谓"一年企业靠运气；十年企业靠经营；百年企业靠文化"。"企业文化是一种平台，文化是土壤，人才是种子"。

【提问2】　企业文化的本质是什么？

教师明确：

（1）企业文化是指企业长期形成的共同理想、基本价值观、作风、生活习惯和行为规范的总称。

（2）企业文化的本质，就是企业员工共同遵守的价值观念和行为规范。

2. 企业文化的建设层面

【提问1】　你认识版专校园文化吗？感受到版专的校园文化建设了吗？

教师明确：

（1）校园文化是版专师生员工共同遵守的价值观念和行为规范。

（2）校园文化的建设包括了精神层、行为制度层、物质层等多个层面。

【看素材】　雅昌企业（集团）的企业文化（小视频）

教师明确：

（1）精神层理念识别（MI）明确企业精神文化。

（2）行为制度层识别（BI）折射企业精神文化。

雅昌的主要业务，通过"为人民艺术服务"达成"艺术为人民服务"（图1），以传承、提升、传播和实现艺术价值为使命。雅昌在艺术专业领域，传承优秀艺术文化，提升艺术价值，在艺术大众市场传播艺术价值，让艺术之美融入生活。

图1　雅昌企业精神及主要业务

（3）物质层视觉识别（VI）展示综合形象。

物质层文化是企业自身理念、行为和内在个性、文化、价值观、追求的外在表现，是企业个性化的视觉识别特征（图2）。

【提问2】　企业文化各层面之间有何关系？

教师明确：企业文化各层面之间相互联系、相互作用。

图2 雅昌企业（集团）上海、深圳

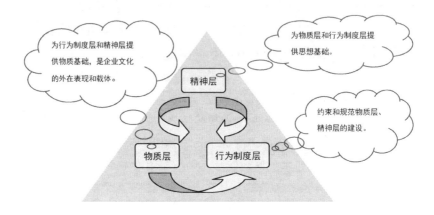

图3 企业文化内涵的三层面

（三）教学成效与反思

雅昌企业（集团）的企业文化真实案例，使学生不仅充分感受到行业内优秀企业文化的魅力，同时通过画龙点睛式＋元素化合式教学，领会到文化是一家企业的灵魂，也是一所学校的灵魂，更是一个民族的灵魂，文化是人类存在的根和魂。

1. 画龙点睛，感悟版专魂，扬版专校园文化

"崇德弘文，笃行致远"是版专校园精神（图4），版专学子应以此为精神指引，用正确的人生观、世界观、价值观确立自身发展的方向和目标。大学生正面临着人生发展的最为关键的时期，时代要求大学生们在学习生活各方面全方位面对和思考如何正确处理个体与社会的关系等一系列重大问题。要学会生存，学会学习，学会创造，学会奉献，这些都是他们将来面向社会和生活所必须具有的最基本、最重要的品质。

版专校园文化是师生在教研、学习、娱乐中产生的活动文化，是学校精神面貌、人际关系的动态表现，也是校园精神、价值观的折射。校园行为文化包括校园集体

图 4 版专校园精神

行为，校领导的行为，学校先进模范人物的行为，师生员工的行为等。学生的日常行为包含个人、个人与他人之间、个人与社会之间的行为，行为文化集中反映学生个人道德品质、敬业精神、心理素质、气质情怀等文化特征，能折射出个人精神、价值观等。

校园内的教学环境、标志性建筑、宣传标语、学校标识等，可以规范师生的行为礼仪和精神风貌，在社会上建立起高度信任感和良好声誉。对于学生而言，日常着装、言谈举止以及人际交往都能反映个性，虽然属于表层，但其实也是个人综合素养的外在体现。

2. 元素化合，感悟中华魂，激发爱国热情

中华民族精神是中华文化最本质、最集中的体现，是以爱国主义为核心，团结统一、爱好和平、勤劳勇敢、自强不息的精神，是各民族生活方式、理想信仰、价值观念的文化浓缩。正是因为中华民族千百年来一直延续着深厚的爱国主义精神和爱国主义情怀，中国才实现了从"站起来"到"富起来"再到"强起来"的伟大飞跃。

【反思】 教育部关于课程思政建设的《纲要》明确了课程思政建设的目标要求与内容重点，其中提到培育和践行社会主义核心价值观，加强中华优秀传统文化教育，要求大力弘扬以爱国主义为核心的民族精神，引导学生传承中华文脉，富有中国心、饱含中国情、充满中国味。《印刷企业管理》作为一门专业必修课，在关于企业文化的知识点讲授中，融入社会主义核心价值观及民族精神，引导学生深刻理解其丰富内涵，准确把握其精神实质，在理解中华优秀传统文化的思想精华和时代价值的基础上，完善个人道德品质，培育理想人格，做爱国、爱校、有文化的版专人，展示新时代大学生的风采。

五、课后评价

本课程注重过程性和多样化学习评价。以激发学生的学习兴趣和促进自主学习为着力点，将学习评价贯穿于教学过程始终，并不断修正完善，形成科学合理的学习效果评价体系。

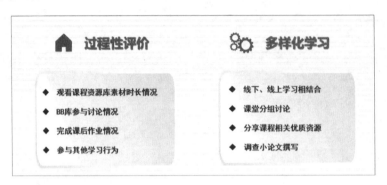

六、教学资源推荐

BB《印刷企业管理》课程资源库：

https：//bb. sppc. edu. cn/webapps/blackboard/content/listContentEditable. jsp?
content _ id = _ 84923 _ 1&course _ id = _ 2623 _ 1

七、教学活动照片

　　图片展示的主要是《印刷企业管理》课程资源库教学视频照片、课堂教学活动照片、企业参观照片以及 BB 平台上课程论坛里有关企业文化话题的学生回帖截图。

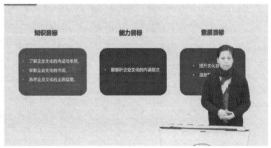

3.《印刷企业管理》课程教案

授课教师	俞忠华	授课周次	第2周

授课章节		项目二　企业文化		
教学目标	知识目标	1. 了解企业文化的内涵与本质； 2. 掌握企业文化的结构、具体内容和企业文化的功能； 3. 了解企业文化设计的主要环节、组织运作。		
	能力目标	1. 具备分析企业文化基本内涵及组成的能力； 2. 掌握企业文化设计的主要环节及其层面、组织运作步骤。		
	思政目标	在了解企业文化内涵与本质的基础上，深入了解中华民族精神是中华文化最本质、最集中的体现，悟中华魂、激发爱国情，立志做"有文化"的新时代大学生。		

内容与重点	专业内容	企业文化的内涵与本质、功能、设计与组织运作
	思政重点	践行社会主义核心价值观，内强素质、外树形象，努力做新时代"有文化"的新时代大学生。

教学方法	课堂理论教学、案例教学

思政元素融入	思政元素	文化自信、时代精神
	融入手段	元素化合式 + 画龙点睛式、启发式、互动式、讨论式、案例式

教学手段	多媒体教学

教学资源	BB平台课程资源库、PPT

教学过程设计	教学内容	教师活动	学生活动	设计意图
概念导入	1. 文化的由来？ 2. 小调查：你眼中有哪些优秀印刷企业？	提问	1. 观看雅昌企业（集团）文化宣传片、校园宣传片； 2. 完成小调查。	"启发式"教学：引出本项目的文化内容主题，初识企业文化。
知识点1	1. 文化的定义 2. 企业文化的内涵与本质	讲授	重新认识企业文化、校园文化。	"形象化"教学：演示文化组成，导入"爱国、爱校"精神。

（续表）

教学过程设计	教学内容	教师活动	学生活动	设计意图
知识点 2	1. 企业文化的层次 2. 企业文化各层次间的关系 3. 企业文化的功能	讲授讨论	开展讨论： 1. MI、BI、VI 在企业文化和校园文化中的具体体现？ 2. 企业文化各层次间存在的相互关系如何？ 3. 优秀企业文化对于企业发展发挥怎样的作用？	"案例式＋讨论式"教学：巩固对企业文化构成的认识，理解企业文化的主要功能。
知识点 3	企业文化的设计与运作	讲授	思考：企业文化设计的主要环节有哪些？	"互动式＋元素化合式＋画龙点睛式"教学：实现企业文化的思政育人。
课堂总结	深刻理解企业文化的丰富内涵，准确把握企业文化的本质。	总结	思考：如何从 MI、BI、VI 层面展示新时代大学生的风采？	"启发式"教学：对身边的寝室文化、校园文化、中华民族文化的思考，激发学生的爱国、爱校热情。
思考题及作业题	1. 企业文化的本质是什么？ 2. 企业文化的功能是什么？ 3. 如何理解企业文化的内涵？企业文化包括哪些层次？相互关系？ 4. 企业文化有哪些特点？ 5. 从网站上收集国内外几家著名企业的企业文化方面的相关资料，并提炼出它们的企业精神，经营理念与核心价值观。 6. BB 课程资源库完成如何做"有文化"的新时代大学生的论坛话题回帖。			
教学反思	➤ "画龙点睛式"教学感悟版专魂，扬版专校园文化。 ➤ "元素化合式"教学增文化自信，激发爱国热情。 ➤ "案例式"教学助学生理解企业文化的内涵与本质。 ➤ "互动式＋讨论式"教学攻克学习难点。			

二、上海市课程思政示范课程、教学名师和
团队《印刷概论》申报材料（选）

1. 申报书

课 程 名 称：印刷概论

课程负责人：顾　萍

推 荐 类 别：● 职业教育
　　　　　　○ 普通本科教育
　　　　　　○ 研究生教育
　　　　　　○ 继续教育

申报学校（公章）：上海出版印刷高等专科学校

二〇二一年十月

填报说明

1. 每门课程均需明确"推荐类别"，只能从"职业教育""普通本科教育""研究生教育""继续教育"中选择一个选项填报。

2. 申报课程可由一名教师讲授，也可由教学团队共同讲授。

3. "学科门类/专业大类代码"和"一级学科/专业类代码"请规范填写。没有对应具体学科专业的课程，请分别填写"00"和"0000"。

4. 申报书按每门课程单独装订成册，一式8份。

5. 所有报送材料均可能上网公开，请严格审查，确保不违反有关法律及保密规定。

一、课程基本信息

课程名称：印刷概论

课程类型：●自然科学类专业教育课程

　　　　　○人文社科类专业教育课程

　　　　　○公共基础课程

　　　　　○实践类课程

所属学科门类/专业大类代码：新闻传播大类/56

一级学科/专业类代码：新闻出版/数字图文信息处理技术560101

课程性质：●必修　　○选修

开课年级：一年级

学　　时：32学时

学　　分：2学分

最近两期开课时间：2021年10月8日—2021年12月31日（上传教务系统截图）

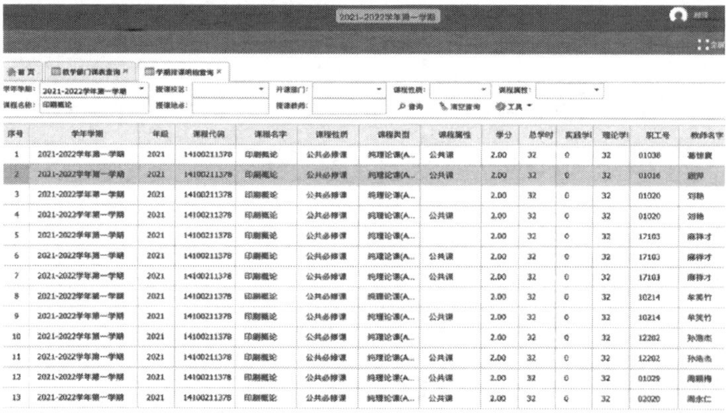

图1　课程团队老师2021—2022学年第一学期《印刷概论》排课安排

图2　课程负责人顾萍老师 2021—2022 学年第一学期课表

2021 年 3 月 1 日— 2021 年 6 月 20 日（上传教务系统截图）

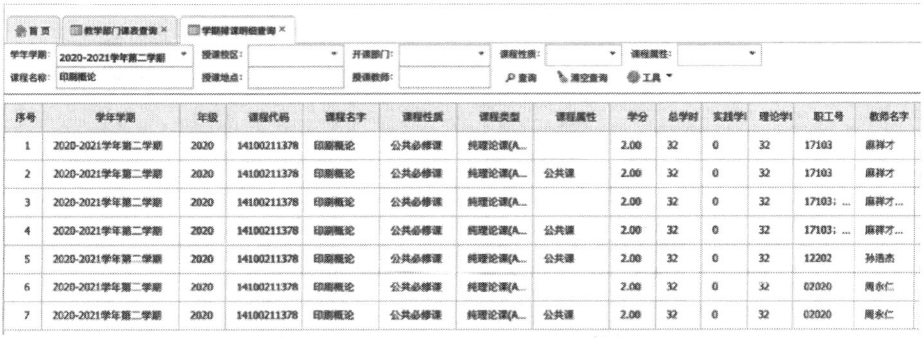

图3　课程团队老师 2020—2021 学年第二学期《印刷概论》排课安排

最近两期学生总人数：1 619

教学方式：○线下　○线上　●线上线下混合式

线上课程地址及账号

BB 平台：https：//bb. sppc. edu. cn/

爱课程：https：//www. icourses. cn/sCourse/course _ 4415. html

注：（教务系统截图须至少包含开课时间、授课教师姓名等信息）

二、课程思政建设总体设计情况

（描述如何结合本校办学定位、专业特色和人才培养要求，准确把握本课程的课程思政建设方向和重点，科学设计本课程的课程思政建设目标，优化课程思政内容供给，将价值塑造、知识传授和能力培养紧密融合等情况。500 字以内）

学校以培养服务上海和全国新闻传媒业技术技能型人才为己任，是国家示范骨干建设高职院校获优单位；是国家印刷出版人才培养基地；"分类评价"工作在上海"应用技能型院校"中多次排名第一。

本课程是国家精品共享课程，是全校各专业平台课程。通过教学使学生对印刷历史与发展前景，以及现代印刷工艺有基本认识，为学生进一步学习后续课程提供帮助。万丈高楼平地起，本课程思政设计总原则是把立德树人作为根本任务，把为党育人、为国育才作为目标，把"三全"育人作为建设路径，把理想信念、爱党爱国爱行业爱专业、技能成才技能报国等的工匠精神等内容引入课程教学，发挥平台课协同育人作用，巩固专业思想。

1. 宏观设计

我校较早开启了课程思政与思政课程同向同行育人之路，荣获国家教学成果二等奖、入选"上海高校课程思政重点改革领航学院"。

本课程基于学校课程思政建设改革设计思路框架下凝练的"寓道于教、寓德于教、寓教于乐，画龙点睛式、专题嵌入式、元素化合式"这一"三寓三式"的方法和手段，提炼出本课程的整合设计。图 4 为课程思政的宏观设计图。

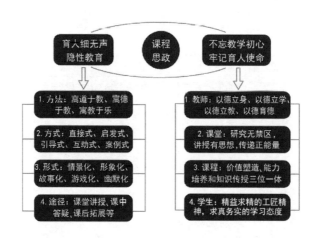

图 4　课程思政的宏观设计图

2. 微观设计

对每章节进行学习情境教学设计，与专业人才培养目标、思政培养目标相结合。图 5 为每章节思政元素与知识点的微观设计。

章	节	知识点	思政元素	方法
第一章 印刷基础	第1-2节 印刷起源、流程及印刷作用	印刷工匠	技能强国	画龙点睛式 专题嵌入式
	第3节 印刷要素与分类	印刷五要素	团结精神	探究式
	第4节 色彩理论基础	颜色寓意	爱国主义精神	专题嵌入式 案例式
	第5节 加网基础	混合加网	协同精神	画龙点睛式 启发式
第二章 印前设计	印前设计	版面元素	整体与部分辩证	元素化合式 探究式
第三章 印前处理	第1-2节 印前输入及处理	图像分辨率	树立正确消费观	情景化
	第3节 图文输出	数码打样	落实严谨求实的工作作风	画龙点睛式 故事化
第四章 印刷	第1节 平版印刷	水墨平衡	对立统一辩证思维	元素化合式 讨论式
	第2节 凸版印刷	环保油墨	打响蓝天保卫战，增强同学们的环保意识	专题嵌入式 案例式
	第3节 凹版印刷	印版版面特征	矛盾的普遍性和特殊性辩证关系	启发式
	第4节 丝网印刷	丝网印刷被称为万能印刷	激发弘扬传统工艺热情，传承印刷技术革新，建立职业自信	专题嵌入式 形象化
	第5节 数字印刷	定影技术	不断探索的创新精神	元素化合式

图 5　每章节思政元素与知识点的微观设计逻辑结构

三、课程思政教学实践情况

（描述如何结合办学定位、专业特色和课程特点，深入挖掘思想政治教育资源，完善课程内容，改进教学方法，探索创新课程思政建设模式和方法路径，将课程建设目标融入课程教学过程等情况。1 000 字以内）

1. 完善教学内容及教学标准——将专业教学内容与思政元素有机结合，实现协同育人

把为党育人、为国育才作为目标，把理想信念、爱党爱国爱社会主义、爱人民爱行业爱专业等作为课程思政内容，结合学校的培养技术技能型人才的培养定位，课程组教师重新制定课程思政版教学大纲、课程标准及教学方案，将知识点、技能点、思政元素有机结合。

2. 改进教学方法——增加"三库"建设，打造"快乐"课堂

在原有教学资源库中，再增加印刷名人库、印刷科技库、思政案例库。

（1）名人库中有活字印刷发明者毕昇；改革开放 40 周年获"改革先锋"称号、使我国印刷出版行业告别铅与火，进入光与电时代的方正集团创始人王选院士；我党红色出版印刷文化的亲历者、建设者、新中国印刷职业教育首创者万启盈老校长；

全国技术能手、劳动模范、世界技能大赛获奖选手。

（2）印刷科技库主要是我国自主研发的有知识产权的设备、材料等，如第一代汉字激光照排机。

（3）案例库主要是和课程思政元素相关的案例，如《一张特殊的登机牌，激发爱国主义热情——登机牌印刷过程及背后意义》，讲述江苏支援湖北的首批回乡医疗队员抵达南京时，每个人手中都持有一张独特的登机牌的案例。这是专为援鄂医疗队员定制的"援鄂抗疫纪念登机牌"。结合当前的疫情纪念登机牌为印刷品而非电子版事件，告诉学生，虽然新媒体的兴起对印刷行业有一定的冲击，但是印刷技术仍有存在的意义，激发学生对本课程的学习兴趣，鼓励学生发扬纪念登机牌背后所隐含的爱国主义精神，为实现中华民族伟大复兴的中国梦而奋斗。

3. 探索课程思政建设新模式——实施"前中后＋内外＋双向"模式，实现专业课程与思政元素有机融合

（1）课程思政教学分为课前、课中、课后环节，课前学生完成指定的预习任务，发现自身不足，带着疑问进入课堂，与课堂教学设计中课程导入预先设定的问题承接，实现课前承前启后，课中解决问题，课后完成作业，提高自身能力。

（2）课程思政不局限于课堂之内，还走出课堂，走出学校，由内到外，有选择性地组织学生参观相关展览会、企业、博物馆等，指导学生学习传承优秀文化，感受优秀文化的魅力，增加德育元素的接触面。

（3）课堂部分知识让学生充当"老师"，老师来充当"学生"，体验式教学发挥学生的主观能动性。建立学生对学生和老师对学生的学生评价机制，建立学生对老师、老师对老师的教师教学质量评估机制，学生与学生、学生与老师、老师与老师的双向模式，了解课程思政的实践效果。通过课程组分析讨论后再改进，以便提高课程思政工作质量，真正起到潜移默化育人的效果。

4. 课程思政建设路径   实施"四升级"策略，推进全过程育人、全员育人、全方位育人

（1）育人先育己，育人先育德，进行教学团队升级。课程负责人明确主体责任，加强教学团队的师德素质，打造素质过硬的团队，带动其他课程的建设，推进课程思政全员育人。

（2）做好课程的顶层设计，优化教学资源，进行教学资源库升级。增加名人库、印刷科技库、特色案例库建设，以图像、动画、视频等形式打造快乐课堂。

（3）将先进、前沿的知识引入课堂，重新编写具有思政元素的知识章节，进行教材升级。思政元素进教材，推进课程思政全方位育人。

（4）组建专业社团，充实学生第二课堂，进行教学平台的升级。课程资源放到

"爱课程"及 BB 平台上，既有 web 版本又有 APP 版本，增加学生获取资源的便捷性和时效性。教学资源不仅为本校学生服务，还可以为兄弟院校学生、行业及企业人员提供服务，推进课程思政全过程育人，加强课程建设的示范辐射作用。

四、课程评价与成效

（概述课程考核评价的方法机制建设情况，以及校内外同行和学生评价、课程思政教学改革成效、示范辐射等情况。500 字以内）

1. 课程考核评价的方法机制建设情况

为推进高校课程思政的发展，要建立科学评价指标，促进课程思政改革进一步走向规范化和科学化。学校和系部先后成立"课程思政"改革领导小组，在课程思政建设方面构建能力与知识考核并重的"五化"考核评价体系：考核过程全程化、考核内容综合化、考核形式多样化、评价主体多元化、评分标准导向化。从"终结性评价为主"向"过程性评价为主"转变；从"考核知识为主"向"价值、知识和能力一体并重"转变；从"单一闭卷考试为主"向"多样化考核为主"转变；从"单一主体评价"向"多元主体评价"转变；从"评分标准单一功能"向"评分标准引导独立思考和创新"转变。

2. 校内外同行评价及学生评价

本课程是国家精品共享课程，教材又有全国 80 多所高职高专和本科院校选用。目前又已具备完整的课程思政教学体系，在校内外同行中享有良好的声誉。如图 6 所示。学生教学评价见附件三。

3. 课程思政建设改革成效

通过课程思政改革，学生对专业的认可度高了，大一退学率低了，积极向上者多了，"躺平者"少了，出勤率提高了，不及格率下降了。

"万丈高楼平地起""九层之台，起于垒土"，在教导学生学好专业基础课的同时，向学生弘扬"技能成才技能报国"的工匠精神。培养的学生在第一届全国职业技能大赛印刷媒体技术项目中获得金奖。如图 7 所示。

4. 在课程思政建设的示范辐射

依托"领航学院"，将课程思政建设成效形成典型案例，与其他课程案例一起汇编成册，在全国范围内发行，如图 8 所示。其次，积极开展线上线下培训，传授课程思政建设经验，如图 9 所示。另外，通过"领航学院"在上海音乐出版社建立"弘扬红色出版 唱响中国旋律"融媒体实训基地，产教融合，共育匠才，在行业实训基地内起到示范辐射效应。

《印刷概論》課程綫上教學資源丰富，能够理論聯系實際將印刷概論的原理、工藝及相關内容闡述清楚，課程設計合理，教學内容重點突出，教學案例充分，教學目的十分明確。

《印刷概論》課程能够結合專業特色，發掘專業課程中蘊含的思想政治教育元素，從哲學角度將思政融入課堂，在專業課程中融入思政教育元素，發揮專業課程的思政教育作用，達到與思政理論課同向同行，形成協同效應；同時將社會主義核心價值觀與課程内容相結合，使學生在學習科學文化知識過程中，自覺加強思想道德修養，提高政治覺悟，從而達到潛移默化引導學生在完成專業學習的同時塑造正確的價值觀、人生觀。

上海出版印刷高等專科學校數字印刷技術專業是我國開設該專業最早的學校，該專業在課程標準及教學大綱的制定方面走在全國印刷高校的前列。《印刷概論》課程是我公司作爲新進員工培訓使用核心教材之一。

在入職員工培訓方面，我校積極與貴校相關專業教師進行互學互動，在使用《印刷概論》課程相關教學資源的過程中發現，該課程在教學方法上，能够大膽嘗試新教法，運用新理念，能將快樂教學、目標教學、實驗教學融會貫通，注意素質教育，全面培養學生能力；同時，該課程的教學資源能够做到與時俱進，實時地把課程思政理論引入教學，將社會主義核心價值觀和中華優秀傳統文化教育内容融入教學全過程，打通了顯性知識技能培養與隱性素養培育相互促進的通道，引導員工形成文化自信，樹立正確的價值觀取向。

图6　天津職業大學、泉映圖像（上海）有限公司對課程的評價

图7　學生顧俊杰獲全國第一届職業技能大賽印刷媒體技術項目金獎

五、課程特色與創新

（概述在課程思政建設方面的特色、亮點和創新點，形成的可供同類課程借鑒共享的經驗做法等。須用1—2個典型教學案例舉例説明。500字以内）

图 8 专著《课程思政"三寓三式"范式探索与研究》与《课程思政系统性
探索与实践——基于"三寓三式"范式导向的"上海高校课程
思政重点改革领航学院"建设案例》专著

【总第190期师资培训】高校课程思政建设师资培训班（线上）

9th NCDA 未来设计师NCDA大赛 6月9日

6
授课专家

张振东：工学博士，教授，博士生导师，上海理工大学机械工程学院汽车工程系主任，曾长期担任车辆工程专业负责人，主持完成多项专业建设、教学改革和课程建设项目，教育部首届课程思政示范课教学名师，主持的《发动机原理》获得教育部课程思政示范课。

晓萍：校聘教授级高级工程师，国家教学名师，全国新闻出版行业领军人才，上海市巾帼建功标兵；国家示范性高等职业院校（"优秀"）-重点专业建设负责人，国家教学资源库重点课程负责人，上海市一流专科高等职业教育建设一流专业建设负责人，上海市教师教学创新团队负责人，上海高校课程思政领航计划负责人。

马前锋：上海出版印刷高等专科学校思政部主任、教授，华东师范大学博士，全国高职高专思想政治理论课建设联盟副秘书长，上海市高职高专思想政治理论课建设联盟秘书长，上海市思政课教指委"基础课"分委员。荣获上海市首届高职高专院校思想政治理论课微课教学比赛一等奖、上海市教学成果奖特等奖，国家教学成果奖二等奖、教育部首届思政课教学展示二等奖。

方恩印：上海出版印刷高等专科学校副教授，美国加州州立理工大学访问学者，河南省科技进步二等奖、上海市"晨光学者"、上海高校课程思政领航计划领航团队负责人、教育部首届课程思政示范课教学名师，主持的《静电照相印刷》获得教育部课程思政示范课。

图 9 第 190 期高校课程思政建设师资培训班

图 10　产教融合，共育匠才相关活动
上海音乐出版社建立"弘扬红色出版 唱响中国旋律"融媒体实训基地　百年赞歌进课堂

课程思政建设特色：一是育人为本，在教学过程中尊重学生、认可学生、帮助学生，最终成就学生。二是育德为先，以培养技术高素质复合型人才为己任，实现"知识传授""能力培养"和"价值引领"有机融合为目标，持续完善教学内容。三是育人成才，教学设计过程中，以知识点为抓手，有效融入"爱国主义""工匠精神""四个自信"等思政元素，培养知识过硬、技能过精、素质过强的学生。

亮点：坚持"思政兴、特色立、人才强"，夯实"三位一体"教学成果，坚持"育人先育己，育己重育德"，实施"多"反馈模式，实现教师与学生双成长。

创新点：一是在原有课程知识图谱、技能图谱的基础上，增加思政元素图谱。二是构建"显性思政＋专业知识"和"专业知识＋隐性思政"的融合体系，在教学设计时通过显性思政的教育，改变学生思维的同时帮助学生理解专业知识；通过专业知识的教授，激活思政元素，起到润物无声的育人作用。三是产教融合，校企共建"金课"，实现第一课堂与第二课堂、教学内容与企业需要的深度融合。

教学案例：将"疫"线故事融入课程主题，实现价值引领

对印刷色彩进行讲解时，结合今年抗击新冠肺炎疫情斗争中"党旗红，天使白，军装绿"这些代表颜色讲述其深层意义。党旗红——党员冲锋在前，勇当先锋。天使白——医护人员救死扶伤，迎难而上。军装绿——解放军誓死不退，护佑平安。还有奋战在战"疫"一线的警察蓝、志愿橙……他们用汗水甚至生命筑起阻击疫情的彩色"堤坝"，守护一方百姓平安。这些代表色及事迹的讲述，向同学们强调要了解颜色背后蕴含的象征意义（知识点），正确选择和使用颜色（技能点）；普及知识的同时帮助同学们树立爱国主义理想信念（思政元素）。

六、课程建设计划

（概述今后 5 年课程在课程思政方面的持续建设计划、需要进一步解决的问题、

主要改进措施、支持保障措施等。300 字以内）

1. 持续建设计划

（1）2021 年完善教学大纲、教学设计、教学标准、课程思政教学指南等。

（2）2022 年重编印刷概论教材，将课程思政元素融入教材，并申报"十四五"国家规划教材；申报全国第二批优秀教材培育。申报和培育市级教师教学团队。

（3）2023 年，根据新版教材，更新国家精品共享课程；并建设和申报上海市在线精品开放课程；申报市级教师教学团队，力争立项。利用全国 80 多所高职高专和本科院校选用本课程教材的条件，将课程思政建设经验，向全国相关院校辐射。

（4）2024—2025 年，申报国家在线精品开放课程。

2. 需进一步解决的问题

（1）团队每位教师对课程整体设计理解的一致性及对课程思政认识高度的一致性。

（2）课程评价机制有待进一步完善。

3. 主要改进措施

邀请思想政治理论教师、行业大师、工匠参与专业课课程思政的规划、设计，对毕业生的课程思政建设效果进行跟踪调查，并对数据进行分析，以更好地设计和实施以学生为中心的教学方式。

4. 支持保障措施

有国家教学名师引领，教学资源丰富，团队教师的专业能力和思政水平均强，同时有学校和系部实施配套资金支持，能够保证课程顺利开展和建设。

七、申报课程思政教学名师或课程思政示范团队

申报类别：〇课程思政教学名师●课程思政示范团队（请勾选其中一项）

课程思政教学名师情况简介（若选此项进行填写）：（近 5 年来在承担课程教学任务、开展课程思政教学实践和理论研究、获得教学奖励、青年教师带教等方面的情况。800 字以内）

课程思政示范团队情况简介（若选此项进行填写）

（近 5 年来教学团队在组织实施本课程教育教学、开展课程思政建设、参加课程思政学习培训、集体教研、获得教学奖励等方面的情况。800 字以内）

《印刷概论》是全校专业平台必修课程，每年面向全校所有专业大一近千名新生开设。教学任务主要由《印刷概论》教学团队 8 名专职教师共同承担，如表 1 所示。8 名授课教师中，有 6 位又是"上海高校课程思政重点改革领航学院"的主力成员，各自承担领航学院"精品改革领航课程"的建设任务。

表1 团队成员的组成及所承担任务

序号	姓名	年龄	职务	职称	课程思政建设任务及教学任务
1	顾萍	57	国家教学名师 系主任	教授	课程建设总负责人 主讲图文信息处理专业
2	麻祥才	30	骨干教师	工程师	编制课程大纲及课程标准 主讲数字印刷、包装工程、包装策划
3	刘艳	42	骨干教师	副教授	编制课程教案 主讲出版商务、广告设计与制作专业
4	葛惊寰	38	教研室主任	副教授	编制课程教案 主讲印刷媒体技术专业
5	牟笑竹	37	教研室主任	讲师	编制课程教案 主讲艺术设计(中法合作)专业等
6	周颖梅	43	骨干教师	副教授	编制课程教学指南 主讲室内艺术设计专业等
7	孙浩杰	45	骨干教师	讲师	编制课程教案 主讲人工智能技术服务专业等
8	曹前	39	骨干教师	讲师	编制课程教案 主讲会展策划、数字出版专业

（一）本课程教育教学、开展课程思政建设情况

在**国家教学名师、上海市课程思政领航学院负责人**顾萍教授主持下，课程教学团队积极参与课程思政建设，把思想政治工作贯穿教育教学全过程，通过对教学目标、教学内容、教学方法和载体等环节的有效设计和实施，将课程思政与课程专业知识点、技能点相融合，在知识传授、技能培养中实施价值引领，实现"三全"育人。

1. 制定课程思政建设方案、课程教学标准和教学大纲

在建设方案中，明确课程思政目的、任务和基本要求。在课程教学标准中，明确课程性质和课程教学理念，课程总目标和素质目标、能力目标、知识目标和课程思政目标，明确第一堂课的教学内容、要求和教学建议、考核评价方式。

2. 构建课程知识点、技能点、思政维度梳理及对应思政元素（关键词）与主题句

在印刷包装工程系"领航学院"课程思政的维度体系下，编制课程知识点、技能点、思政维度梳理及对应思政元素（关键词）与主题句，如表2。

表2　印刷包装工程系"领航学院"课程思政的维度体系

一级维度	二级维度
爱国主义	热爱和弘扬中华民族优秀传统文化
工匠精神	技能强国、精益求精、知行合一
科学精神	探索创新的价值取向、严谨求实的工作作风
大局意识	全局观念、协作精神、团队意识、责任意识
辩证意识	对立统一、辩证思维、科学发展观
道德品质	弘扬和践行社会主义核心价值观、 理想信念、综合素养、使命担当
四个自信	道路自信、理论自信、制度自信、文化自信
生态文明	遵循人、自然、社会和谐发展的客观规律， 倡导并践行生态理念，推动社会可持续发展
法治意识	自觉遵纪守法

（二）参加课程思政学习培训、集体教研情况

积极鼓励教师参加国家及上海市组织的各类课程思政类及专业培训，并邀请专家到校传授最新的课程思政建设理念，大力加强教师课程思政理论学习，提升专业课教师的德育意识和政治理论素养，提高专业课教师的课程思政教育和价值引领能力。

教学团队实施相互听课制度和集体备课制度，每两教学周开展1次教研活动和专业研讨会，并通过在线课程学习、交流，获取课程思政改革的情况、行业最新技术动态、最新专业发展趋势等信息，形成会议纪要及时反馈到课程建设中。如图11、图12所示。

图11　课程团队学习、集体教研活动

图11-1　邀请专家到校指导

图11-2　国家教学成果二等奖的主持人和领航学院负责人滕跃民教授辅导

图11-3　集体讨论备课

图 12　教师课程思政培训证书

(三) 教学奖励等方面的情况

(1) 课程负责人顾萍老师是全国教学名师、全国新闻出版行业领军人才,见图 13。她主授的本课程,今年入选"上海市党史学习教育与课程相融合示范课程",本课程也是全国第一批精品资源共享课程。如图 14、图 15 所示。

图 13　团队负责人顾萍获全国教学名师、全国新闻出版行业领军人才获奖证书

我校2门课程入选上海高校党史学习教育与课程相融合示范课

发布者: 宣传部　发布时间: 2021-11-22　浏览次数: 506

近日,上海市学生德育发展中心发布了《关于公布上海高校党史学习教育与课程相融合示范课程的通知》,我校印刷包装工程系顾萍老师负责的《印刷概论》、影视艺术系王莹老师负责的《音乐鉴赏》入选2021年"上海市党史学习教育与课程相融合示范课程"。

为深入学习贯彻习近平总书记在党史学习教育动员大会上的重要讲话精神,推进课程思政教育教学改革,落实"三全育人"要求,结合我校党史融入课程思政案例的申报工作,学校在全校范围内开展"上海高校党史学习教育与课程相融合示范课程"的遴选工作。经教师自主申报、系(部、院)推荐、专家评审,我校报送5门课程。最终,两门课程入选。全市共有37所高校100门课程获此称号。

日前,入选课程继续将党史教育融入育人实践,持续深化课程思政教育教学改革,深入推进党史教育进教材、进课堂、进头脑,发挥示范引领作用。

学校将坚持"立德树人"与"铸魂育人"有机结合,将党史学习教育作为教书育人的重要抓手,用好红色资源,充分发挥教师队伍"主力军"、课程建设"主战场"、课堂教学"主渠道"作用,推动课程思政与思政课程同向同行,切实将思想价值引领贯穿教育教学全过程。

教务处 课程思政研究中心 供稿

图 14　《印刷概论》课程入选上海市党史示范课程

图 15 国家第一批精品资源共享课程——《印刷概论》

（2）顾萍老师独立编写的《印刷概论》教材，获新闻出版行指委选送参加"首届全国教设奖全国优秀教材（职业教育与继续教育类）优秀教材"评选，如图 16 所示。

（3）顾萍老师 2017 年荣获上海市级教学成果一等奖（第一完成人），如图 17 所示。

图 16 全国优秀教材选拔——《印刷概论》　　　图 17 上海市教学成果一等奖

（4）顾萍老师 2020 年荣获第六届中国国际互联网＋大学生创新创业大赛上海赛区"优秀指导教师"称号，如图 18 所示。

（5）课程组成员周颖梅老师领衔的《印刷电子》教学团队，获上海市高等职业院校教师教学能力大赛二等奖，如图 19 所示。

图 18 "互联网＋"优秀　　　　图 19 上海市高职院校教师
指导教师证书　　　　教学能力大赛二等奖

（6）麻祥才老师获得哈萨克斯坦阿拉木图印刷学院"印刷：昨天、今天、明天"大学生科技—实践国际研讨会论文优秀指导教师的称号，如图 20 所示。

八、附件材料清单

1. 教学设计样例说明（必须提供）

教学设计样例：第一章　1.5 小节 色彩基础知识

2. 最近一学期的课程教案（必须提供）

印刷概论教案

3. 最近一学期学生评教结果统计（选择性提供）

2020—2021 学年第一学期与第二学期的学生评教结果

4. 最近一次学校对课堂教学评价（选择性提供）

课堂教学质量评估表

以上材料均可能网上公开，请严格审查，确保不违反有关法律及保密规定。

图 20 哈萨克斯坦科技论文优秀
指导教师获奖证书

2. 教学设计

教 学 设 计

课 程 名 称	印刷概论
教 学 班 级	校专业公共平台课
课 程 总 学 时	32
任 课 教 师	印刷概论课程组教师
教 研 室	印刷包装工程系
编 制 日 期	2021.9

"课程思政"教学设计

一、基本信息					
课程名称	印刷概论	学期	第一学期	课程类型	理论课
授课对象	大一			职称	教授
授课章节	第一章　印刷基础：色彩基础知识			时长	1学时
课程教材	《印刷概论》（"十二五"职业教育国家规划教材，顾萍著，中国轻工业出版社，2015年11月第一版第10次印刷）				

二、学情分析
《印刷概论》是一门平台课，授课班级比较多。这给教学探索和思政融入课程的研究与实践提供了很好的平台。通过与课程组不同教师的交流，发现学生对抽象的理论知识的理解有一定难度，更喜欢动手操作。另外也发现一些同学不喜欢与周围同学进行沟通和交流，需要老师在教学中加强同学们之间的互动环节。在教学内容方面，可以增加知识的可接受性。在教学方法上，多用寓教于乐、沉浸式、讨论式、启发式等方式可能会对学生有更好的教育教学效果。

三、教学目标
1. 知识目标 理解颜色的本质，掌握颜色的三属性和常见的颜色寓意。（要求递进性和逻辑性） **2. 能力目标** 能正确画出颜色三属性与光属性的内在联系（坐标轴形式），并根据场景需求选择正确的颜色基调。 **3. 课程思政元素、融入方法与目标** 能初步理解和体验、感悟色彩学学术理论和实践中的"团队合作""爱国主义"。

四、教学内容
1. 颜色的形成 2. 颜色的心理三属性：色相、明度、饱和度 3. 颜色的寓意 **重点：**在以上内容的讲述中，打破惯性思维和思维定势，感悟色彩知识中所蕴含的"团队合作""爱国主义"等元素。

五、教学过程及设计

教学内容与方法设计	教学设计意图
（一）课程导入	
【讨论话题】在日常生活中会经常听到这个颜色是红色，这个颜色有点暗，这个颜色比较浅……这是从什么方面去描述颜色呢？又如我们经常看到喜庆节日，人们常用红色基调的颜色来装扮环境……红色代表什么寓意呢？ 【课程引入点】这些话题的答案就是本节课要讨论的问题。	通过常见问题的引入，引导学生以印刷人的身份规范描述并利用颜色，养成纠正"过口语化"描述和正确利用颜色的意识。

（二）内容设计与讲授	
1. 颜色的形成	
【教材表述】色彩就是射到人眼睛里的光，是通过视觉器官引起的一种感觉。 【讲授法】结合光路图就关键要素（如光、视觉器官）进行解释。 【教学预设】对学生可能提出的问题进行预判和解决。 1. 是否一定需要光刺激才能产生颜色？ 思考点：通过具体案例来解释。	结合光路图就关键要素进行解释，板书写出"光源、视觉器官"，引导学生总结关键要素。
2. 颜色的三属性	
一、【理论讲授】 **1. 色相** 【学术表述】由物体表面反射到人眼视神经的色光的波长来确定。 【教学处理】日常称呼的如红、黄、绿等就是在表达颜色色相。针对"为什么看到的是红色"等不同色相的理解容易产生的困惑，引导学生回忆"380—780 nm"光谱色颜色知识。 采用"理想场景法"引导学生理解波长与色相的关系。 【教学预测】难理解之处：颜色色相取决于不同波长刺激强度的相对值还是绝对值？ **2. 明度** 【学术表述】又称为亮度，它取决于人眼所感受到的光的辐射能的量。 【教学处理】从"能量守恒定律"来解释反射得多，吸收得少，便是亮的，相反便是暗的。	引导学生从底层"光"角度理解颜色的三属性。
3. 饱和度 【学术表述】也叫彩度或纯度，是指颜色的纯洁性，它是以反射或透射光线接近光谱色的程度来表示的。 【问题讨论】相同色相系列颜色中单波长颜色的饱和度是否是最高的？ 二、【实践动手】 　　在介绍了颜色三属性的概念和各属性的变化规律后，进入实践教学的第二个过程——体验式教学。为了引导学生在纷繁复杂的颜色中找到颜色渐变的规律，区分颜色和颜色的差异，设计了实体颜色块的排列训练项目。 【思政元素】"团队合作" 　　该实践项目的进行，需要两个同学为一组，在理清三属性的概念及变化的基本规律后，同一个小组的同学只有相互配合，通过色块和色块的不断调整理顺，才能完成视觉研判。因为颜色排序和视觉的感受关系密切，所以在此过程中引导小组和小组之间完成排序后互相查阅判断并修改。 　　在小组和大组的互相配合支持中增进了同学的友谊，同学们体会到团队分工合作的意义，认识到团队合作的重要性。	同学们对抽象理论的理解有一定的难度，但是"沉浸式"体验既帮助他们理解了对知识的理解，也让他们放下手机，加强讨论和沟通完成研判，拉近人与人的距离。

3. 颜色的寓意	
【问题产生】为什么有些非常受欢迎的快餐店的墙壁装修为红色？ 【问题解决】解释装饰为红色的原因，将知识提升到颜色寓意的层面。 【学术表述】颜色寓意就是指不同颜色具有不同的寓意，属于心理学范畴，如红色寓意着热情、激动、轰轰烈烈，橙色寓意着激情、狂热、动感等，可以以颜色的喜好判断人的性格倾向。 **【思政元素】树立爱国主义理想信念** 教学内容中，以色彩为引导，结合今年抗击新冠肺炎疫情斗争中"党旗红、天使白、军装绿"这些代表颜色讲述其深层意义。党旗红——党员冲锋在前，勇当先锋。天使白——医护人员救死扶伤，迎难而上。军装绿——解放军誓死不退，护佑平安。还有奋战在战"疫"一线的警察蓝、志愿橙……他们用汗水甚至生命筑起阻击疫情的彩色"堤坝"，于无声处奉献牺牲，这些英雄共同守护着一方百姓的平安。这些代表色及事迹的讲述，一方面向同学们强调要了解颜色背后蕴含的象征意义，正确选择和使用颜色；另一方面在普及知识的同时帮助同学们树立爱国主义理想信念。 【拓展教育】军装绿、天使白、警察蓝、志愿橙等不同岗位的人通过努力为国家做贡献，在疫情当下，我们同学也许不能到疫情一线直接做贡献，但更加努力学习、做好防护工作就是为抗击疫情添砖加瓦。	结合最新时事热点，引起大家的共鸣，提高同学们的学习兴趣。
（三）总结与评价：颜色三属性与光属性的关系（以问题和讨论的形式）	
【引导方向和落脚点】通过学生发言和教师引导性点评性，进行思维训练并传递理想信念。 **具体教学指令：**（4条指令逐一发放，形成"串联结构"，即后一问题建立在前面问题解决的基础上） 1. 对单色波长颜色的三个属性分析，初步感受与光属性的关系。 2. 对多色波长颜色的三个属性分析，进阶理解颜色属性与光属性的关系。 3. 问题：光属性变化会引起颜色的三个属性分别有什么变化？（总结概念：颜色的本质就是光。）（颜色三属性并不是独立的性质，而是相互联系相互影响的。大家动手的实验，强调团队合作的重要性。） 4. 讨论：颜色三属性与光属性的关系。 1. 学术落脚点：将看似"抽象"的知识点进行"具象"的分解和思考。 2. 思政价值元素的呈现和传递：感受小组和大组团结合作的强大，体会颜色的力量之爱国主义精神。	由简到繁，由简到难，循序渐进，层层递进学习知识。
（四）作业布置	
以坐标轴和曲线的形式画出光与颜色的色相、明度、饱和度的关系。试说明喜剧类电影海报的颜色设计基调，并说明原因。	1. 从本质理解知识。（底层信息） 2. 加强颜色理解并初步训练不同知识背景的学习利用能力。
（五）资源推荐	
1. 印刷概论国家精品资源课网址： https：//www.icourses.cn/web/sword/portalsearch/homeSearch 2. 印刷与数字印刷专业国家教学资源库网址： https：//bb.sppc.edu.cn/	

三、教育部课程思政示范课程、教学名师和团队《静电照相印刷》申报书（选）

课 程 名 称：静电照相印刷

课程负责人：方恩印

联 系 电 话：

推 荐 类 别：● 职业教育

　　　　　　　○ 普通本科教育

　　　　　　　○ 研究生教育

　　　　　　　○ 继续教育

申 报 学 校：上海出版印刷高等专科学校

推 荐 单 位：上海市教育委员会

二〇二一年三月

一、课程基本信息

课程名称：静电照相印刷

课程类型：专业教育课程

所属学科门类：轻工纺织

一级学科/专业类：印刷/数字印刷

课程性质：必修

开课年级：大二

学　　时：32

学　　分：2

二、授课教师（教学团队）课程思政教育教学情况

1. 课程负责人课程思政教育教学情况

方恩印，男，1982 年 10 月出生，上海出版印刷高等专科学校副教授，美国加州州立理工大学访问学者，2019 年担任"上海高校课程思政领航计划"领航团队负责人，印刷包装工程系数字印刷教研室专业带头人。作为专业课教师，主持省部级上海市教委"晨光项目"1 项，如图 1 所示；获河南省教育厅"河南省科技进步二等奖"1 项，如图 2 所示；发明专利 5 项，其中之一如图 3 所示；公开发表教研论文共 17 篇，其中 SCI1 篇，EI 外文 6 篇、中文核心 7 篇。在教学与科研的同时，积极配合学校与系部完成国家骨干高职院校建设工作中"数字印刷工程实训中心"及"085"工程数字印刷专业建设、3D 打印实验室建设相关工作。

图 1　上海市"晨光学者"

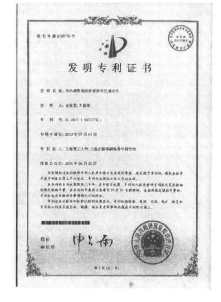

图2　河南省科技进步二等奖　　　　　　　图3　发明专利

上海出版印刷高等专科学校数字印刷技术专业是我国开设该专业最早的学校，《静电照相印刷》为数字印刷技术专业核心课程之一，是上海出版印刷高等专科学校校级资源库重点建设课程之一；国家级"印刷与数字印刷技术专业教学资源库"专业核心建设课程之一；"上海市一流专科高等职业教育专业建设"核心建设课程之一。

为深入贯彻国家教育部颁布的《高等学校课程思政建设指导纲要》（教高〔2020〕3号）、上海高校思想政治工作会议精神，落实上海市教育卫生工作委员会、上海市教育委员会《关于推进上海高校课程思政教育教学改革试点工作的通知》（沪教委德〔2017〕11号），在《关于成立学校课程思政教学改革领导小组和工作小组的通知》（沪版专委字〔2017〕17号）和《关于成立印刷包装工程系课程思政教学改革领导小组和工作小组》（沪版专系字〔2017〕5号）指导下，把思想政治工作贯穿教育教学全过程，发挥广大教师在课程教学中的育人作用，承担起"课程思政"工作的主体责任。专业课教师积极响应国家号召，进行专业课课程改革。《静电照相印刷》在相关理论的指导下，充分发挥课堂教学在大学生思想政治教育过程中的主导作用和育人功能，结合专业特色，发掘专业课程中蕴含的思想政治教育元素，从哲学角度将思政融入课堂，在专业课程中融入思政教育元素，发挥专业课程的思政教育作用，达到与思政理论课同向同行，形成协同效应；同时将社会主义核心价值观与课程内容相结合，使学生在学习科学文化知识的过程中，自觉加强思想道德修养，提高政治觉悟，从而达到潜移默化引导学生在完成专业学习的同时塑造正确的价值观、人生观，实现培养德智体美劳全面发展的中国特色社会主义合格建设者和可靠接班人的目的。在此基础上，《静电照相印刷》课程先后被评为“课程思政改革试点重点培育课程”（如图 4 所示）、“课程思政改革试点重点建设课程”，“课程思政改革试点滚动建设课程”，“课程思政改革试点优秀建设课程”（如图 5 所示），“课程思政“课中课”国家级教学成果奖应用推广工程”（如图 6 所示），以及“上海高校课程思政改革领航计划——精品改革领航课程”等。

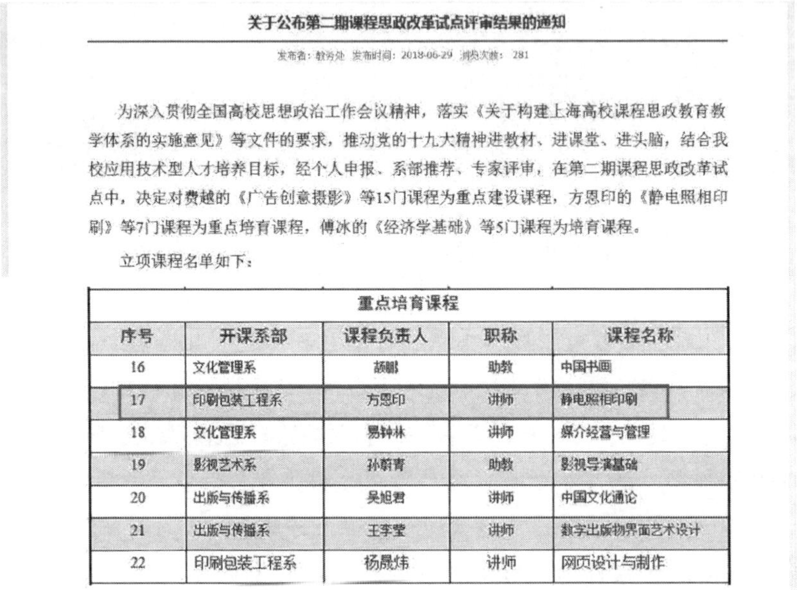

关于公布第二期课程思政改革试点评审结果的通知

发布者：教务处 发布时间：2018-06-29 浏览次数：281

为深入贯彻全国高校思想政治工作会议精神，落实《关于构建上海高校课程思政教育教学体系的实施意见》等文件的要求，推动党的十九大精神进教材、进课堂、进头脑，结合我校应用技术型人才培养目标，经个人申报、系部推荐、专家评审，在第二期课程思政改革试点中，决定对费越的《广告创意摄影》等15门课程为重点建设课程，方恩印的《静电照相印刷》等7门课程为重点培育课程，傅冰的《经济学基础》等5门课程为培育课程。

立项课程名单如下：

重点培育课程				
序号	开课系部	课程负责人	职称	课程名称
16	文化管理系	颉鹏	助教	中国书画
17	印刷包装工程系	方恩印	讲师	静电照相印刷
18	文化管理系	易钟林	讲师	媒介经营与管理
19	影视艺术系	孙蔚青	助教	影视导演基础
20	出版与传播系	吴旭君	讲师	中国文化通论
21	出版与传播系	王李莹	讲师	数字出版物界面艺术设计
22	印刷包装工程系	杨晟炜	讲师	网页设计与制作

图 4　课程思政改革试点重点培育课程——《静电照相印刷》

2019 年下半年在校领导及教务处的支持下，作为领航团队负责人积极参与“上海高校课程思政领航计划”项目申报，经过前期的材料初审、书面评审、答辩终审等环节，上海市最终评选出了 10 所“上海高校课程思政整体改革领航高校”和 20 所“上海高校课程思政重点改革领航学院”。我校印刷包装工程系成功入选上海高校课程思政重点改革领航学院，如图 7 所示。

《静电照相印刷》课程历经几年建设，从“专业核心课程”向“专业核心课程思政”课程转变，如图 8 所示。作为 2019 年“上海高校课程思政领航计划”领航团队负责人，所负责的团队及课程获上海市高职高专文化素养教育教学指导委员会、上海出版印刷高等专科学校教务处嘉奖，如图 9、图 10 所示。

关于公布第二期(2018年)课程思政改革试点项目评审结果的通知

发布时间：2019-06-10　浏览次数：284

根据全国高校思想政治工作会议精神及《关于构建上海高校课程思政教育教学体系的实施意见》等文件的要求，结合我校思想改革试点工作的目标，组织校内外专家对第二期课程思政改革试点项目进行了评审，现将评审结果公布如下：

2018年课程思政改革试点项目评审结果一览表

序号	开课系部	负责人	课程名称	评审结论
1	基础教学部	薛中会	工程数学	优秀
2	文化管理系	傅冰	经济学基础	优秀
3	印刷设备工程系	孙敏	Web设计与编程	优秀
4	印刷设备工程系	付婉莹	印刷市场营销	优秀
5	印刷包装工程系	方恩印	静电照相印刷	优秀
6	基础教学部	陆雯婕	体育与健康课程	优秀
7	文化管理系	来洁	文化创意与策划实务	优秀
8	印刷设备工程系	栾世杰	机械制造技术	优秀
9	基础教学部	杨静	基础英语视听说	通过
10	基础教学部	唐桂芬	实用英语课程思政	通过
11	文化管理系	颉鹏	中国书画	通过

图5　课程思政改革试点优秀建设课程——《静电照相印刷》

课程思政"课中课"国家级教学成果奖应用推广工程课题立项名单

序号	课题名称	课题负责人	申报人所在单位
1	纺织服装类专业课程思政建设与实践	唐琴	广东职业技术学院
2	《服装生产管理》课程思政的"三寓三式"融合研究与实践	任丽惠	广东职业技术学院
3	高职专业课"课程思政"教学设计和教学方法的研究与实践	曾红武	广东职业技术学院
4	"课中课"课程思政改革模式在中国商业文化课程应用与研究	傅小龙	广东职业技术学院
5	高职院校跨境电子商务课程思政的探索与实践	梁娟娟	广东职业技术学院
6	"三寓三式"视域下高职课程思政建设的科技创新应用研究	孙晓举	北京春泰数字产业研究院
7	课程思政视域下"课中课"教学模式探索——以《中国音乐鉴赏》为例	朱清	上海电子信息职业技术学院
8	产教融合背景下高校思政教师、专业教师和辅导员三位一体协同育人机制研究——基于课程思政"三寓三式"教学模式实践探索	乔中彦	广州科技贸易职业学院
9	高职院校图像处理应用课程思政"项目内嵌"式教学的探索与实践	王艳	江西传媒职业学院
10	基于江西文化资源的"包装装潢设计"课程思政建设与研究	谢中杰	江西传媒职业学院
11	高职英语课程思政探索与实践	刘军	上海出版印刷高等专科学校
12	三寓三式教学法在数学课程思政中的实践探析	刘志民	上海出版印刷高等专科学校
13	课程思政背景下"课中课"的实施与探索——以静电照相印刷为例	方思印	上海出版印刷高等专科学校
14	《色彩原理与应用》课程思政育人内涵及实践路径研究	刘艳	上海出版印刷高等专科学校
15	"课中课"课程思政模式在高职影视制作类课程中的创新与实践	石莹	上海出版印刷高等专科学校
16	产教融合下校外实践教学课程思政育人模式的探索与实践	肖颖	上海出版印刷高等专科学校
17	"三寓三式"在高职课程思政建设中的推广应用研究	闫凤鸣	鄂尔多斯职业学院
18	课程思政背景下高职高专理论课教学中的"导""达""怡""理"	李雨珂	上海出版印刷高等专科学校
19	"课中课"课程思政改革模式在印刷专业机械基础课程的应用与研究	陈昱	上海出版印刷高等专科学校

图6 课程思政"课中课"国家级教学成果奖应用推广工程——《静电照相印刷》

"上海高校课程思政重点改革领航学院"
拟入选名单（20所）

华东理工大学化学与分子工程学院
东华大学纺织学院
上海财经大学经济学院
上海海事大学交通运输学院
上海音乐学院民族音乐系
上海体育学院运动科学学院
上海海洋大学水产与生命学院
上海电力大学计算机科学与技术学院
上海师范大学人文学院
上海对外经贸大学国际经贸学院
上海工程技术大学航空运输学院
上海立信会计金融学院金融学院
上海商学院文法学院
上海政法学院政府管理学院
上海健康医学院临床医学院
上海出版印刷高等专科学校印刷包装工程系
上海公安学院侦察系
上海交通职业技术学院航运与物流管理系
上海城建职业学院公共管理与服务学院
上海杉达学院胜祥商学院

图7 上海高校课程思政领航学院名单

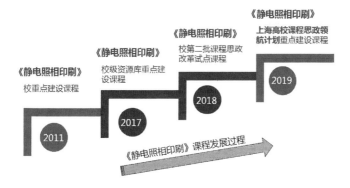

图 8 课程发展历程——《静电照相印刷》

图 9 "上海高校课程思政重点改革
领航学院"个人获奖

图 10 课程思政"国家级教学成果奖
应用推广工程"个人获奖

随着课程建设的不断深入,以该课程为主体,发表专业课程思政论文 3 篇,2020 年《静电照相印刷》课程设计入选"上海市学生德育发展中心"教学设计选编,是上海市高职院校中唯一一个入选的优秀教学设计,如图 11 所示。同时,该课程被"上海市学生德育发展中心"评为市德育发展中心优秀教学案例,并录制视频,如图 12 所示。

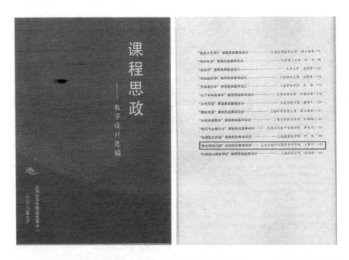

图 11 "上海市学生德育发展中心"教学设计选编——《静电照相印刷》

图 12 "上海市学生德育发展中心"优秀教学案例微课——《静电照相印刷》

　　除此之外，课程建设过程中，应邀在第一期、第二期赴上海职业院校现场观摩"课程思政"经验交流高级研讨班，作了"同向同行、静电照相印刷专业思政教育的教学设计与实施"的交流发言，取得了不错的效果。随着课程思政教学改革的不断深入应用，该项目负责人应邀去上海高职高专院校思想政治理论课课程建设联盟第三届年会上就专业课课程思政建设进行交流发言，如图 13 所示。另外，应邀去广西职业技术学院、贵州幼师职业学校等其他高等职业院校进行课程思政教学经验交流。通过教学分享，汲取大量专业素材案例，进一步丰富了思政教学内容，使得思政课教学能够更多地联系专业技术实际，更接地气，更有吸引力。专业教师也养成了积极主动开展价值引领的意识，提升了德育能力。图 14 和图 15 为该项目负责人在上述高校做课程思政经验交流报告。

图 13 高职高专思政联盟年会交流发言——《静电照相印刷》

图 14 广西职院课程思政经验交流 ——《静电照相印刷》 图 15 贵州幼师课程思政经验交流 ——《静电照相印刷》

作为一名党员教师，自身素质的提高与课程思政建设是相辅相成的。在教学的同时，积极参加各种培训与专业能力大赛，曾获得上海理工大学"优秀党务工作者"称号，如图 16 所示；并在"上海市高等职业院校教师教学能力竞赛"中获得二等奖的成绩，如图 17 所示。

图 16 上海理工大学"优秀党务工作者" 图 17 上海市高等职业院校教师教学能力竞赛二等奖

2. 教学团队课程思政教育教学情况

（1）团队工作目标

课程思政建设要以习近平总书记在全国高校思想政治工作会议上的重要讲话精神和上海市教委关于推进高校课程思政教学改革试点工作的实施意见为根本指导，以构建全员、全过程、全方位育人的思政工作新格局为目标导向，积极推进"思政课程"向"课程思政"的创造性转化，明确专业课课程思政建设的德育功能，落实每一位教师的育人职责，形成一套行之有效的"课程思政"教学评价体系，打造专业教育与思政教育的协同效应，使得专业课程与思政课程形成同心同向的育人格局。

（2）团队分工与合作

课程思政改革是前无古人的伟大工程，没有理论和经验，前进道路上必然会遇到很多困难。教师们只有组建团队，团结协作，协同攻关，才能够完成课程思政改革的历史重任。团队成员要分工明确，互相配合，形成合力，即协同效应。高学历、高职称的骨干教师要在课程思政改革工作中起模范带头作用，校内思政教师则要予以配合协同。

专业团队与支撑团队要形成"互补促进"。课程思政改革会经常遇到困难和挑战，团队成员就要开展研究设计，进行科学分工，奋力攻关。专业团队针对《静电照相印刷》课程教学模块实行学科建设项目责任人制度，根据每位任课教师的专业特长和能力制定任务清单，细化工作职责与任务，建立定期任务汇报、检查、总结制度。支撑团队实行导师制，开展"传、帮、带"活动，由资深教师任导师，对青年教师进行"一对一"的课程思政指导及实验实践指导，使青年教师在基础理论、专业知识、教学水平、研究能力等方面得到稳步提高。当团队克服了困难、战胜了挑战之后，团队成员在享受成功喜悦的同时，也强化了德育意识和德育能力，更促进了团队的实力提升。团队除了召开攻关会议，还要定期召开交流会。

（3）团队编制《静电照相印刷》课程思政教学标准，形成课程思政操作规范

统一思想，明确立德树人目标，加强领导和指导，引导全体教师坚持立德树人，明确人才培养目标，担负起课堂教育中的德育责任，专业团队与支撑团队一起编写课程标准，在专业课程教学中主动将社会主义核心价值观和中华优秀传统文化教育内容融入教学全过程，引导大学生形成文化自觉和文化自信，树立正确的价值观取向。为此，从专业和人才培养出发，专业团队与支撑团队教师共同参与课程建设，增加专业课教学大纲中对应的思政教学要素，在课程教学大纲制定及校企合作基地制度建设中增加理想信念、爱国主义、品德修养、奋斗精神、综合素质等思政元素。除此之外，从专业课角度出发，针对《静电照相印刷》专业课程的特点，在每一个专题，结合原有的知识点、技能点，提出专业思政的建设路径、对策、建议和思考。

表 1 为课程教学内容与思政教学要点。

表 1 课程教学内容与思政教学要点

教学单元	专业教学内容	思政教学要点	实施手段
单元一 静电复印术的起源与发展	复印的起源，静电照相的基本概念，静电照相技术的发明、发展及进步。	灵感来源于实践，锲而不舍，金石可镂。	"画龙点睛式" + "专题嵌入式"教学方式
单元二 静电照相印刷材料	光导现象产生的原理，静电照相印刷所需光导材料及对其相关要求。	细节决定成败，行为铸就品格，发扬"工匠"精神。	"启发式""讨论式"教学方法
单元三 静电照相工艺原理与步骤	静电照相印刷工艺过程，并根据工艺过程详述每一过程的具体内容和作用。	把握事物发展规律，做事要循序善进。	"讨论式""探究式"教学方法
单元四 静电照相系统设计	介绍静电照相印刷机单元设计概念及其系统的划分。	整体与局部的辩证关系，兼顾局部的同时，要树立整体意识和大局观念。	"画龙点睛式" + "元素化合式"教学方式
单元五 静电照相印刷机结构	静电照相结构-显影子系统、转印子系统、熔化子系统、辅助机构。	为使标准整体功能达到最佳，协同合作，实现"1＋1＞2"效果。	"专题嵌入式" + "元素化合式"教学方式
单元六 静电照相数字印刷排版与输出	静电照相数字印刷机排版软件imposing-plus软件的使用。	理论与实践并重，培养"理实一体化"人才。	"启发式""互动式""讨论式""探究式"教学方法

（4）加强团队课程思政制度建设，将课程思政融入高校现代治理体系

在课程建设的过程中，教务处、人事处等校内其他各部门通力合作，大力支持印刷包装工程系课程思政改革，为《静电照相印刷》"课中课"同向同行模式实践提供强有力的保障。教务处在课时安排、教材编写、教学评价等方面给予大力支持，人事部门在工作量计算、绩效考核方面，给予教师团队相应的考量与倾斜，科研规划处和财务处也给予积极支持。

（5）加强教师学习培训，提升教师的德育意识和德育能力

● 加强学习，提升教师德育意识，建立健全师德

本团队依托"上海高校课程思政重点改革领航学院"，定期开展线上线下课程思政交流会共计 16 次，学习习近平总书记关于教育的重要论述和全国教育大会精神及《高等学校课程思政建设指导纲要》等的精神，把思想政治教育贯穿人才培养体系，全面推进课程思政建设。此外，针对课程思政建设的进展、经验、遇到的问题以及取得的阶段性成果进行了相互交流与展望，并针对如何将课程思政元素与专业课程建设进行有机融合及其具体实施办法，围绕深度、广度和维度建设等多方面进行了

热烈讨论，如图 18 所示。

● 加强培训，开展各类线上线下课程思政交流活动，并与同行分享

加大对教职工，尤其是党员教职工的培养培训力度，把德育意识培养纳入教师培训体系，强化专业课教师教书育人、引路导航的使命感和责任感。同时，依托教工党支部，大力加强教师思想政治理论学习，提升专业课教师的德育意识和政治理论素养，提高专业课教师

图 18　课程思政建设学习交流会

的思想政治教育和价值引领能力。2020 年 7 月 31 日上午，上海市教卫工作党委、市教委组织召开"2020 年上海高校课程思政建设研讨会"。

作为上海市课程思政改革"整体领航校"，复旦大学与同济大学、华东师范大学、上海理工大学等共 9 所高校同时开设了课程思政研讨线上分论坛，联袂搭建起上海高校课程思政交流研讨的大平台。团队课程建设的教师分组加入论坛进行了学习，如图 19 所示。除线上培训课程外，团队成员积极参加线下课程思政培训活动。图 20 为团队成员参加由上海交通大学主办的上海高校课程思政高级研修班培训。

图 19　团队成员参加上海高校
课程思政建设研讨会

图 20　团队成员参加上海高校课程
思政高级研修班培训

● 树立典型，共建课程思政实践基地

加强教师队伍建设，广泛挖掘、重点树立一批政治觉悟高、业务水平好，既能传授专业知识，又擅长思想政治教育的教书育人楷模，具体可结合听课等形式，总结提炼"课程思政"改革中凝练出的好经验和好做法。同时对教学效果良好的课程及表现突出的个人予以表彰。

　　除此之外，共建课程思政实践基地也是课程思政建设的一部分。2019 年 5 月 10 日在"全国爱国主义教育示范基地"江西寻乌县"毛泽东寻乌调查纪念馆"举办的"共建红色教育实践基地研讨会暨集中签约揭牌仪式"上，我校与毛泽东寻乌调查纪念馆签订红色教育实践基地协议，成为首批挂牌高校。出席此次签约仪式的其他高校有上海工程技术大学、上海第二工业大学、上海工艺美术职业学院、江西理工大学应用科学学院等 8 所高校，如图 21 所示。另外，团队课程思政建设积极与相关印刷企业共建校企课程思政建设基地，把课程思政建设从课堂搬到企业，实现校企共建，如图 22 所示。

图 21　团队成员与江西寻乌县"毛泽东寻乌调查　　　　图 22　团队与中华商务上海有限公司
　　　　纪念馆"签订红色教育实践基地协议　　　　　　　　　　签订课程思政建设基地协议

　　(6) 取得的成果和成效

　　我校通过多年来的理论探索和教学实践，形成了思政教育融入各类课程的"课中课"同向同行教学模式，创新性地将德育元素融入知识技能培养环节，打通了显性知识技能培养与隐性素养培育相互促进的通道，最终凝练出基于"寓道于教、寓德于教、寓教于乐"，具有"画龙点睛式、专题嵌入式、元素化合式"实施标准的"同向同行"范例，成为全国高校"课程思政"改革成功的先行者。

　　团队所在系部积极响应学校号召，担当课程思政改革排头兵，在课程思政方面积极申报相关课题，取得了丰硕成果。其中《服务印刷产业转型发展的高端技能型人才培养体系构建与实践》获国家级教学成果二等奖，如图 23 所示。《"互联网＋"时代协同培养"工匠精神"高技能人才的探索与实践》获得 2017 年度上海市教学成果一等奖，如图 24 所示。该成果主要通过名企名校协同培养高技能人才，应用互联网技术搭建顶岗实习公共平台，将传统工艺与现代技术相结合，将培养艺术品复制和修复人才的方式和途径创新为高技能人才培养模式。

图 23　国家级教学成果二等奖

图 24　上海市 2017 年度教学成果一等奖

由团队成员孔玲君领衔完成的《基于中美合作的国际化图文信息处理技术技能人才培养实践》获 2017 年度上海市教学成果二等奖，如图 25 所示。该成果提出的人才培养和专业建设经验促进了校内外同类专业的建设发展，助推了我校中外合作办学项目的发展，同时共享的海外优质资源又能够为行业、企业和相关院校服务。

另外，团队成员积极申报学校 2018 年度、2019 年度课程思政改革试点专业课程并获批，如图 26 和图 27 所示。经过团队不断努力，2020 年度获"上海高职高专院校教师教学创新团队"称号，并获得市重点培育项目，如图 28 所示。

图 25　上海市 2017 年度教学成果二等奖

关于公布第二期课程思政改革试点评审结果的通知			
立项课程名单如下：			
重点培育课程			
序号	开课系部	课程负责人	职称	课程名称
16	文化管理系	顾曦	助教	中国书画
17	印刷包装工程系	方慧印	讲师	静电照相印刷
18	文化管理系	易钟林	讲师	媒介经营与管理
19	影视艺术系	孙菲青	助教	影视导演基础
20	出版与传播系	吴越青	讲师	中国文化通论
21	出版与传播系	王亨堂	讲师	数字出版物界面艺术设计
22	印刷包装工程系	杨晨炜	讲师	网页设计与制作

图 26　上海出版印刷高等专科学校 2018 年度课程思政试点课程

上海出版印刷高等专科学校2019年度课程思政试点课程

序号	开课系部	课程负责人	课程名称	类别
6	印刷包装工程系	翁忠华	印刷企业管理实务B	重点立项
7	印刷包装工程系	周颖梅	印刷电子	重点立项
8	印刷包装工程系	刘艳	色彩原理与应用	重点立项
20	印刷包装工程系	秦晓楠	产品包装设计	一般立项
21	印刷包装工程系	肖颖	职业技能实训	一般立项

图27　上海出版印刷高等专科学校
2019年度课程思政试点课程

图28　团队获"2020年度上海高职
高专院校教师教学创新团队"

鉴于团队在课程思政"课中课"方面取得的宝贵成果，2018年11月8日上午，来自广东省高职高专思政课建设联盟近32所高校的52名党政领导及思政骨干教师来到我校参加高职院校课程思政研讨会，交流学习课程思政经验，如图29所示。另外，还有浙江工贸职业技术学院、鄂尔多斯职业学院、四川交通职业技术学院、深圳信息职业技术学院、贵州交通职业技术学院、上海电子信息职业技术学院、上海城建职业学院、上海东海职业技术学院、徐州职业技术学院、沈阳职业技术学院、泉州幼儿师范高等专科学校等60多所兄弟院校来我校交流学习课程思政经验，团队人员积极参与，收获颇多。如图29所示。

三、课程思政建设总体设计情况

1. 以"校训"为引导，不忘初心

上海出版印刷高等专科学校以"崇德弘文、笃行致远"为校训，以"工文艺融汇、编印发贯通、教学做互动"为办学特色，办学的定位与校训紧密结合，"崇德"在于育人，以"德"教人。因此，《静电照相印刷》课程思政建设过程中的方向与重点，首先就是不忘初心，以"德"育人。在课程方案设计和课程建设时，因地制宜、有选择地结合课程思政要求，进行课程思政的方案设计，将专业知识与思政要素有机地融合在一起，达到"育人"的效果。

2. 课程体现职业教育类型特征，注重德技并修、育训结合，促进学生的全面发展

专业特色以就业为导向，注重工文艺融合，注重学生的专业技术技能训练和职业素质培养，依托行业产业，构建由课程实验、生产实训、顶岗实习实践构成的教学体系。在《静电照相印刷》的教学过程中，以就业为导向，依托我校国家出版印刷人才培养基地、上海文化创意产业服务基地、国际先进传媒技术推广基地进行专业实习实训；同时结合"四史教育"，将劳动教育、工匠精神、职业道德、职业精神

首页　　推荐表　　成果报告　　项目成效　　创新特色　　成果影响　　支撑材料

广东省高职高专思政课建设联盟代表团来我校参加高职院校课程思政研讨会

发布者：管理员　发布时间：2018-11-16　浏览次数：38

11月8日上午，来自广东省高职高专思政课建设联盟近32所高校52名党政领导及思政骨干教师来到我校参加高职院校课程思政研讨会。上海高职高专思政课建设联盟会长、上海理工大学党委副书记、纪委书记刘道平，上海高职高专思政课建设联盟常务副会长、上海交通职院党委书记童晓峰，上海电子信息职业技术学院副书记顾剑锋，教育部教指委高职分委员韩先道，学校党委书记滕春华，常务副校长滕跃民，党委副书记顾国壮出席了研讨会。人事处、思政教研部相关负责人及思政课教师参加会议。

顾春华在致辞中向广东代表团介绍了上海市及我校课程思政的实施状况，并简要说明了上海高职高专思政课建设联盟的工作开展。广东轻工职业学院党委副书记、广东省高职高专思政课建设联盟副会长、广东省外语艺术职业学院党委书记卢义文、广东职业技术学院党委书记曾雅丽、广州卫生职业技术学院党委书记余珍、广州科技贸易职业学院院长蒋新萍分别代表广东省各高职高专院校介绍了此次考察交流活动的背景和任务，并表达了向我校课程思政建设取经的强烈意愿。

在交流研讨环节，滕跃民以《从思政课程到课程思政》为题做了主旨报告，精辟的分析，精细的案例，精密的论证，加之精准详实的内容使代表团大受启发，受益匪浅，意犹未尽。上海理工大学马克思主义学院院长胡绪明从课程思政与思政课程的关系入手精辟地阐释了课程思政建设过程中的若干要点。即要注重把握思政教育规律，加强协同育人机制建设，解决思政教育时空分离的问题，实现思政教育空间时间化和时间空间化的衔接。出版传播系教师张翠以《广告原理与实务》课程为例进行了课程思政现场展示。她从广告定位、广告创意设计中如何有机融入中国元素问题出发，以广告品牌的国货精品为切入点，引导学生的文化自信和自身品牌形象管理等课程思政路径设计，引得与会教师的共鸣。基础部教师薛中会以《数字矩阵与中国文化》为题进行课程思政教学展示。薛老师纵贯古今，横跨中西，旁征博引、跨界跨学科的头脑风暴给与会专家学者留下深刻印象。

此次广东代表团的来访交流既是对我校课程思政工作的肯定，也是全国高职院校思政课建设联盟跨区协作的先行案例，是我校落实"三进"工作的实效体现。研讨会后，广东代表团特向上海高职高专思政课建设联盟和我校赠送感谢牌匾。

图 29　广东省高职高专思政课建设联盟来我校参加课程思政研讨会

和职业规范等思政要素以润物细无声的方式嵌入专业实训课程的教授中，注重德技并修、育训结合，达到人才培养的终极目标——学生全面发展。

四、课程思政教学实践情况

1. 完善教育教学课程内容及相关标准——将专业教学实践内容与思政课要点相结合，实现协同育人

上海出版印刷高等学校以培养服务上海和全国出版印刷传媒业的技术技能型人才为己任，秉承"立足上海、领先国内、依托行业、服务社会"的办学理念。因此，在《静电照相印刷》课程内容相关标准的制定上，对标上海行业中的龙头企业，完善课程教案设计和教学大纲设计；同时，教师将提炼出的理想信念、实事求是、遵纪守法、工匠精神、团队合作、环境意识等思政要点融入专业教学实践内容中，把

思政课的教学要点具体化为实训操作体验，从而把专业教学及实训教学与思政教育有机结合起来，将课程内容的简单讲述，转变为"课程内容"与"思政内容"相互呼应，有序顺承，达到协同育人的目的。

2. 改进课程思政教学方法——实行"三精"教学法，打造"快乐"课堂

除常规教学方法外，通过"精"心设计、"精"选案例、"精"彩分享形成"三精"教学法，使专业（实训）课与思政教育融合得更加紧密。经过大量的前期走访和调查，精心设计优化教学方法的同时，创新性地将课程知识点和技能点数据库的构建与手机 APP 相融合，采用"互联网＋校园"的方式，将课程中的重点、难点放入"云端"，使得学生可以便捷、实时、无地域限制地访问数据库，打破传统教学中知识点找寻费时费力的壁垒，提高了教学的时效性及趣味性，并将"快乐教学"融入课堂，实现学校办学特色中的"教学做互动"的目的。

3. 创新课程思政建设模式——实施"三段式"教学，构建双向督导评价机制，全方位融入德育元素

课程思政教学模式实施过程包括课前启发式教育、课中体验式教育、课后感悟式教育。专业（实训）课教师通过课程开始后的前 5 分钟，引出要融入实训课堂的思政微要点，引导学生特别注意实训中需要培养和体验的要点以及容易出现的问题。在课中的体验式教学中，专业（实训）课教师对学生在实训环节出现的粗心大意、畏难退缩等微行为，结合案例进行现场指导，培养学生遵守实训室规章、团队合作、敬业务实等职业微素养。课后的感悟式教学是课程结束之前 5 分钟同学们分享关于在职业规范、职业道德和操守方面的感悟。另外，构建双向督导评价机制，在学生群体中开展第三方评价，为优化课程思政建设提供经验参考。

4. 课程思政建设方法路径——实现"四维"建设，全方位提高课程思政建设维度

（1）加强经典教学案例与四史教育相结合，增强课程深度。在教学案例的编写上，要从站在培养德智体美劳全面发展的社会主义建设者和接班人的高度加强"四史"教育，全面提升青年人的爱国情怀和思政水平。

（2）加强课程建设与在线平台相结合，延伸课程广度。推进课程思政"云端"建设，将抗疫精神和鲜活案例融入专业教学，为课程思政建设的全面深入探索规律、拓展渠道。

（3）推动思政课程与课程思政相结合，提升课程温度。一方面提升思政课程显性教学的理论魅力；另一方面发挥隐性教育润物无声的潜移默化作用，共同推动立德树人大思政育人格局的形成，提升课程温度。

（4）以德立身与以赛促教相结合，增加课程高度。加强师德素质的提升，以德施教，实行"世赛引领、赛教结合、双证融通"的人才培养模式改革，在与学生的交流碰撞中实现教学相长，引导学生依靠学习走向国际，走向未来。

五、课程评价与成效

1. 课程考核评价的方法机制建设情况

为推进高校课程思政的发展，要建立科学评价指标，促进课程思政改革进一步走向规范化和科学化。学校和系部先后成立"课程思政"改革领导小组，形成课程思政建设的构建能力与知识考核并重的"五化"考核评价体系：考核过程全程化、考核内容综合化、考核形式多样化、评价主体多元化、评分标准导向化。从"终结性评价为主"向"过程性评价为主"转变；从"考核知识为主"向"价值、知识和能力一体并重"转变；从"单一闭卷考试为主"向"多样化考核为主"转变；从"单一主体评价"向"多元主体评价"转变；从"评分标准单一功能"向"评分标准引导独立思考和创新"转变。

2. 校内外同行评价及学生评价

团队定期开展课程思政建设进展交流会，碰撞课程建设中的创意与火花，使得课程不断完善。在此基础上，多次应邀在校不同职能部门进行课程思政建设报告，得到了同行的一致好评，如图30所示。学生教学评价见附件三。

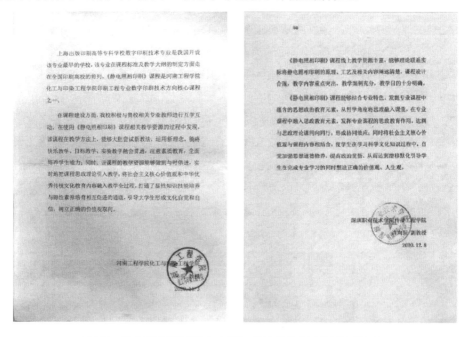

图30　河南工程学院教授、深圳职业技术学院副教授课程评价

3. 课程思政建设改革成效

通过课程思政改革，课堂低头族少了，抬头率上升了，不及格率大幅度下降，在提高学生职业素养的同时，切实提高了学生的文化素养。在此基础上，我系学生在各类国际及国家专业类竞赛中取得好成绩，也使专业认可度在同行业及企业间得到大幅提高。图 31、图 32 所示。

图 31　学生王东东摘得第 42 届世界技能　　图 32　学生张淑萍摘得第 43 届世界技能
　　　　大赛印刷媒体技术项目铜牌　　　　　　　　　大赛印刷媒体技术项目银牌

4. 在课程思政建设的示范辐射

经过几年的建设，《静电照相印刷》课程得到了校内外同行和学生的高度评价，该课程主讲人应邀在第一期、第二期赴上海职业院校现场观摩"课程思政"经验交流高级研讨班、上海高职高专院校思想政治理论课课程建设联盟第三届年会，又赴广西职业技术学院，贵州幼师职业学院等其他高等职业院校进行《静电照相印刷》课程思政教学经验交流，取得了不错的效果。如图 13、14、15、29 所示。

六、课程特色与创新

课程思政建设特色：一是以人为本，在教学过程中，坚持理论联系学生实际，坚持以人为本的教学理念，以提高学生的思想觉悟和解决实际问题的能力为宗旨；二是价值引领，秉承学校校训"崇德弘文、笃行致远"，实现知识传授、能力培养和价值引领的有机统一。三是人才培养，在实训教学案例的设计过程中，结合"工匠精神、职业精神、时代精神"为主线的"课程思政"教学案例设置，实现学生综合素养的全面提高。

亮点："思政兴、特色立、人才强"，夯实"三位一体"教学成果。

创新点：一是将"课谱"理论引入教学，将整个课程视为"课谱"，各个"知识点、技能点、思政元素"作为"块谱"，再将"块谱"分解为"点谱"，整个课程知识点技能点体系的构建是由"点谱"构"块谱"，由"块谱"构"课谱"。二是构建以专业知识为主体、"显性思政"与"隐性思政"元素为两翼的"课程思政"结构体系。通过"专业知识模块化"和"思政内容故事化"的课程设计，将蕴含于课程中的"显性思政元素和隐性思政元素"寓于课程各个教学活动和环节中，激活课程德育元素，释放课程育人功能，实现专业知识传授、能力培养和价值引领的同频共振。

教学案例：知行合一，止于至善——个性化名片的制作

当名片排版印刷完成以后，在后道加工过程中，由于裁切误差出现白边的问题，涉及印刷中的"出血"知识点，通过技能点教授，使得学生在制作名片的过程中，在原始尺寸的基础上，略微放大名片尺寸，可有效避免上述现象的产生。通过明朝思想家王阳明的故事，告知学生运用"知行合一"的理念来考虑问题。在本次教学内容中，通过"行（技能点）"发现问题，然后利用"知（知识点）"去推理问题，找出问题之所在，最终解决问题，达到精益求精的"至善（思政元素）"境界，工匠精神可见一斑。

七、课程建设计划

1. 持续建设计划

以学生的全面发展为培养目标，以产出为导向，完善"静电照相印刷"课程思政教学指南、教学标准、教学大纲等的建设；编著包含课程思政内容"静电照相印刷实务"在内的相关教材；完善及推广课程思政研究成果和育人理念。

2. 需要进一步解决的问题

推进及完善课程思政体系建设，完善课程中每一章节思政内容建设，完善课程思政考核评价机制。

3. 主要改进措施

结合专业特色，将理论知识和思政元素有效地融合在一起，强化隐性德育功能。创新教学方法，实现寓道于教、寓德于教、寓教于乐，形成贴切的课程思政融入路径。

4. 支持保障措施

团队具有较强的专业及课程思政理论水平；同时学校及系部给予相应的制度及资金支持，能够保证项目顺利开展及建设。

四、党史教育融入课程思政教学体系优秀案例

1. 学史力行、实事求是，知行合一、止于至善
——静电照相印刷名片设计

（学校优秀案例一等奖）

印刷包装工程系　方恩印

一、教学背景

习近平总书记指出："学习党史、国史，是坚持和发展中国特色社会主义、把党和国家各项事业继续推向前进的必修课。这门课不仅必修，而且必须修好。"加强高校党史学习教育是高校落实立德树人根本任务、筑牢意识形态阵地、传承红色基因、推动改革发展的必然选择。要深入学习贯彻习近平总书记关于党史学习教育及教育工作的重要论述，把党史学习教育融入课程思政建设中，用好红色资源，丰富课程内容，不断深化课程思政教学改革，擦亮中国特色社会主义大学的鲜亮底色。

上海出版印刷高等专科学校校训"崇德弘文、笃行致远"，以"工文艺融汇、编印发贯通、教学做互动"为办学特色，办学的定位与校训紧密结合，"崇德"在于育人，以"德"教人。因此，《静电照相印刷》课程案例思政建设过程中的方向与重点，首先就是不忘初心，以"德"育人。在课程案例方案设计和建设中，因地制宜、有选择地结合课程思政要求，把党史学习教育融入课程思政建设，进行课程思政的方案设计，将专业知识与思政要素与有机地融合在一起，达到"育人"的效果。

二、案例设计

1. 教学案例中的思政元素

2021年2月20日，习近平总书记在党史学习教育动员大会上强调，在一百年的非凡奋斗历程中，一代又一代中国共产党人顽强拼搏、不懈奋斗，涌现了一大批视

死如归的革命烈士、一大批顽强奋斗的英雄人物、一大批忘我奉献的先进模范，形成了一系列伟大精神，构筑起了中国共产党人的精神谱系，为我们立党兴党强党提供了丰厚滋养。经历无数苦难与辉煌的中国共产党人深知，在中华民族实现从站起来、富起来到强起来的迢迢征途中，没有哪一次进步不是靠伟大精神引领，百年党史，这些伟大精神，每个党员都该铭记！百年党史中伟大精神与对应的思政要素如表1所示。

表1　百年党史中的伟大精神

党史精神	思政要素1	思政要素2	思政要素3
红船精神	开天辟地、敢为人先	坚定理想、百折不挠	立党为公、忠诚为民
井冈山精神	执著追求	实事求是	艰苦奋斗
长征精神	不怕艰难、独立自主	实事求是、理论与实践相结合	顾全大局、紧密团结
遵义会议精神	勇于求索	独立自主	民主团结
延安精神	解放思想、实事求是	理论联系实际、提高辩证思维	自力更生、艰苦奋斗
西柏坡精神	敢于斗争、敢于胜利	依靠群众、团结统一	戒骄戒躁、艰苦奋斗
伟大的抗美援朝精神	爱国主义、革命英雄主义	乐观主义、革命忠诚	国际主义精神
抗疫精神	万众一心、同舟共济	闻令而动、雷厉风行	顾全大局、舍生忘死

2. 教学策略与融入方式

在"静电照相印刷"教学案例的设计过程中，需将党史对应的思政元素有机地融合在一起，达到润物无声的效果。在案例教授过程中，因地制宜、有选择地结合课程思政"三寓三式"（寓道于教、寓德于教、寓教于乐；画龙点睛式、专题嵌入式、元素化合式）和快乐教学"五化五式"（情景化、形象化、故事化、游戏化、幽默化；启发式、互动式、讨论式、探究式、案例式）的要求，进行教学案例设计，案例方案设计中的"三寓"如图1所示。图2为思政元素与知识点、技能点在构建过程中的融合与联系。

图1　教学案例设计中的"三寓"

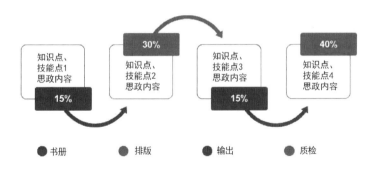

图 2　思政元素与知识点技能点之间融合与联系

3. 教学过程

（1）问题的提出

在此，我们以制作一张名片为教学案例，结合表 1 百年党史中的伟大精神之"长征精神""延安精神"中的思政要素介绍其制作过程。

小小一张名片，看似简单，制作起来却是相当的麻烦，它要经过八道工序才能到你手中（当然其内容大多都是由客户来决定的），其间你还得参与名片制作的前期工作，你要对名片印刷方式、印刷难易程度、印刷用纸来进行选择；同时还得提供名片的具体内容与大致设计思路；大多数时间还得要校稿，尤其是要求较高的复杂的名片，通常商家都有如此请求。图 3 为正常名片最终印刷效果。

图 3　正常名片最终印刷效果

另外，在名片制作的过程中，如何合理地运用颜色，使得最终的名片美观、大方；特别是在名片成品制作的最后一道工序"裁切"上，如何避免由于裁切误差引起的白边（也称"露白"），达到精益求精的目的，都是名片制作过程中尤其值得考虑的问题。图 4 为裁切误差造成"露白"的名片次品。

图 4　名片制作过程中的"露白"现象

（2）问题的思辨

辩证思维之一就是正确处理好全局与局部，也就是整体与部分的关系，对于科学地认识世界和改造世界具有重要意义。

整体是指事物的各内在要素相互联系构成有机统一体及其发展的全过程。部分是指组成有机统一体的各个方面、要素及发展全过程的某一阶段。全局是由局部构成的，但是，全局并不是局部的简单相加和组合，它统率局部，高于局部。

懂得了全局和局部的关系之后，就要求我们要树立全局观念，想问题、办事情要从全局着眼，要立足整体，统筹全局。

名片的制作，需要从印前设计开始进行通盘考虑，在制作的过程中首先要考虑如何从"整体"出发，基于公司企业文化选择名片背景颜色，然后考虑"局部"字体、字号等相关问题。在本次教学内容中，通过"整体"设计与规划，兼顾"局部"细节与内容，最终设计出质量合格的名片；图 5 为案例教授过程中，知识点、技能点与整体、局部的关系示意图。

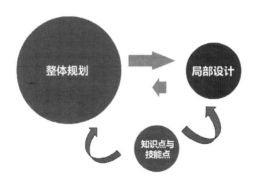

图 5　知识点、技能点与整体、局部关系示意图

（3）问题的明晰

"解放思想、实事求是、理论与实践相结合"概况起来就是"笃行求实，知行合一"。"笃行求实、知行合一"，是指客体顺应主体，知是指良知，行是指人的实践，知与行的合一，既不是以知来吞并行，认为知便是行，也不是以行来吞并知，认为行便是知。这是由明朝思想家王守仁提出来的。即谓认识事物的道理与在现实中运用此道理，是密不可分的一回事。"止于至善"，是一种以卓越为核心要义的至高境界的追求，上升到人性的层面来说就是大真、大爱、大诚、大智的体现，是自我到无我境界的一种升华。

大学教人的道理，在于彰显人人本有，自身所具的光明德性（明明德），再推己及人，使人人都能去除污染而自新（亲民，新民也），而且精益求精，做到最完善的地步并且保持不变。

名片的制作尤为如此，其整个流程如图 6 所示。当学生将名片打印完成以后，名片的后道裁切尤为重要，裁好了是"精品"，反之，则成为"废品"，且前期所有的工作都会功亏一篑。因此，当遇到裁切出现白边的问题后，老师会启发学生运用"笃行求实、知行合一"来考虑问题。在本次教学内容中，通过"行"发现问题，然后利用"知"去推理问题，找出问题之所在，最终解决问题，达到"至善"的目的。

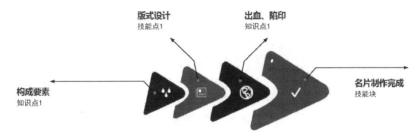

图 6　名片制作整体流程

（4）问题的解决

根据印前的知识可知，"出血"，是为了避免生产过程中因各工序的误差而产生废品，保持图形图案的视觉完整性和逻辑性，而在稿件成品范围外延续成品稿件内容，延伸出来的稿件范围，以 mm 来表示。一般印刷品的"出血"是 3mm。在版面设计过程中，建议将出血考虑在设计范围之内，避免在印制的时候再做出血，造成不必要的麻烦。如果接到的稿件没有做出血，那么就需要我们在拼版之前，把稿件出血做出来。

在上述例子中，我们通过"知"了解到，在印前制作的文件中可以将名片的尺寸适当放大，做出"出血"尺寸，那么在"行"的阶段，也就是印后裁切时，就可以有效避免因裁切误差引起的白边，达到"至善"的效果。通过"知行合一，止于至善"的道理，将理论与实践结合起来，上述的问题便可迎刃而解。

三、教学成效

1. 举一反三，把"整体与局部"的思维灵活运用

经过启发学生运用"整体和局部"思维思考问题，学生的学习热情被激发出来，原来认为比较难以实现的效果，换种思路，很多难点轻松突破。学生在掌握了这种分析问题的方法后，不但能够更好地掌握、理解相关知识原理和特点，完成老师布置的学习任务，而且在此基础之上进行了一定的创新，使得教学效果超出老师的预期。

抽奖券，也称奖券、刮奖券、彩券，名义券、利是券等，可用于各种活动中，使用权限没有特定限制，个人、组织、企业、商家等都可。抽奖券是举办某个活动时为做相关推广赠送给用户的一种卡片或纸张。卡片的材质一般为纸质，卡片上有标明奖项的文字数码或图形。抽奖券常常分为正联和副联，当奖券中奖后，正联由顾客保留，副联由商家保留。

由此及彼，扩展思维，在公司抽奖券的制作过程中使用"整体与局部"理论，可以从整体上对抽奖券制作的要素、颜色、布局进行"整体"设计，同时兼顾"局部"可变数据的编辑与处理（抽奖券主副联上的数字，如图 7 中"0001"），只有这样，才能高质量地完成最终作品且获得较好的效果。图 7 为学生设计的抽奖券作品。

图7　公司抽奖券

2. 触类旁通，把"知行合一，止于至善"的思维运用到印前排版

通过启发学生运用"知行合一，止于至善"思维思考问题，学生的学习热情被激发出来，原来认为比较难以实现的效果，换种思路，很多难点轻松突破。学生在掌握了这种分析问题的方法后，不但能够更好地掌握、理解印前"出血"原理和特点，完成老师布置的学习任务，而且在此基础之上进行了一定的创新，使得教学效果超出老师的预期。

由此及彼，扩展思维，在骑马钉书册排版中使用"出血"理论，可以有效地避免书籍在装订、裁切的过程出现"露白"现象。骑马钉又称"铁丝平钉"，一般采用联机的方式从成卷的金属线上切下一段钉入纸张中，然后在纸张的书籍内侧将铁丝弯曲固定。

骑马钉装的成本较低、装订周期短。但是相较于其他装订方式牢固度较差，而且难以穿透纸张层数较多且较厚的内页。所以，书页超过 32 页（64 面）的书刊，不适宜采用骑马钉装。在骑马钉书册的制作过程中，彩色页面不仅需要设置"出血"，便于印后对整个书本进行"三边"裁切，形成标准书籍，在排版过程中还需要利用印前设置"出血"尺寸。图 8 为骑马钉装书籍。

图 8　骑马钉装书籍

四、案例总结与反思

本次教学案例内容是通过个性化名片的设计制作，让学生了解名片设计与制作的过程、静电照相技术的特点；基本掌握静电照相的操作、个性化工艺品设计制作的思路，达到"导、教、学、做、思"的教学目标，同时引导学生将"知行合一，止于至善"、整体与局部的关系等相关思政要素融入教学内容的知识点与技能点中，提升认识问题、分析问题、解决问题的能力。表 2 为教学案例设计样例中的知识点、技能点及所对应的思政要素、融入方式。

表 2　教学案例设计知识点、技能点、思政要素、融入方式

序号	项目	内容及方法
1	知识点	印刷品"出血"的概念特点
2	技能点	拼版软件的基本操作、产品设计
3	思政要素	整体与局部、实事求是、知行合一、精益求精、止于至善
4	融入方式	画龙点睛式

　　"度之往事，验之来事，参之平素，可则决之"。学习历史，要用党的实践创造和历史经验启迪智慧、砥砺品格，让我们在复杂形势面前不迷航，在艰巨斗争面前不退缩。一百年来，中国共产党始终坚持马克思主义政党的政治本色，坚持党对一切工作的领导，加强党的自身建设，以伟大自我革命推动伟大社会革命，始终坚守革命理想，坚持人民至上、一切为了人民、一切依靠人民，坚持实事求是、与时俱进、改革创新，加强党对人民军队的绝对领导，团结一切可以团结的力量，战胜各种风险挑战，不断从胜利走向胜利，积累了弥足珍贵的历史经验。通过党史进课堂活动，可以充分提炼专业课程中蕴含的文化基因和价值引领，并将其渗透于教学目标、教学内容、教学方法、教学资源之中，从而转化为社会主义核心价值观具体化、生动化的有效教学载体，内化于心、外化于行，提升了专业课教师的德育意识和德育能力；在培养学生方面，立足职业教育的人才培养目标，以提高学生的理论知识和职业技能为支撑点，更加注重培养学生的社会主义核心价值观和职业素养，使学生在专业的操作能力上独当一面、职业素养显著提升，在行业中更受欢迎，对职业生涯发展更有信心，在"润物细无声"的知识传授中实现对学生理想信念层面的精神指引。

2. 红色基因进课程，艺术表达融入党史教育
——文字的设计与表现手法

（学校优秀案例一等奖）

印刷包装工程系 秦晓楠

一、教学背景

2021 年 2 月 20 日，习近平总书记在党史学习教育动员大会上指出，在全党开展党史学习教育，是党政治生活中的一件大事。深入学习、研究和运用党史，充分发挥党史以史鉴今、资政育人的作用，是高校的崇高使命和重大责任。做好高校党史学习教育工作，必须提高政治站位，立足高校实际，守正创新，不断提高党史学习教育的"高度""深度""广度""效度"，激励广大师生知史爱党、知史爱国，在奋力开拓新征程中实现新作为。

红色文化是一种特殊的文化，它充分兼容了政治性、经济性以及文化性，用好红色资源、传承红色文化对我们继承过去的革命传统，以及传播优秀的文化有着非常重要的意义和作用。在《字体与标志设计》课程中，把红色基因引进课堂，引导当代青年学生认识党史、国史，将价值塑造、知识传授和能力培养三者融为一体，是教学设计的关键。因而在本课程的课程案例选取与设计上，通过挖掘红色资源，把党史学习教育融入课程思政建设；通过点滴浇灌，增强学生的政治认同、思想认同以及情感认同。

二、教学内容与目标

1. 所涉章节内容
第二章：中文字体的设计原则与方法 第三节：文字的设计与表现手法

2. 教学目标
知识目标：使学生掌握中文字体的设计原则与方法，从而有效运用于设计实践的表达。

能力目标：使学生掌握中文字体设计的表现形式与设计手法，能够结合具体的任务内容展开设计创作。

素养目标：使学生大力发扬红色文化、传承红色基因，为坚守理想信念找到根基，补足精神之钙，做到知史爱党、知史爱国。

三、教学过程

本课程第二章第三节，在理论部分，主要讲授文字的设计原则与表现方法，同时结合 AI 软件的操作讲解，辅助完成所选内容的设计表达。

在实际教学环节，先通过 AI 中三个常用的字体设计工具展开实操演示，使学生掌握基本的设计工具与绘制技巧（如图 1）。尔后，通过规定的命题内容，让学生完成设计实践，以此检验学生对于软件基本技能的掌握情况。在内容的命题上，选择"不忘初心"四个字，让学生对李阳冰篆书《千字文》中这四字的字形结构进行复刻，再用艺术画笔工具进行笔画的装饰（如图 2）。

认识AI软件中字体设计的常用工具

锚点工具 尖角/平滑/转换 shift+c , alt
宽度工具 shift+w
画笔工具

图 1　AI 软件中常用的中文字体设计工具

随堂练习：

从(唐)李阳冰篆书《千字文》中，找到"不忘初心"，利用AI软件，在所给模板中完成这四个字字形结构的复刻（此为图层1），再利用艺术画笔对其进行笔画的装饰(此为图层2)。

图 2　规定内容的随堂练习

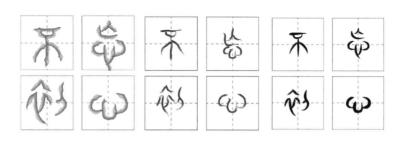

图 3　部分学生随堂练习成果截取

精心设计的命题内容基于 2021 年是中国共产党成立 100 周年，百年诞辰，风华正茂；百年风雨，初心如磐。我们要始终牢记中国共产党人的初心和使命，就是为中国人民谋幸福，为中华民族谋复兴。汉字是世界上最古老的文字之一，有四千多年的历史，在它的发展历程中，逐渐由图形变为笔画，象形变为象征，复杂变为简单；在造字原则上从表形、表意到形声。从汉字的文化积淀中溯源"不忘初心"的文字演变，亦如回望党百年征程的波澜壮阔、奠基立业的艰辛。党的初心使命是所有共产党人的精神根基。通过在内容设计上融入党史教育，使学生认识到，要大力发扬红色文化、传承红色基因，为坚守理想信念找到根基，补足精神之钙，做到知史爱党、知史爱国。

在设计中文字体时，有一种特殊而有效的设计手法，那便是西文中用。在课堂上，通过案例讲解分析该方法的实用性，并强调使用过程中需注意所选西文的风格必须与中文内容的内涵或情绪相契合。在此前提下，使用西文字体风格能创作出无版权问题且调性对位的中文字体。在之后的上机练习中，继续以"不忘初心"作为命题内容（如图4），让学生在理解该四字的基础上自选合适的西文风格进行重新创作。从学生随堂练习的成果中发现，他们对"不忘初心"的使命有着各自的理解与表达形式（如图5）。

图4 西文中用字体设计方法的随堂练习

图5 部分学生随堂练习成果截取

中文字体在设计过程中有一些惯用的笔画处理技巧，这些常用的处理方法会帮助我们在设计实践中快速地对文字的笔画结构进行变形与改造，从而让文字的气质贴合设计目标。例如，将笔画交叉处做圆弧倒角，把草字头转换成两个加号，把四点水中的后三点连起来，等等。

通过案例分析讲解完这些具体的笔画处理技巧，选取了一些经典的红色诗句作为命题内容，如"红军不怕远征难""南湖集会党旗扬""红船骇浪扬启帆""三山推倒开新篇"等，以课后作业的形式，首先让学生去了解诗句中描述的这段历史，即先知史，再通过实战检验自己对于笔画处理技巧的掌握情况（如图6）。

自选以下诗句中的任意一句，利用所学字体设计方法与笔画处理技巧，完成该内容的字体设计手绘稿。

红军不怕远征难
南湖集会党旗扬
红船骇浪扬启帆
三山推倒开新篇

图6　经典红色诗句的设计练习　　　图／　部分学生随堂练习成果截取

1934年10月间，中央红军主力从中央革命根据地出发作战略大转移，经过江西、福建、广东、湖南、广西、贵州、云南、四川、青海、河南、湖北、甘肃、陕西等14省，击溃了敌人多次的围追和堵截，战胜了军事上、政治上和自然界的无数艰险，行军二万五千里，终于在1935年10月到达陕北革命根据地。这万里长征路上的一切艰难险阻，红军都挺过来了。

1921年7月23日，中国共产党第一次全国代表大会在上海秘密召开。参加会议的代表一共13人，分别代表全国7个共产主义小组，50多名党员。但是，会议临近结束时，被一个法国巡捕房密探察觉，代表们立即撤离现场，根据上海代表李达的夫人王会悟的建议，8月1日会议转移到嘉兴南湖一艘画舫上继续举行。钻进窄窄的船舱，映入眼帘的是一张八仙桌、几只白色瓷杯、十余把木椅，这一切构成了中共一次党代会的会场。在这条游船上，一大闭幕，宣告中国共产党成立。就是这条南湖的船，见证了中国共产党的诞生！

四、教学成效

通过专题嵌入式的教学方法，将中文字体设计的表现形式与设计方法，通过红色文化的命题内容进行有效呈现。课前，让学生查阅史料；课堂上与课后，带领学生围绕红色文化的相关主题进行字体设计创作。在创作过程中，学生通过收集检索的史料，感知百年党史背后那些伟大而不易的故事。在这个过程中，学生既增加了对党史的了解，又锻炼了设计实践能力，很多学生直言这样的课程富有教育意义。

五、教学反思

本次教学案例内容通过专题嵌入的方式，结合本章节的知识与技能点，通过挖掘党史中的红色资源，即经典红色诗句以及党"不忘初心"的历史使命，让学生发挥自己的专业力量。通过多姿多彩的视觉表达来激发同学们的学习热情，厚植爱党、爱国、爱社会主义的情感，将红色基因传承好、发扬好，从而将党史学习真正融入专业课程中。既有简单朴素的宣导作用，亦有知识普及作用，让党史学习教育以最直观的方式抵达人心。

表1 教学案例设计知识点、技能点、思政要素、融入方式

序号	项目	内容及方法
1	知识点	中文字体的设计原则与方法论
2	技能点	中文字体设计的表现形式与设计手法
3	思政要素	大力发扬红色文化、传承红色基因，为坚守理想信念找到根基，补足精神之钙，做到知史爱党、知史爱国
4	融入方式	专题嵌入式

3. 马背上的印刷机，抗日中的助推器
——印刷的作用及应用

（学校优秀案例一等奖、市教委优秀案例）

印刷包装工程系　顾萍　麻祥才

一、教学背景

为深入学习贯彻习近平总书记在党史学习教育动员大会上的重要讲话精神，积极把党史教育融入育人实践，持续深化思想政治理论课和课程思政教育教学改革，深入推进党史教育进教材、进课堂、进头脑，因此在《印刷概论》课程案例思政建设的过程中，充分挖掘和利用红色育人资源，把党史学习教育融入课程思政建设，因地制宜、有选择地结合课程思政要求，进行课程思政的方案设计，引导学生学习党史，学懂党史，学思践悟，充分激发学生的价值认同、情感共鸣和内在力量，筑牢学生成长成才的根基，培养学生成为知使命、有担当、爱国爱党爱校的高技能青年，让红色基因、革命薪火代代传承。

在前面已经对印刷定义进行介绍，印刷就是以直接或者间接方式，将图像或者文字制成印版，经施墨加压将油墨转移至纸张或其他承印物上，是一种大量复制的工业工程。众所周知，印刷属于四大发明之一，对人类文化传播影响最深最广，是我们衣食住行不可缺少的一部分。同时，让学生明白随着新媒体的兴起，虽然给人们提供了阅读上的方便，但是新媒体不能代替印刷这种旧媒体，印刷正在维度上不断突破，应用领域方面也在不断拓展。

二、教学目标

1. 专业教学目标
本节主要介绍印刷的作用及应用。

2. 思政教学目标
弘扬艰苦卓绝的革命斗争精神和具有崇高理想信念的道德品质。

三、案例设计

1. 思政元素
艰苦卓绝的革命斗争精神和具有崇高理想信念的道德品质。

艰苦卓绝的革命斗争精神形容在十分艰苦的环境条件下，不怕艰难，英勇顽强地去斗争、去战胜困难的革命精神。

理想信念是人们对未来的向往和追求，是人们的政治立场和世界观在奋斗目标上的集中体现。崇高的理想信念是一种强大的精神力量，它能够在激发人们的主动性和创造性、鼓舞斗志、振奋精神等方面产生巨大的能动性。

2. 教学策略与融入方式

（1）根据顶层设计制定本课程思政的维度体系

在印刷包装工程系"领航学院"课程思政的维度体系下，根据顶层设计，对课本知识体系重新梳理并编制相对应的本课程思政维度及思政元素，避免同一思政元素在不同课程中多次讲解。图1为思政元素与知识点之间的融合与联系，本次授课内容所涉及的思政元素为艰苦卓绝的革命斗争精神和具有崇高理想信念的道德品质。

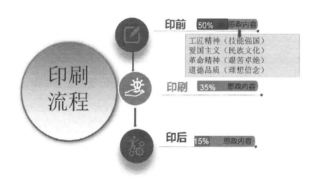

图1　思政元素与知识点之间的融合与联系

（2）采用故事化＋专题嵌入式＋启发式的教学策略

通过图示、多媒体课件、视频等教学手段向学生介绍党史故事和课程内容，有选择地结合课程思政"三寓三式"中专题嵌入式和快乐教学"五化五式"中故事化、启发式等方法将党史故事引到专业知识层面，让课堂真正"活"起来，将价值观教育潜移默化于专业知识的传授过程中。此外，还要促进课堂内外联动，通过作业形式，实现课上课下无缝衔接，实现全方位育人的目标。

3. 教学过程

（1）讲述八匹骡子办报的党史故事

抗日战争期间，陕甘宁边区和抗日根据地的印刷厂除了印制货币及各种有价证券以外，主要承印大量的书报刊。恶劣的战争环境要求印刷厂军事化、轻装化。印刷工作经常受到环境影响并频繁改变印刷地点。为此，陕甘宁边区和一些抗日根据地研制出轻便的印刷机——"马背上的印刷机"，如图2所示。《晋察冀日报》工作

人员用八匹骡子驮着印刷器材，冲破了
日寇一次次的扫荡坚持出报。他们将原
始的油印机改进为木质轻便的铅印机，
用枣木做机身减轻重量，使一匹骡子就
能驮一台轻便印刷机，这样，加上其他
出版铅印日报的全部物资，靠八匹骡子
就能驮着走了。

图2　马背上的印刷机

　　在抗战时期，宣传抗日军民的事
迹，鼓舞抗日军民的斗志，是该报的主要任务。1940年，八路军与日军进行了震惊
中外的"百团大战"，田间、沈重等多名记者奔赴前线。田间深入正太铁路沿线，连
续写了《十六团》等7篇通讯，还有孙犁和曼晴合写的《冬天战斗的外围》等，充分
反映了八路军歼灭日寇的胜利成果和英雄气概。其后，仓夷等还报道了地雷战、地
道战、麻雀战、雁翎队，特别引人注目的是一系列抗日英雄的报道，代表作有沈重
的《狼牙山五壮士》、仓夷的《爆炸英雄李勇》等。

　　（2）通过党史故事，启发式引入专业知识

　　《晋察冀日报》最初常用的8页印刷机重约1吨，很不方便。1941年11月，晋
察冀日报社印刷厂的牛步峰等在社长邓拓的领导下，将石印机改造成了轻便的铅印
机，重约500斤。由于过于笨重、转移不便和目标过大等原因，为了适应新的战争
环境，后来又创造出用木头部件代替并使机器更加轻便的办法，用枣木制成了木质
轻便机。面对敌人的扫荡、物资的短缺，共产党人用马背运送印刷机，这说明了印
刷的重要性：正是借助印刷的方式，来宣传抗日期间的英雄事迹，鼓励人民勇往直
前。可见印刷是一种传播视觉信息，促进社会文明发展的重要手段，是人类文化、
信息交流的有力工具，对人类精神文明的进步具有关键性的作用。

　　（3）润物无声立德树人，思政元素进课堂

　　在抗日战争期间，印刷厂不仅要面对敌人的扫荡，还面临物资短缺等问题。共
产党通过将石印机改为铅印机再到木头零件，展现了共产党艰苦卓绝的革命斗争精
神。改制的轻便铅印机，大大地方便了印刷厂的迁移，为宣传抗日战争做出了杰出
的贡献。借助马背上的印刷机印制的《晋察冀日报》，在艰苦卓绝的战争中以笔代
戈，记录下全国军民浴血奋战的英勇战绩，如号角般唤起民众的斗志，凝聚起中华
民族的爱国精神，最大限度地争取了世界对中国抗战的理解和支持，印刷机也如同
助推器一般，为赢得最后的胜利发挥了枪炮武器无法替代的特殊作用。

　　如果没有这么一批勇往直前、舍生忘死的红军将士，红军怎么可能冲破敌人的
封锁线，在付出那么大牺牲的情况下还没有溃散？靠的正是理想信念的力量！正是

理想信念指引着人生前进的方向，支撑着共产党赢得抗日最后的胜利！

四、教学成效

八匹骡子办报的党史故事，让学生掌握印刷在人类精神文明中的作用，让学生感受党和人民在苦难中艰苦卓绝的革命斗争精神和具有崇高理想信念的道德品质。通过本次党史进课堂的讲解，学生的学习热情被激发出来，积极完成老师布置的相关学习任务，而且在此基础之上进行了一定的创新，使得教学效果超出老师的预期。

1. 党的优良传统入脑更入心

本课程主要以理论讲述为主，同学们对复杂的理论知识接受能力较差，久而久之失去学习兴趣，但是在课堂讲述党史故事的时候（如图3所示），学生的抬头率明显提高。通过案例的形式，让同学感觉"飘"在空中的理论知识变得"落"地，在听完有关共产党艰苦卓绝的革命斗争精神的讲述后，同学们对三校区上课也变得理解，说明课程思政深入人心。

图3　授课课堂

2. 学生不断创新，探索新应用

随着课堂的不断学习，同学们发现印刷这种媒介不光对人类精神文明的进步具有关键性作用，也涉及日常的衣食住行等方方面面。当今科技日新月异，印刷更以主动的姿态和积极的行动搭上了数字化时代的快车，印刷在维度上也不断突破。在团队老师的带领下，学生打印完成手机壳上的 2.5D 风景，如图 4（a）所示；并参与完成学校毕昇雕像和手机支架的 3D 打印，如图 4（b）所示；又组成印刷电子团队，将印刷电子技术和智能包装、艺术设计等巧妙结合，印刷出创意发光标签，如图 5 所示。

4(a) 2.5D 打印

4(b) 3D 打印

图4　不同维度的印刷打印实例

图 5　创意发光标签

五、教学反思

本案例通过讲述八匹骡子办报的党史故事，引出印刷这种媒介在抗日战争中的重要性，进而介绍本节即印刷在人类精神文明进步过程中所起的作用。

优势之处：通过讲述党史故事的形式，使思政元素与专业知识形成紧密关联，将"抽象"理论知识"具象"化、"实例"化。通过阐述党史背后所涉及的革命精神和道德品质，将思政元素融入课堂，不仅能提高学生的学习兴趣，也能在潜移默化中影响学生，最终水到渠成。

改进之处：艰苦卓绝的革命斗争精神和具有崇高理想信念的道德品质很容易在其他课上讲述，因此，需要根据课程内容充分挖掘有特色而又有别于其他课程的思政元素。

五、课程思政建设校企合作协议书（样稿）

滕跃民

甲方：上海出版印刷高等专科学校
乙方：某公司

"课程思政"是在专业课中恰当地融入和激活思政要点的方法，是高校落实立德树人根本任务和三圈三全十育人的关键举措，是推进知识传授、能力培养与价值引领相结合的现实路径。深入推进课程思政建设，事关高校坚持社会主义办学方向，事关意识形态工作大局，事关中国特色社会主义事业后继有人，与校企共同培养人才密切相关，也是新时代产教融合、校企合作的新特征。为了落实党中央的有关指示精神，适应社会主义经济建设的需要，加强校企"课程思政"建设的合作工作，强化学生的社会主义核心价值观教育，不断提高教学质量，为企业提供具有社会主义核心价值观的优秀学生，双方本着优势互补、共同发展的原则，就合作开展"课程思政"建设的事宜达成如下协议：

一、乙方同意将本单位作为甲方的"课程思政"教育与研究基地。乙方可承担安排甲方……专业师生的教学、实习和科研任务，可为甲方人员的交通、食宿等提供方便。所需经费按国家有关规定或双方协商解决。

二、理论教学或实践实习期间，甲方聘请乙方各级各类劳模、优秀员工、工程技术人员对学生进行授课、实习教育与管理，促进学生的知识传授、能力培养与价值引领的提高和完善。

三、甲、乙双方根据生产、教学、科研的实际需要，优先聘请对方专业人员为己方的兼职工作人员，参与己方的生产、教学与科研，不断深化对以立德树人为前提的德智体美劳体系教育的全方位探索与研究。

四、甲方优先安排乙方人员的进修、培训或咨询；对乙方所需要的信息和图书资料查询等，甲方提供便利条件。甲、乙双方优先为对方提供有关实验、科研所需的设施，积极开展双方的相关合作。

五、甲方向乙方优先推荐优秀毕业生；乙方可在有关政策范围内优先满足甲方毕业生的就业需求。

六、本协议未尽事宜，通过双方友好协商解决。

七、本协议一式二份，甲乙双方各执一份。

八、本协议自双方签字盖章之日起生效。（有效期三年，期满后，若双方没有提出异议，则协议自动延长二年。）

甲方（章）   乙方（章）

甲方委托代表   乙方委托代表

年　月　日   年　月　日

FOURTH

LIDE ZHI FENGFAN

§

立德之风帆

【线上教学典型】不一样的课堂，一样的精彩

2022-04-12

"停课不停学，离校不离教"。自 3 月 14 日以来，印刷包装工程系线上教学有序展开，总体教学秩序平稳。系领导和各教研室主任积极组织召开教学工作会议，明确各科目的线上教学课程管理平台和直播互动平台，并进行线上听课和督查，力保每门课程的教学质量。疫情的反复，增加了教学的难度，却涌现出了各式各样互联网＋教学的创新教学探索。来看看印刷包装工程系图文信息处理教研室的《网页设计与制作》课程在线教学的经验和技巧吧。该课程由陈小红老师主讲，课程采用的是超星学习通课程平台和腾讯会议在线直播的组合。陈小红老师自上学期就开始搭建《网页设计与制作》课程平台，线上线下融合的教学模式已经成为了教学常态，所以对于学习本课程的同学来说，可以零障碍转线上网课学习。

教师良好的信息素养可以让线上教学游刃有余。这也是陈老师一直践行的准则。信息化社会，老师和学生是共同的学习者，做一名终身学习的技术派老师，有必要熟练掌握在线教学平台的使用技术以及一些教学媒体资源处理技术，这样才能充分挖掘平台的功能为教学所用，也能充分挖掘开放的教育资源为自己所用。目前线上教学资源十分丰富，很多平台都提供了示范课程包。老师多关注一些行业的公众号，作为了解行业现状的窗口，也能及时在课堂中传递给学生。一些无法自制的视频可以在课件中放上视频平台的链接，尤其是课程思政的素材，在"学习强国"平台上几乎应有尽有。如在讲解 HTML 中表格和图片标签的使用时，针对上海居家抗疫期间的特殊状况，陈老师收集了学习强国的"上海学习平台"上发表的一位美术老师绘制的有趣又有益的《居家防疫小指南》系列漫画，要求学生利用课堂所学的知识完成一张表格布局图文并茂，主题为《居家防疫小指南》的单页，这样，既完成了本课程专业知识的传授，又完成了居家抗疫知识的科普宣传，轻松的画风也让学生在居家隔离期间身心愉悦。

积极充分的准备往往可以让工作事半功倍。每次课前陈老师都会把教学资料提前上传到课程管理平台，便于学生了解教学安排，也方便学生课前预习、自学和课后复习巩固。从课前导学预习、课中点名、投票调查、随堂测试、课后作业等活动的设计，她都会在教学平台中预先建设好，只需要在适当的时间开启和结束；或者

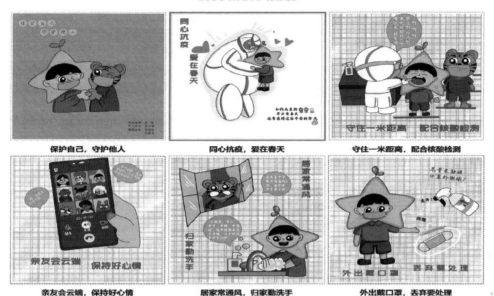

设定一个特定的时间自动开启，如每节课作业的布置；如果是点名等具有周期性的活动，可以设置周期性自动发起，这样可以减少老师的重复工作。

与学生共同制定在线教学规则有利于课堂管理。课堂需要规则，尤其是在线课程。在线教学缺乏在教室里的秩序感，也没有有力的监督，加之诸多的干扰因素，师生普遍没有课堂感，因此在线教学规则显得尤为重要。陈老师首先从自身做起，在一个安静有保障的环境里进行授课，直播过程中打开摄像头，让学生能看到老师，

有归属感。她也要求学生参加直播时全部实名制，提问发言要得到教师授权，发言的同学要打开摄像头，发言完毕及时关麦。对于恶意刷屏扰乱教学秩序的同学，陈老师会做到及时提醒并给予一定处罚。课后的作业要求按时提交，过期不候，在截止日前设置自动提醒学生。同时，让学生知晓本门课程的教学平台就是一个独立的学习共同体，关于本课程的所有问题都可以并需要在课程管理平台解决，而且必须同各种消息混杂的微信等通用平台区分开。事实证明这样的做法让师生都可以给本门课程的教与学一个单独的空间。

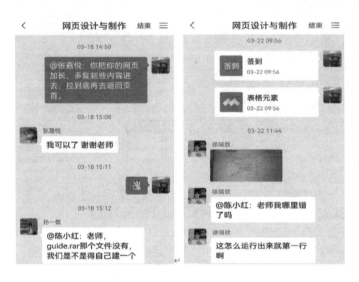

最重要的一点就是不遗余力地调动学生参与在线互动的积极性。 线上教学中，教师往往觉得无法掌控学生，这时可以尽量多地设计与学生互动的活动，随时掌握教学进展。针对授课中有争议性的知识点，可以课中发起事先设计好的"投票"活动，让学生看到投票的全过程，这样既能做到随时抽查，防止学生听课走神，也能在此基础上再开展"主题讨论"活动延续探讨，启发学生开展头脑风暴，锻炼学生的辩证思维；最后教师再根据讨论生成的"词云"进行该知识点的讲解，学生的印象会更深刻。教师也能运用"随机选人"的功能让学生发言或者演示某些操作，让学生在网络的另一端也心跳一下。"随堂测试"可以用来帮助老师随时了解学情，从而进行下一步的教学。测试题目的设计比起线下可以更丰富，如使用更多的图片，甚至将问题放在视频中（参考"学习强国"），还可以多多结合热点时事，挖掘课程思政素材，启发学生思考，比纯文字题更直观、更有创意。让学生在线上学习的所有活动都实行积分制，记录学生学习的轨迹，形成竞争机制，这样也便于老师查看学生的学习进度，督促其学习，以便提供翔实可靠的学习评价。

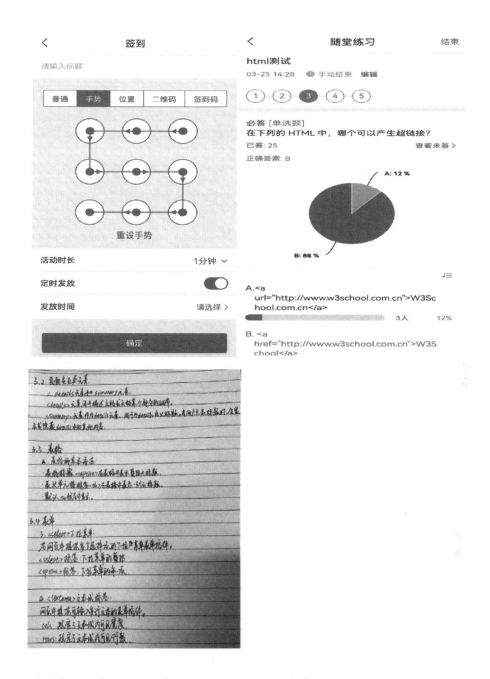

　　在疫情形势如此严峻的情况下，《网页设计与制作》课程的学生在辅导员、班主任和班委的监管下，都能做到按时上课、完成作业、积极反馈。陈老师在精心准备教学的同时，也关注着学生的心理状况和遇到的困难，给予学生足够的支持和理解。她利用课程平台发起以《疫情期间在网课学习中的困难和不便》为主题的讨论，学

生们都踊跃发言，有的同学觉得网课让自己有更多时间上机练习，也有同学反馈居家上课干扰因素太多，不能出去玩等，俨然成为大家交流的一个平台。有了诉说的窗口，也驱散了些许疫情封控带来的烦闷，也让老师对学生的近况有了更好的了解并进行针对性的关注。

印刷包装工程系　供稿

【线上教学典型】线下转线上，教学新兵谱新篇

2022-04-12

新学期伊始，为了阻断疫情蔓延，为了确保师生的健康安全，按照上级安排，印刷包装工程系及时启动在线教学，真正做到"线下转线上"的无缝对接。施卿海是印刷包装工程系印刷媒体技术专业的教师，他于2021年7月加入版专大家庭。作为线上教学的新兵，他对线上教学有自己的独到理解。

1. 施老师每次线上课堂都"露脸"

传统教学强调教学仪态的重要性，仪表需端庄大方，行为举止需得体。线上教学不同于面对面授课，老师与学生的物理距离可以很远，但是彼此的心必须贴得很近。施老师每次线上教学都打开摄像头，虽然隔着电子屏幕，但他坚信，只有自己与学生"脸对脸"，才能和学生心连心。他努力用自己的激情感染学生，极力去还原线下课堂。

图1 施老师的线上课堂

2. 施老师上网课喜欢"拖长音"

传统课堂要求教师语言清晰流畅，教学用语准确规范。线上教学受限于收音、播放设备及网络状况，在讲到重点难点时，施老师喜欢放慢语速，加重语调，坚决

把每个知识点都送到学生耳朵里。

3. 施老师上课会"摇大奖"

如何最大程度调动学生的积极性，是线上教学的难点。线上教学受限于听课环境，学生容易走神溜号。施老师在线上教学中提高了启发式教学方法的应用频率，与学生交流互动成为他线上教学的重要任务。为了最大程度提高学生的课堂参与

上网课"摇大奖"：

图 2　施老师线上课堂"摇大奖"

度，他自己编写了随机抽样小程序，通过"摇大奖"，激活每位同学的参与热情。除了"中奖"的学生能够发表见解，同学们也可以在聊天区补充讨论。施老师还鼓励同学们随时"发弹幕"参与课堂，或者打开语音或视频连线功能，借此努力把课堂还给学生，实现翻转课堂。

图 3　同学们"发弹幕"参与线上课堂　　　　图 4　施老师与同学们视频讨论

4. 施老师要求上课记笔记

线上课堂的学生两极分化比较严重。自觉的学生听课效率高，课堂参与度好，课后作业完成情况好；自觉性差的学生则正好相反。为了提高听课效率低的同学的积极性，使他们不掉队，施老师要求学生上课记笔记，并将其作为课堂考核内容。这样做使学生在上网课的同时完成练习，可以保证上课质量。

线上教学少了面对面交流的温情，但也有诸多的优点，如多媒体教学手段等现代教学技术与线上教学有机结合；线上教学视频回看功能方便学生复习；线上教学平台数据分析便于教师掌控课堂。百年未有之大变局与新冠肺炎疫情蔓延大背景下，线上教学极大赋能当代教育。作为新教师，施老师说，每一位版专大家庭里的老师都是他学习的榜样，每一种先进的教学方式都是要钻研的战场。疫情不可挡春，樱花终会盛开。待到香山红叶尽，不负君来不负卿！

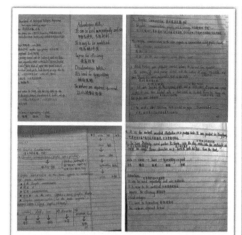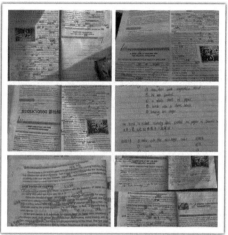

图 5 学生笔记

印刷包装工程系 供稿

【线上教学典型】疫情下的恪守职责与温暖

2022-04-12

印刷包装工程系麻祥才老师自学校采取线上教学以来，不仅认真负责地做好个人课程教学和其他本职工作，还帮助退休返聘的外聘教师周永仁进行线上教学辅助工作。作为一名党员，麻祥才老师以身作则，充分发挥党员的模范带头作用，在疫情防控期间为系部常态化教学工作奉献一份力量，亲力亲为地帮助外聘教师，并且在线上教学中充分利用线上平台资源，将经验分享给课题组老师，以保证教学的质量和学生的学习效果。

外聘教师周永仁老师本学期承担了印刷包装工程系《印刷概论》课程的教学任务，受疫情影响，在线教学不同于在教室中授课，各种网络软件的使用和出勤数据的上报让周永仁老师有点不知所措。作为周永仁老师系内的对接老师，麻祥才老师得知疫情防控期间开展线上教学后积极联系周老师，远程帮助周老师下载并安装相关教学软件。每次直播上课前，麻老师还会帮助周老师调试好软件。为防止周老师在线上教学过程中出现突发情况，并能第一时间帮忙处理，周老师的每一堂课麻祥才老师都负责任地出现在教学班级中。下课后，麻老师还帮忙整理并统计教学班学生的出勤率，为了数据的准确性，会将缺勤数据反馈给各班级班委确认后填入每日一报中。

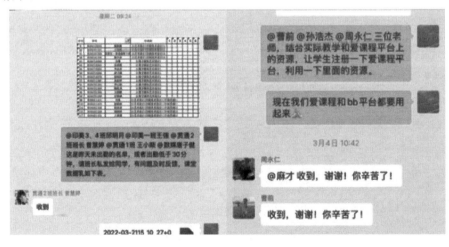

　　《印刷概论》课程是国家级精品课程，已经有丰富的线上资源。为了保证教学质量，麻祥才老师在课程组会议上建议采用在线直播为主、线上平台资源为辅的教学模式并被采纳，于是他及时将带有课程思政内容的教学大纲及 PPT 上传至线上平台，并将部分视频更新为带有课程思政内容的视频资源，然后又把线上资源平台的使用方式结合教务处发布的使用说明文件和自身经验写成文件，例如《"爱课程"平台学生注册方式》《BB 平台学生作业选择性发布方式》以及《BB 平台学生成绩下载方式》等文件发送给课程组老师，协助老师和学生充分利用线上平台，以确保教学质量。

印刷包装工程系　供稿

【线上教学典型】"借力"教学资源平台，"用好"黄金 1 小时，上好云上"课程思政"
——《包装策划与营销》课程在线教学案例

秦晓楠

2022-04-12

面对卷土重来的疫情，自 3 月 14 日以来，我校及系部鼓励教师充分利用互联网平台，整合网络教育资源，有效开展在线教学的同时指导学生学习。反复的疫情之下，如何用好平台与资源，再次上好"云课堂"，做好教学"主播"，对我们广大的教师提出了更高的要求。目前，在线教学已有序开展两周，教学成果与效果整体良好。回顾这两周在线互动教学的点滴，有一些小小的体会与收获，在此做简单的分享与总结。

1. "借力"校级资源库平台，上好云上"课程思政"

《包装策划与营销》是包装策划与设计专业的一门专业核心课程。本课程通过理论讲授和设计实践，使学生正确理解包装策划与营销策略在前期市场定位、产品定位以及品牌定位等方面产生的重要意义，使学生对包装策划与营销有全方位的深入认识和把握，初步具备策划、营销、设计与执行的综合能力。

本课程作为 2020 年校级课程资源库建设立项项目之一，目前已建有相对完善的在线教学资源库，其中包括授课计划表、教学大纲、教案等教学文档，以及授课 PPT、教学视频等教学内容。与此同时，在课程资料中整理推荐了一些优秀的品牌包装策划与设计网站，以此作为课外拓展内容，另外还提供了往届优秀学生的课程作品与互联网＋大学生创新创业比赛的获奖项目，从而激发学生学习的热情与创造力。

此外，本课程在之前的建设过程中，结合具体教学模块的内容，将思政教育的知识点有机地融入其中，寓道于教、寓德于教，旨在在原有知识目标与技能目标的基础上，进一步培养学生创意性、批判性的设计思维，提升文化自觉与文化自信的价值观，加强学生求真务实、循序渐进、认真严谨、按标准按规范做事的职业素养，提升学生用所学理论指导实践，解决实际问题的能力等，最终实现知识传授与价值引领的教学目标。

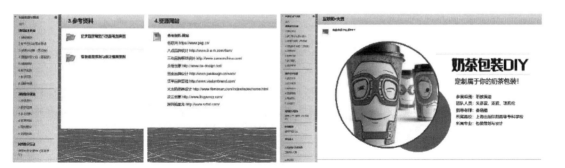

图 1 校级 BB 平台已有教学资源截图

四、教学内容

第一章 营销策划导论

主要内容：1.营销策划相关概念 2.营销策划的类型 3.营销策划的基本程序与内容

对应知识点：了解策划、营销策划的含义与特征、熟悉营销策划的类型，掌握营销策划的程序与内容

对应技能点：掌握营销策划的思维方法与技巧

对应思政元素：思维决定格局；求同存异，敢于突破创新；按部就班，循序渐进

重难点：营销策划的类型与内容

第二章 包装与营销策划

主要内容：1.包装与市场营销的关系 2.包装与消费者心理 3.包装与营销动机

对应知识点：掌握包装与市场营销相互间的关系，掌握消费者的消费需要以及包装的营销策略的理论内涵

对应技能点：掌握包装的营销策略与设计策划实施的技能

对应思政元素：联系具有普遍性；没有调查就没有发言权；透过现象看本质；观察用眼，洞察用心

重难点：包装与消费者心理，包装与营销动机

图 2 教学内容部分思政元素截取

2. 充分打通教学平台，"用好"在线直播黄金 1 小时

在实际教学过程中，打通线上教学平台，以校级 BB 平台作为学生自主学习平台，利用腾讯课堂开展在线互动答疑与重点知识点讲解，以"云班课"APP 作为学生作业的提交与点评媒介。通过学生课前自主学习在线资源＋教师课中答疑与扩充＋课后学生延展学习与教师评析的模式，有效推进在线教学，保质保量完成每周的教学任务。

将腾讯课堂作为互动直播平台，以问题为导向对重点内容进行直播讲解，"用好"这直播的黄金 1 小时。通过直播课堂的知识重点梳理与讲解，引导学生带着问题学习，并在学习过程中获取问题答案，以加深对重点内容的理解与印象，从而提高学习效率。课堂上通过对话框进行互动，并通过在线抽点的方式检查同学们是否在线。最后在课程总结阶段，以点名提问等形式了解学生的掌握程度。

图 3 "云班课"平台作业提交与在线教学互动讨论截图

印刷包装工程系　供稿

印刷包装工程系召开市级领航学院
2021 年度工作总结会

2022-01-18

　　1 月 12 日下午，印刷包装工程系召开上海高校课程思程重点改革领航学院年终总结会，领航学院负责人滕跃民教授、印刷包装工程系主任顾萍、总支书记卞红梅及市级与校级领航学院全体教师参加了会议。

　　会上回顾了 2021 年度市级领航学院所取得的优异成绩，领航课程《静电照相印刷》入选"教育部首届课程思政示范课程"，出版了《课程思政系统性探索与实践——基于"三寓三式"范式导向的"上海高校课程思政重点改革领航学院"建设案例》《课程思政"三寓三式"范式探索与研究——国家级课程思政教学成果奖推广工程》两本论著，《印刷概论》入选"上海市党史学习教育与课程相融合示范课程"，"课中课"升级到 3.0 版，由我校在课程思政改革中凝练出的"三寓三式"范式也多次被有关线上平台及外校老师引用和转发，凸显了教育界对我校课程思政改革和建设实践成果的认可。

　　滕跃民对这一年来领航学院取得的重要成绩予以充分肯定，同时也提出了新年的建设目标与期望。他指出，课程思政改革与建设充分证明，课程思政是一场教育教学革命，一个开放的课题，一项宏大的工程，更是一首永恒的旋律和一座高大的丰碑。大家在探索的路上，应当克服各种困难，弹好钢琴，不断总结经验，相互取长补短，同时要

在全校发挥引领作用。他要求大家在认真完成学校课程思政改革与建设任务的同时，制定各项措施，建立相关机制，加强课程思政领航团队建设，兑现课程思政申报书的承诺，高质量地完成课程思政的金课建设，争取获得更大的成绩，使市级领航学院的建设不断上新的层楼。

　　　　　　　印刷包装工程系、校课程思政教学研究示范中心、教务处　供稿

【双一流建设】印刷包装工程系举办课程思政专题讲座

2022-01-14

　　2022 年 1 月 11 日上午，印刷包装工程系在水丰汇国家数字传媒产业园成功举办了课程思政讲座。华东师范大学马克思主义学院教授、博士生导师、《思想政治课研究》杂志主编曹景文，上海中医药大学人体解剖学教授、全国优秀教师、教育部首届课程思政示范课教学名师张黎声，上海出版印刷高等专科学校副校长周国明、教务处副处长孔玲君、印刷包装工程系主任顾萍，以及领航计划全体教师、信息与智能工程系、现代传媒技术与艺术学院、计算机中心部分教师代表参加了会议。

　　会议开始，曹景文教授就课程思政建设的重要性及意义进行了简单的阐述，针对课程思政论文写作的技巧、摘要及框架结构撰写的注意要点做了详细说明，并鼓励大家积极投稿。张黎声教授以"以汝秋叶之静美，唤吾夏花之绚烂"为引言，以教育部首批课程思政示范课《人体解剖学》为例，声情并茂地讲述如何将"感恩、敬畏、责任"等课程思政要素有机地融入课程理论建设与实践教学过程中，得到了全体教师的一致好评。

　　会议最后，上海出版印刷高等专科学校副校长周国明对座谈会的成功举办予以了肯定，勉励大家积极从讲座中汲取经验，将"守好一段渠、种好责任田，使各类课程与思政课程同向同行"的精神切实落到专业课课程建设中去，形成协同效应，构建全员全程全方位育人大格局。

印刷包装工程系、教务处供稿

课程思政"三寓三式"范式研究持续深化
——我校领航团队教师获"上海市高等教育学会 2021 年度规划课题"立项

2021-12-13

课程思政"三寓三式"范式是上海出版印刷高等专科学校的知名品牌，在 2018 年首获国家级教学成果奖，在全国具有广泛的影响力。近年来印刷包装工程系领航团队不断深化"三寓三式"研究，强化课程思政内涵建设。近期俞忠华老师主持的"高职院校专业课课程思政与思政课的协同育人研究"获批上海市高等教育学会 2021 年度规划课题。该课题基于"三寓三式"范式，探究高职院校专业课课程思政与思政课协同育人的途径与机制，是"三寓三式"研究在全国范围内的一大突破，具有非常重要的意义。

我校在课程思政建设方面始终走在全国高职高专院校前列，印刷包装工程系 2019 年获批上海市高校课程思政重点改革领航学院，2021 年获批教育部课程思政示范课程和团队。我校自 2013 年以来积极开展课程思政理论探索，创立了"课中课"1.0 版，又经探索和实践，再形成以"三寓三式"为特色的"课中课"2.0 版，为全国高职高专院校课程思政建设提供了范式。"三寓三式"的含义就是坚持寓道于教、寓德于教、寓教于乐的理念，通过画龙点睛式、专题嵌入式、元素化合式的实施手段，将立德树人融于知识与技能传授过程，实现"盐溶于汤""润物无声"的育人实效。

俞老师今后将聚焦实现课程思政的自然融入，在注重严谨贴切的同时，达到画龙点睛之妙，全面引导学生树立正确的世界观、人生观、价值观，培养学生的奋斗精神和家国情怀，更好地为行业输送德智体美劳全面发展的高素质技术技能人才。

印刷包装工程系 供稿

上海市高等教育学会

2021 年度规划研究课题立项通知

上海出版印刷高等专科学校：

经本会专家组评审，贵校选送申报的上海市高等教育学会 2021 年度规划研究课题，下列 **5** 项予以立项，其中 **1** 项为重点立项。请通知申报人按课题申报计划启动研究：

课题编号	课题名称	申报人	立项类别	研究周期
Z2-18	职业院校课程思政融入专业教学的实践路径研究	张 波	重点	两年
Y1-51	"四史"教育融入高校文化育人体系的作用机制研究	吴雷鸣	一般	一年
Y1-52	高职院校专业课课程思政与思政课的协同育人研究	俞忠华	一般	一年
Y1-53	人工智能和新工科交融背景下技能型人才培养的理论与实践研究	陈 昱	一般	一年
Y2-57	高职院校混合式教学的设计与实践研究	肖 颖	一般	两年

说明：

1. 本年度课题研究周期分为一年期与两年期。一年期课题应予 2022 年 6 月 30 日前结题；二年期课题应予 2023 年 6 月 30 日前结题。因故需要延期结题的应当在结题截止日前一个月向学会秘书处提交书面申请。一年期课题延期最长不超过一年，两年期课题延期最长不超过三个月。

2. 本学会立项课题分为重点（课题编号 Z*一**）和一般（课题编号 Y*一**）。其中重点立项课题请所在单位予以重点资助，一般课题请所在单位酌情资助。

3. 立项课题结题时，学会将组织专家评审，同时遴选优秀成果；学会对优秀成果完成人给予奖励证书和奖金。本年度将按一年期、两年期课题分别评选优秀成果，申请延期的课题不列入优秀成果评选范围。

特此通知

联系人：朱建平　13817066927　64182099（传真）
　　　　毛建兹　13754875496

上海市高等教育学会
2021 年 6 月 18 日

我校"上海高校课程思政重点改革领航学院"召开推进交流会

2021-11-11

11月9日下午，我校"上海高校课程思政重点改革领航学院"项目团队召开推进交流会。"上海高校课程思政重点改革领航学院"负责人滕跃民教授，印刷包装工程系顾萍主任、领航学院全体成员参加了本次会议。

滕跃民教授在回顾我校"上海高校课程思政重点改革领航学院"建设启动以来所取得的各项主要成绩后，对下一步的工作提出了新的要求。他指出，我们虽然已经取得了比较丰硕的成果，但这些只能代表过去。我们不能骄傲自满，应该不断地积极进取，再接再厉，勇攀新的高峰。我们要着手开展总结验收的准备工作，要对照领航学院申报书的要求，查找问题和不足，扬长补短，进行一次冲刺式的建设。在严格满足基础性要求的基础上，进一步彰显我们的建设成果和特色。他进一步指出，市教委今后会不断有新的课程思政建设项目出台，大家要注意积累资料和总结经验，积极开展申报，争取更大成绩。他最后强调，最近学校在全面推进课程思政改革和建设，领航学院的老师一定要积极响应和认真落实，发挥模范带头作用，努力成为全校的领头羊和排头兵，创造更加辉煌的业绩，为学校的课程思政改革和建设做出应有的贡献。

印刷包装工程系顾萍主任介绍了"上海高校课程思政重点改革领航学院"的经费使用情况，以及10月18日我系主办的"课程思政建设"专家研讨会的情况。会上大家纷纷表示要不懈怠不自满，再接再厉，真抓实干，努力在课程思政领航学院的建设及以后的教学工作中做出新的更大的成绩。

印刷包装工程系、校课程思政教学研究示范中心　供稿

2021 年市级教师教学创新团队系部推荐结果公示

2021-11-03

根据《关于做好 2021 年度上海高职高专院校市级教师教学创新团队申报工作的通知》文件精神，我系组织开展了 2021 年市级教师教学创新团队申报工作。以自愿报名、择优推荐为原则，经严格审核，现将推荐结果公示如下：

2021 年市级教师教学创新团队推荐

序号	团队名称	团队带头人
1	智能制造 3D 打印教学创新团队	郑亮

如对公示团队持有异议，请于 3 日内（2021 年 11 月 3 日—2021 年 11 月 5 日）向印刷包装工程系办公室反映（联系电话：021-65677855）。

印刷包装工程系

2021 年 11 月 3 日

上海高校课程思政领航计划首本研究论著正式出版

2021-10-27

近日，上海高校课程思政领航计划首本论著——《课程思政系统性探索与实践——基于"三寓三式"范式导向的"上海高校课程思政重点改革领航学院"建设案例》一书，已由上海三联书店正式出版。该书是我校印刷包装工程系老师一年多以来在"上海高校课程思政重点改革领航学院"建设中所取得的重要成果，也是学校课程思政教学研究示范中心加强指导的重要体现。上海理工大学党委副书记、全国高职高专思政课建设联盟副会长、长三角高职高专思政课建设联盟会长、上海高职高专思政课建设联盟会长、我校党委书记顾春华教授为该书作序，学校领航学院负责人滕跃民教授担任该书主编。

该书理念清晰，主题明确，内容丰富，资料翔实。全书由六大部分组成：《第一篇导论》简要介绍了我校课程思政重点改革领航学院的概况；《第二篇优秀论文荟萃》由领航学院团队教师发表的相关论文组成；《第三篇教学指南与教学大纲》与《第四篇专业"金课"与案例汇集》则由团队教师基于课程思政改革的要求，修订编制的相关专业课程思政教学指南、课程教学大纲、课程教学标准、专业"金课"及教学案例组成；《第五篇领航学院闪光足迹》是"版专教研"公众号和我校校园网中关于领航学院课程思政建设历程的报道；《第六篇辐射效应之彰显》是主流媒体与兄弟院校对我校的相关报道，体现了我校课程思政建设的对外辐射与影响。该书汇集了领航团队教师科学运用"三寓三式"范式，精心推进课程思政建设与改革的方法、措施及手段，对兄弟院校的课程思政改革与建设具有很好的借鉴和指导意义。

一直以来，我校高度重视并积极推进课程思政建设与改革。2012年，学校已开始积极探索，并创立了"课中课"1.0版。在后续的推广运用中，又不断突破，形成了以"三寓三式"范式为主导、以"道法术器"为顶层设计、以"五项负面清单"为保障的"课中课"2.0版。2017年至2018年，学校"课中课"融合育人成果《思政教育融入专业实训课的"课中课"同向同行模式创新与实践》获上海教学成果特等奖、国家级教学成果二等奖，我校由此成为全国职业教育的排头兵。2019年，经过努力拼搏，学校入选"上海高校课程思政重点改革领航学院"。为了深化和完善"三寓三式"范式，学校在同年12月出版了课程思政研究论著《"课中课"融汇，德智技贯通》。2020 年 3 月，我校面向全国推出国家级课程思政教学成果奖的应用推广工程。经一年的探索与实践，该工程圆满结束，并于今年 5 月出版了论著《课程思政"三寓三式"范式探索与研究》，展现了全国广大教师积极开展课程思政改革和建设的实践成果。

　　课程思政建设是一门博大精深的大学问，也是一个久久为功、持续改进、不断积累和创新的过程。今后，我们将继续深入推进立德树人的根本任务，发挥示范引领作用，加强对课程思政元素的精准和深度挖掘，强化专业课程育人功能，提高课程思政的育人实效。要进一步发挥专业教师"主力军"、专业课程建设"主阵地"、专业课堂教学"主渠道"的作用，真正实现"知识传授、技能训练与价值引领相结合"的课程思政目标，引导专业教师做好人才培养的"最后一公里"工作，全面提升课程思政的改革和建设的水平与效果。

　　　　学校上海课程思政领航学院（印刷包装工程系）、校课程思政教学研究示范中心、
　　　　　　　　　　　　　　　高教研究所、教务处　供稿

2021 年校教学成果奖推荐结果公示

2021-10-08

　　根据《关于开展 2021 年校级教学成果奖申报暨上海市优秀教学成果（职业教育）推荐工作的预通知》文件精神，我系组织开展了 2021 年校教学成果申报工作，以自愿报名、择优推荐为原则，经严格审核，现拟推荐"五导融合，多维并举——高职印刷类专业'德技创'育人模式创新与实践""数智化背景下'三融两合一支撑'高技能人才培养体系建设探索"等 2 项教学成果申报 2021 年校教学成果奖。

　　现将推荐结果公示如下（见附件），如对公示项目持有异议，请于 5 日内（2021 年 10 月 8 日—2021 年 10 月 13 日）向印刷包装工程系办公室反映（联系电话：021-65677855）。

印刷包装工程系

2021 年 10 月 8 日

附件：

2021 年校教学成果奖推荐名单

序号	推荐成果名称	推荐等级	成果主要完成人姓名	成果主要完成单位
1	五导融合，多维并举——高职印刷类专业"德技创"育人模式创新与实践	特等奖	肖颖　金琳　俞忠华　汪军　孟仁振　乔俊伟　李不言　田东文	上海出版印刷高等专科学校
2	数智化背景下"三融两合一支撑"高技能人才培养体系建设探索	特等奖	杨晟炜　周国明　郑亮　崔庆斌　方恩印　孔玲君　葛惊寰　杨丽　管雯珺　顾萍　袁林　钱志伟	上海出版印刷高等专科学校　上海印刷集团有限公司　雅昌文化(集团)有限公司

【双一流建设】弘扬红色出版，唱响中国旋律
——印刷包装工程系与上海音乐出版社融媒体实训基地揭牌仪式

2021-07-28

为认真贯彻落实《国务院办公厅关于深化产教融合的若干意见》文件精神，深化产教融合、产学合作、协同育人，以产业和技术发展的最新需求推动高校人才培养改革，提升课程思政领航学院及一流专业建设质量，培育红色文化引领的高品质课程思政建设，7月23日上午，我校印刷包装工程系与上海音乐出版社有限公司举行"弘扬红色出版，唱响中国旋律"融媒体实训基地挂牌仪式。学校副校长周国明，上海高校课程思政"印刷包装工程系"领航学院负责人、上海高职高专文化素养教指委主任滕跃民，印刷包装工程系党总支书记卞红梅，印刷包装工程系主任顾萍及图文专业相关教师参加了揭牌仪式。

周校长与费社长为"融媒体实训基地"揭牌

学校与上海音乐出版社的融媒体实训基地揭牌仪式，为双方进一步展开多层次、多形式、多领域的合作，实现校企资源有机结合和优化配置，共同培养上海紧缺的"纸、电、声、像"融合人才提供了契机。未来双方将在音乐内容数字化、娱乐化等方面展开更多的全方位校企合作，为产教融合领域再谱新篇章！

揭牌仪式后，校企双方还一起看望了正在上海音乐出版社实习的同学们。周校长勉励大家通过实习，磨炼自己的专业技能，珍惜在音乐出版社的实习机会，为以后就业拓展更宽阔的道路。同时，周校长对同学们积极完成短期实习的行为进行了

鼓励和表扬。

印刷包装工程系课程思政领航学院、校课程思政教学研究示范中心　供稿

我校《静电照相印刷》课程成功入选教育部
首批课程思政示范项目

2021-06-18

日前，教育部印发《教育部关于公布课程思政示范项目名单的通知》（教高函〔2021〕7号），确定了首批课程思政示范课程、课程思政教学名师和团队、课程思政教学研究示范中心。我校印刷包装工程系方恩印副教授团队的《静电照相印刷》课程经过组织推荐、专家遴选、会议评议和网络公示等，入选首批教育部课程思政示范课程、课程思政教学名师和团队。

此次项目申报，共评选出"全国职业院校教育课程思政示范课程、课程思政教学名师和团队"200个。其中，上海仅有三所高职院校的项目入选。这是全国范围内的首次课程思政项目评选活动，也是教育部全面推进课程思政高质量建设的有力举措，具有重要的引领与示范作用。

我校课程成功入选此次教育部课程思政示范项目，是"上海高校课程思政重点改革领航学院"建设的巨大成果，是学校在2018年获得的首个全国课程思政教学成果奖应用推广的可喜成绩，也是领航团队教师们以第一课堂为主阵地所打造的课程思政新品牌，更是学校各级领导关心支持的结果。

学校深入贯彻落实习近平总书记关于教育的重要论述和全国人会精神，全面对标教育部《高等学校课程思政建设指导纲要》相关要求，围绕立德树人根本任务，聚焦课程思政这一重点难点问题，实现课程思政专业课全覆盖，形成以"三寓三式"为中心、以"上海高校课程思政重点改革领航学院"为依托的"版专课程思政建设模式"，"精准培育、逐步提高，试点先行、逐步推广"，分阶段有序推进课程思政建设，加强顶层设计，坚持分类推进，深化课程改革。在此基础上，秉持"创品牌、创特色、创精品"理念，培育一批思政课教学品牌项目、教学改革特色项目、"党史"融合创新课程思政案例，建设以"三创"为特色的学校课程思政教学研究示范中心，培育一批课程思政优秀专业教师和教学团队，建立校企合作课程思政实践基地，发挥专业课程的育人作用，强化广大专业教师的课程思政改革和建设能力。

今后，《静电照相印刷》示范课程及名师团队将充分发挥示范项目引领作用，加快推进思想政治教育和专业教育的有机融合，强化激励机制，全面推进课程思政教学研究、教学管理、质量保障与评价等方面的改革，进一步促进"上海高校课程思政重点改革领航学院"的建设和发展，不断从根本上提升人才培养质量。

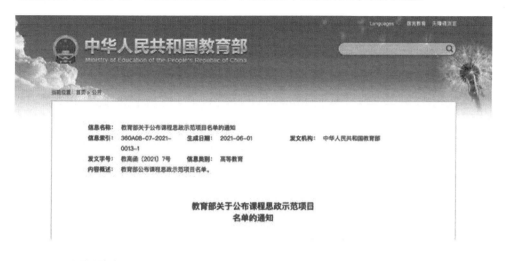

教务处、印刷包装工程系、校课程思政教学研究示范中心 供稿

我校学生在 NCDA 红色主题公益赛事中
获全国总决赛二等奖

2021-06-11

　　今年是中国共产党百年华诞，全国高校数字艺术设计大赛组委会联合中共嘉兴市委宣传部共同发起"未来设计师"第九届全国高校数字艺术设计大赛"寻访红色记忆，传承红船精神"红色主题公益赛事，号召大学生用所学之长、设计智慧来讴歌百年巨变，谱写时代新篇，传承红色基因，庆祝建党百年。印刷包装工程系数字印刷技术专业童龙、黄彩云、杨锦焕等同学，在郑亮老师的指导下，综合应用三维建模技术、平面处理技术、印后加工技术，完成了延安宝塔山 3D 立体便签的制作。

该作品在这项红色主题公益赛事中获全国总决赛二等奖。

6月6日下午，第九届全国高校数字艺术设计大赛红色文化创意设计大赛颁奖典礼在嘉兴职业技术学院隆重举行。该赛事于2021年3月16日启动，4月30日截止征稿，得到了中央、省、市级媒体的关注，人民网、新华网等全国共20多家媒体先后进行了报道。短短1个半月时间，共收到来自全国近300余所高校及企业的1 887幅作品，其中实物类作品800余件，数字多媒体类1 000余件。大赛组委会邀请来自中国美术学院、同济大学、苏州大学等高校的专家组成评选委员会，评选出红色文创产品（实物组）获奖作品33件、数字媒体设计类获奖作品26件。来自全国各地37所高校及社会各界的获奖代表近200人参加了颁奖典礼，与会领导为获奖选手颁发了证书。

印刷包装工程系继续教育部 供稿

我校"上海高校课程思政重点改革领航学院"召开交流会暨十一次例会

2021-06-03

6月1日下午，我校"上海高校课程思政重点改革领航学院"项目团队召开交流学习会。"上海高校课程思政重点改革领航学院"负责人滕跃民教授，印刷包装工程系卞红梅书记、顾萍主任、教务处副处长孔玲君教授，以及领航学院全体成员参加了本次会议。

近期，领航学院喜讯不断，有多门课程入选教育部课程思政示范项目、上海高校党史学习教育与课程相融合示范课程（候选）、校级课程思政示范课等，这些成果的取得，体现了领航学院建设的步伐在不断加快，建设质量在不断提高。这些成绩的取得也说明领航学院的老师精力充沛、潜力巨大。同时我们也高兴地看到兄弟学校和兄弟系部的课程思政改革的力度在加大，发展也在加速，体现了我们市级领航学院的辐射引领效应。另外令我们欣喜的是，上级文件中强调要重视课程思政改革和建设的方法路径、模式范式的创新，注重课程内容的思想性、前沿性和时代性，方法手段的先进性、针对性和互动性的探索，而我们的"课中课"升级版"三寓三式"在这些方面已经开展了深入的实践，成绩斐然。

会上，滕跃民教授对大家表示祝贺和感谢。他还指出，在充分肯定我们所取得的成绩的同时，我们也应看到在兄弟院校和兄弟系部老师的大力追赶下，市级领航学院的优势在渐渐消退，这是一个值得我们重视并认真解决的问题。他进一步指出，今后领航学院在继续更好地发挥辐射引领作用的同时，要通过学党史激发更大的创造力和前进动力，进一步以党建和师德建设促进课程思政的改革与建设。在学生面前，老师尤其是党员教师要以身作则，牢固树立起社会主义核心价值观，强化使命感和责任心。要在"课中课"升级版"三寓三式"的基础上，不断深化课程思政的理念创新和模式创新，不断深入探索课程内容的思想性、前沿性和时代性，不断强化方法手段的先进性、针对性和互动性。在有效融入社会主义核心价值观、唯物辩证法等思政元素的同时，从根本上提高教学质量，使更多的"金课"脱颖而出。继续打造"一号"首创品牌，再接再厉，做出更大成绩，努力成为领头羊和排头兵。

最后，大家纷纷表示要继续积极自觉推进领航学院课程思政改革和建设，以身作则，引导学生学习党史，学懂党史，学思践悟，让红色基因、革命薪火代代传承。

印刷包装工程系、校课程思政教学研究示范中心　供稿

喜讯！我校"印艺学社"荣获 2020 年度 上海市五四奖章集体

2021-05-22

2021 年 4 月 20 日，我校"印艺学社"继 2015 年荣获上海市首批科技创新社团荣誉称号之后，再次成功荣获 2020 年度上海市五四奖章集体。

作为印刷包装工程系印刷媒体技术专业的第二课堂，"印艺学社"成立于 2011 年，运行之初便树立了独有的"印艺精神"——感恩、坚持、创新、发展。

在专业老师、辅导员和企业兼职教师的指导下，社团实行专业化运行，确定以"专业技能训练、科技实践培养、行业技术讲座"为主线，"科技竞赛、行业走访、人文沙龙"为辅线的综合培养策略，多角度培养社团成员的专业技能、科学研究、人文和职业素养。社团成员在养成自身综合素养的同时通过学长制实现本专业不同年级"专业精神"的传承，使社团真正迈上自我管理、自我教育、自我提高的新台阶。在"印艺学社"的带领下，本专业全体同学对印刷专业的认同度大幅提高，积极学习专业知识和各项技能，学校高技能人才选拔、"互联网＋"和"挑战杯"大赛的参与率接近 100%。

2014 年至 2020 年期间，社团中共计 64 名同学在全国印刷行业职业技能大赛中分获一、二、三等奖，7 名同学顺利进入第 43、44、45 届世界技能大赛印刷媒体技

术项目国家集训队，最终张淑萍、杨慧芳和张在杰攀登技能之巅，代表中国参加大赛，并摘获银牌和优胜奖。在 2020 年第一届全国技能大赛上，2019 级中高职贯通学生顾俊杰勇夺印刷媒体技术项目金牌。在"互联网＋"和"挑战杯"大赛中，社团成员也表现不俗，获得包括全国一等奖、上海市特等奖在内的奖项总计 19 项。社长2018 级刘文杰还获得 2019 年度"中国大学生自强之星"的荣誉称号。

十年磨砺露锋芒，在肖颖老师、姚瑾老师以及各位辅导员老师的指导和历届社团成员的不懈努力下，"印艺学社"的各位成员做到坚定理想信念，练就过硬本领，投身强国事业，以优异成绩迎接中国共产党成立 100 周年。"非学无以广才，非志无以成学"，"印艺学社"将坚守社会主义核心价值观，不断优化社团的育人功能，一步一个脚印地踏实往前走，为学校的发展贡献自己的力量。

印刷包装工程系　供稿

印刷包装工程系开展"党史入课程优秀教学案例"分享交流会

2021-05-14

2021年2月20日，习近平总书记在党史学习教育动员大会上发表重要讲话，指出全党同志要做到学史明理，学史增信，学史崇德，学史力行。学习党史，能够从党的光辉历程和伟大业绩中获得继往开来的强大动力，有助于坚定中国特色社会主义信念。党员领导干部要认真学习党史国史，知史爱党，知史爱国。

建党百年之际，为深入推进实施党史教育融入课程思政育人体系，展示党史教育融入课程思政的课程教学成果。5月11日，印刷包装工程系开展"党史入课程优秀教学案例"分享交流会，滕跃民教授受邀莅临指导，印刷系教师代表与会聆听。

会上，俞忠华老师、麻祥才老师、方恩印老师，先后将《印刷企业管理》《印刷概论》《静电照相印刷》中的课程案例结合党史内容进行了详细的讲述。方恩印老师在《静电照相印刷》课程案例"学史力行、实事求是，知行合一、止于至善——静电照相印刷名片设计"中，列举了百年党史上中国共产党人的精神谱系。该案例以"延安精神"中的"解放思想、实事求是"与"理论联系实际"的思政要素为依托，进行案例设计与教学，滕教授对该案例进行了点评，并提出了进一步完善的建议。

滕跃民教授对此次印刷包装工程系召开的"党史入课程优秀教学案例"分享交流会活动表示了肯定。滕教授指出，印刷系教师应在"上海高校课程思政领航学院"的基础上，深入挖掘党史中的思政元素，把党史学习教育融入课程思政建设中，用好红色资源，丰富课程内容，不断深化课程思政教学改革，秉承上海出版印刷高等专科学校校训"崇德弘文、笃行致远"，将专业知识与党史中的思政要素有机地融合在一起，达到以"德"育人，以"德"教人的目的。

印刷包装工程系　供稿

我校召开课程思政重点改革领航学院建设经验交流会

2021-04-20

为推进课程思政领航学院建设，我校于 2021 年 4 月 13 日召开了课程思政重点改革领航学院建设经验交流会，校党委书记顾春华、副校长周国明、市级领航学院院长滕跃民，各级领航学院负责人及教师代表出席了此次会议，会议由教务处副处长孔玲君主持。

市级领航学院负责人顾萍展示了市级领航团队的建设机制及目前的建设成果，并介绍了今后的建设计划。四位校级领航学院的负责人分别就各自课程思政领航学院的建设经验进行了分享。各领航学院聚焦专业特色，开展了各具特色的课程思政改革建设工作。不同学院各有强项，此次经验交流对校级课程思政领航学院建设具有积极的推动作用。

滕跃民分享了他对课程思政教学改革工作的有关经验和建议。他指出，课程思政建设是我国的特色，也提升了学校的文化底蕴，目前我校已形成热火朝天的课程思政建设氛围，各系（部）教师应同向同行，相互协作，形成协同效应。课程思政建设是永恒的旋律，教师要不断提高认识，树立长期作战的思想准备。他同时提出，课程思政建设要与师德建设相融合，要与党建相融合，与一流建设相融合，使课程思政建设成为人才培养中的常态化工作，切实提升我校人才培养质量。

顾春华指出，本次交流会也是一次课程思政改革建设工作的推进会。他指出，学校的课程思政改革起步早、基础扎实、成果斐然，目前课程思政建设已在学校形成了一个很好的金字塔结构，过去几年积累的经验对我们学校和其他学校都起到了很大作用。各个系（部）基于专业特色创新性地开展课程思政工作，使学校形成了百家齐鸣、百花齐放的良好局面，同时也使老师们得到了很好的锻炼与成长。顾春华同时就课程思政改革工作做出了进一步指示，他希望老师们进一步认识到课程思政改革的重要作用，课程思政是提高学校育人水平、建设师资队伍、提高课堂教学效果的重要举措，各系（部）要抓住机会，不断提高教学团队的水平，打造和培养一批教学名师。老师们要充分认识到课程思政建设任重而道远，要把课程思政与现代教育技术手段和方法结合起来，通过不断实践、研究，循环迭代，将专业课程教学与思政育人有机融合。顾春华指出，各系（部）要坚定课程思政改革方向，继续努力，坚持不懈，以效果为导向持续深入，打造具有上海版专特色的课程思政建设新局面，达到更好的课程思政育人效果。

课程思政改革是一场教育教学的革命，要坚持立德树人、克服困难，只有这样，才能取大更大的育人成效。学校在今后的课程思政改革建设道路上，将继续在广度上拓展，在深度上挖掘，在高度上升华，真正解决课程思政难点问题，为学校的人才培养和学校自身发展贡献力量。

教务处　供稿

【学党史迎百年】印刷包装工程系学生工作党支部开展"铭记历史、缅怀先烈"清明祭扫革命先烈主题党日活动

2021-04-08

为学习中华民族伟大复兴征程中可歌可泣的历史，铭记和缅怀革命先烈，4月2日，我校印刷包装工程系学生工作党支部师生前往上海淞沪抗战纪念公园开展"铭记历史、缅怀先烈"清明祭扫革命先烈主题党日活动，回顾鲜血铸魂的艰难岁月，珍惜来之不易的和平年代。

活动中，师生一起参观淞沪战役主题展《血沃淞沪》，通过一张张旧照片和一件件旧物件回望了20世纪30年代发生在上海的两次重要战役——一·二八淞沪抗战和八一三淞沪会战；通过观看馆内场景再现的动画视频及访谈视频，党员同志们深刻感受到了中国军队用血肉之躯浇筑出的和平年代的来之不易。

在场的师生纷纷被英勇献身的先烈震撼和感动，并表示要从他们身上汲取精神力量。在和平年代，厚植理想信念、传承红色基因、维护民族独立、积极开创未来是青年一代的使命和责任，党员们将继续传承党的优良传统，坚定不移地维护人类和平与发展的崇高事业，不负先烈们的牺牲，为建设持久和平、共同繁荣的中国而努力奋斗。

印刷包装工程系　供稿

我校"上海高校课程思政重点改革领航学院"
建设 2021 年再启航

2021-03-18

　　3 月 16 日下午，我校"上海高校课程思政重点改革领航学院"项目团队召开了 2021 年度首次建设例会，校党委书记顾春华、项目负责人滕跃民、教务处及印刷包装工程系相关负责人、领航团队项目组成员参加了此次会议。

　　滕跃民首先总结和介绍了领航学院项目的进展情况，在肯定大家努力工作的同时，对存在的问题进行了分析，并对下一步工作提出了建议和意见，要求大家尽早完成各课程的教学指南编写。

　　领航团队成员俞忠华老师介绍了她负责的《印刷企业管理实务》课程思政教学指南的编写情况。

　　顾春华在总结讲话中介绍了他建设《软件工程概论》国家级双语示范教学课程的经历，并鼓励全体成员要发扬积极进取、无私奉献的精神，进一步提高为社会主义现代化建设培养合格接班人的自觉性和使命感，不断克服前进道路上所遇到的各种困难，持续推进课程思政建设工作，为学校的发展做出自己应有的贡献。

印刷包装工程系　供稿

【学党史迎百年】印刷包装工程系学生工作党支部开展"奋进征程中的'拓荒牛'精神"主题党课

2021-03-16

重温党史，传承精神。3月9日，印刷包装工程系学生工作党支部在实训楼五楼会议室开展以"奋进征程中的'拓荒牛'精神"为主题的党课暨入党宣誓仪式。

党课伊始，党员同志们通过阅读《论中国共产党历史》并观看视频《从"一五"到"十四五"》和《育新机 开新局》重温社会主义发展的光辉历程，重读新中国从无到有逐渐富强的奋斗历程，学习了共产党员敢闯敢试、敢为人先、埋头苦干、勇当新时代的"拓荒牛"的精神。

随后，党员同志们结合优秀党员的先进事迹，积极就"拓荒牛"精神发表自己的感悟，并表示要努力向他们学习，敢于拼搏，甘于奉献。

最后，党支部书记姚瑾就建党百年和国家"十四五"规划起航的大势，结合学生未来就业的新趋势，做总结发言。她希望党员同志们将个人追求融进国家发展中，把青春梦想扎根在各行各业中，勤勤恳恳，敢于开拓，勇于创新。

印刷包装工程系 供稿

我系 2 支团队荣获 2020 年度上海高职高专院校市级教师教学创新团队

2021-03-15

根据上海市教委公布的《上海市教育委员会关于公布 2020 年度上海高职高专院校市级教师教学创新团队立项和培育名单的通知》（沪教委高〔2021〕8 号），我系共有 2 个教师团队入选，其中"印刷媒体技术专业教学创新团队"入选教师教学创新团队立项名单，"智能制造 3D 打印教学创新团队"入选教师教学创新团队培育名单。

印刷媒体技术专业教学创新团队坚持以立德树人为根本任务，坚守专业精神、职业精神和工匠精神，在教育教学改革与创新、技术研发和社会服务方面的建设均卓有成效。该团队培养的学生除多次获全国印刷行业技能大赛的各项奖项，并连续三届代表中国参加世界技能大赛的决赛外，更是助力上海获得 2021 世界技能大赛的主办权。2020 年，在该团队教师的指导下，我系一名同学在第一届全国职业技能大赛中获得印刷媒体技术项目的金牌。

"智能制造 3D 打印教学创新团队"以数字印刷和图文信息处理专业教帅为基础建立。该教学团队成员专业背景丰富，涉及光学工程、印刷工程、机电一体化、艺术设计等方面，具备相当强的理论研究与分析能力。该团队积极开展教学研究和课程建设，构建了适用于文创领域 3D 打印职业技能需要的专业课程体系，井展"技能精英计划"，双创育人，指导学生在多项竞赛中获得包括"班尼奖"在内的各级奖项。

2020 年我系申报的两支团队均入选上海高职院校市级教师创新团队，彰显了我系在师资队伍建设及专业建设中的成效。今后，印刷系也将以此为契机，严格按照市教委的要求，夯实教师队伍建设基础，进一步发挥市级教师教学创新团队的示范作用，扩展多元化专业办学格局，加强高素质"双师型"教师队伍建设，为提高高等职业教育的教学水平和人才培养质量提供强有力的师资支撑。

印刷包装工程系、教务处　供稿

我校"上海高校课程思政重点改革领航学院"项目团队召开线下汇报推进会暨第十次会议

2021-01-19

1月12日下午，我校"上海高校课程思政重点改革领航学院"项目团队召开第十次推进会议。领航学院负责人滕跃民教授、印刷包装工程系主任顾萍、教务处副处长孔玲君、领航团队部分成员参加了本次会议。

滕跃民在对上次推进会以来我校"上海高校课程思政重点改革领航学院"的工作进行回顾时指出，我们虽然开会的次数不多，但效果不错。每次会议就是一次团建活动，推动工作的反复迭代和完善，从而提高了老师的认识和能力，促进了工作质量的提升。滕老师在肯定系领导班子做好服务保障工作的同时，还表扬了曹前、俞忠华、方恩印、刘艳、郑亮等老师不断克服困难、积极进取的奋斗精神。

他进一步指出，目前我们领航学院的各种阶段性成果是琳琅满目，有知识点技能点、思政元素的收集挖掘和梳理；有关键词主题句的挖掘和提炼；有课程思政的案例设计和案例汇总，并印制了领航学院的首本案例集；老师们积极地撰写和发表相关的论文，金课的制作也即将完成；更为可喜的是，有不少老师的课程思政改革成果获得全国和上海教育系统的各种奖励，这些都是老师们辛勤努力的结晶。教育部和教委领导多次重点肯定了我校课程思政的改革成果。他还指出，我们的工作是以国家级课程思政教学成果奖为基础，具有勇立全国课程思政改革潮头的"三寓三式"的特色，建设方式也呈现了前瞻性和创新性，如先定关键词，再定主题句，然后写相关案例，再修改课程大纲和标准，最后写课程教学指南，扎扎实实，步步登高，逻辑链条清晰，体系结构科学，梯次进阶拓展。会议临近结束时，滕老师对下一步工作提出了建议和要求。他进一步指出，虽然我们取得了很好的成绩，但不能骄傲自满，止步不前，更不能有消极的情绪，要不断提高对课程思政改革的责任感和使命感。我们还要清醒地看到，前期工作相对比较顺利，但现在我们遇到了很多困难，渐渐进入了胶着状态。因此党建一定要发挥引领作用，党员干部要以身作则，冲锋在前。每位老师都是"主力军"，工作推进中有不清楚的问题要及时提出来，大家一起商量解决。例如，课程思政建设指南和教学指南既有联系又有区别，建设指南是对课程思政建设整体上的指导方针，而教学指南是每门课程进行课程思政建设的具体要求。我们要认真学习各高校的经验，思考和启动每门课程的教学指南的编写。

最后，大家也一致认为，现在全国课程思政的发展形势非常喜人，但前进的道路上确实遇到了不少困难，压力和负担不断在加重，这也验证了滕老师多年前提出的"课程思政改革是宏大的工程、开放的课题、永恒的旋律，需要老师们拥有崇高的情怀"的观点。但我们一定要迎难而上，不断地攻坚克难。我们要利用寒假时间认真考虑课程大纲和课程标准的修改，撰写每门课程的教学指南，高质量地完成课程思政建设，攻克我们领航学院建设最后的堡垒，为编制学院总体的建设指南打下坚实的基础。

印刷包装工程系　供稿

【筑十秩辉煌　谱时代新章】
印刷包装工程系学生工作
党支部开展主题党课暨入党宣誓仪式

2021-01-13

　　学习党员精神，践行时代使命。1月12日，印刷包装工程系学生工作党支部在我校云编书店开展以"学生工作与'孺子牛'精神"为主题的党课暨入党宣誓仪式。

　　党课由印刷包装工程系学生工作党支部书记姚瑾主讲，她首先回顾自己从事学生工作十年间走访学生寝室、发展学生党员、开展学生活动及处理学生突发事件等的丰富经历；其次结合共产党员的"孺子牛"精神谈了自己工作十年的感悟。在从事学生工作的十年间，每个学生的认可和每份荣誉的获得都离不开全心全意为学生服务的精神，还有脚踏实地的态度，更离不开团队团结一心的力量。最后，姚瑾通过一个个学生党员的优秀事迹鼓励在场的党员学生，要继承和发扬中国共产党的"孺子牛"精神，在自我成长过程中发光发热，在个人成才过程中服务他人，做自强不息、不断奋进的时代青年。

　　党课结束后，支部为新发展的10名预备党员举行集体入党宣誓仪式。预备党员们面向党旗庄严宣誓，表达了对党的深厚感情和为党的事业奋斗终生的决心。

印刷包装工程系　供稿

【双一流建设】树立人生目标，夯实专业素养

——印刷媒体技术专业"工匠精神进课堂"系列报道之三

2020-12-05

"多读书、勤实践，认清本阶段任务，树立目标不断探索。"印刷媒体技术专业兼职带头人、上海紫丹印务有限公司副总经理何从友对学生说道。12 月 1 日，印刷包装工程系印刷媒体技术专业师生一行 20 余人来到我校校企合作基地——上海紫丹印务有限公司，开展以"树立人生目标、夯实专业素养"为主题的第二课堂交流活动。

首先，生产部龙经理带领大家参观胶印和印后加工车间，环境干净整洁是大家的第一印象，正应了那句"追求百分之一百的完美"的紫丹理念。参观过程中，龙经理为学生们介绍车间生产的每一道工序。随后，印后车间主管、我校印刷媒体技术专业优秀毕业生王坚讲述了他从在校期间认真学习专业知识和技能到获得第三届全国印刷行业职业技能大赛学生组一等奖，从留在紫丹到成为公司骨干的心路历程。最后，何从友向同学们介绍紫丹印务的发展历史和行业布局，并嘱咐大家管理好时间，做好学生阶段该做好的事，尝试职业规划，培养读书习惯，提高计算机水平，锻炼表达能力，积累多方知识，增进人文素养，补充逆向思维，珍惜社会实践机会，在职业生涯的道路上不断探索，实现自己的奋斗目标。在场学生纷纷表示一定会认真做好职业规划，珍惜当下，积极实践，不断积累专业知识技能和人文素养，并要以此为动力，不断拼搏奋斗，为"中国制造"增光添彩。

本次第二课堂的交流活动是印刷媒体技术专业践行"工匠精神进课堂"、探索劳动教育产教融合实践的有效举措，使"工匠精神"成为劳动教育的内在支撑、课程思政的有效载体、立德树人的重要抓手，从而有利于进一步深化一流专业内涵建设。

印刷包装工程系   供稿

【双一流建设】匠心传承印刷 兴趣引领梦想
——印刷媒体技术专业"工匠精神进课堂"系列报道之二

2020-11-30

应国务院《国家职业教育改革实施方案》("职教20条")要求,为落实立德树人根本任务,健全德技并修、工学结合的育人机制,完善评价机制,规范人才培养全过程,11月23日,"工匠精神进课堂"系列活动的第二课在我校实训中心顺利开启。上海烟草包装印刷有限公司技术部副主任、"全国技术能手"葛巍为2020级印刷媒体技术专业新生代表上了一堂题为《匠心传承印刷,兴趣引领梦想》的现场实践教学课。印刷包装工程系主任顾萍、副主任兼印刷媒体技术专业带头人肖颖、系部和实训中心相关教师参加了本次现场教学。

"热爱"两个字贯穿葛巍授课的全过程,从德芙巧克力的"丝滑"包装创新到"中华"香烟盒的新型印刷工艺设计,印刷技术的创新在不断改变世界。因为热爱,印刷机前经常连续12小时的站立不能让他改变初心;因为热爱,在本次新冠疫情期间依旧连续攻克多个创新课题;因为热爱,印刷的每一个细节都深深地烙印在脑海里,随时调用。葛巍向同学们详细讲解制版、印刷、印后的整个流程,并以实训中心的海德堡印刷机为例,为同学们分析每个印刷单元组件的组成和工作机理。他通过世界技能大赛获奖者王东东和张淑萍的经历,引出问题:是什么让他们如此坚持做印刷?答案是:"唯有匠心,才能坚持"。这句话深深激发了现场每一位新生对印刷知识的好奇心和求知欲。

最后,顾萍和肖颖一同为葛巍颁发了"工创导师"聘书,并与他共同建立了"工创课堂"交流群。通过本次实践教学,让2020级新生切身体会到只有对自己的专业抱有浓厚兴趣和满腔热爱,才能拥有坚持不懈的精神、不断创新的动力、挑战自我的信心,才能为印刷行业的发展进步贡献自己的光和热。

印刷包装工程系　供稿

【双一流建设】扎实印刷学识 助推企业创新
——印刷媒体技术专业"工匠精神进课堂"系列报道之一

2020-11-25

习近平总书记在党的十九大报告中明确指出，"建设知识型、技能型、创新型劳动者大军，弘扬劳模精神和工匠精神。"为探索创新型专业人才培养模式的新路径，印刷媒体技术专业以"工匠精神进课堂"为抓手，启动劳模工匠进课堂系列教学活动。

11月21日，由印刷包装工程系副主任、印刷媒体技术专业带头人肖颖，系党总支副书记姚瑾带队，师生一行30余人来到上海正伟印刷有限公司，开启"工匠精神进课堂"系列活动的第一课，获首届"上海工匠"称号的我校优秀毕业生王本洪副总工程师以《扎实印刷学识，助推企业创新》为主题为大家奉献了一场精彩的讲座。

24年来，他刻苦学习理论知识，钻研专业技术，主导产品研发，参与行业竞赛，先后获得"上海市印刷行业技术能手""上海工匠""上海市五一劳动奖章获得者""上海市技术能手"和"上海市劳动模范"等荣誉称号。讲座中，王本洪从个人成长经历讲到学习的重要性，又从独立思考讲到不断创新的重要性。最后，王本洪给在座师生分享了自己的心声："创新无处不在，但是需要平常的细心。"讲座结束后，王本洪携技术团队成员在生产车间、化学材料实验室、测试实验室和大师工作室展开现场教学，并嘱咐学生们一定要努力学好专业知识，多思考，勤动手实践，不断开拓创新，做新型印刷蓝领人。交流期间，肖颖和姚瑾一同为王本洪颁发了"工创导师"聘书。王本洪表示将配合学校和专业一同努力，培养学生的劳动精神，提升学生的创新能力。

本次工匠课堂践行了《国家职业教育改革实施方案》（"职教20条"）中关于落实好立德树人的根本任务，点燃了学生对工匠精神的向往，切实推进了新时代劳动教育。

印刷包装工程系　供稿

印刷包装工程系举办 2020 级新生入党教育第一课

2020-10-29

　　10月26日晚，印刷包装工程系各专业举办了新生"党员发展教育第一课"主题班会。班会由印刷包装工程系入党教育宣讲团主讲，专业与专业对应，学生党员帮带新生，给新生上了一场庄严神圣、全面翔实的入党教育第一课。

　　入党教育宣讲团成员以精心准备的 PPT 为基础，结合个人入党经历，严肃认真地讲解了中国共产党发展党员的整个流程，生动活泼地向大一新生们讲述了自身加入中国共产党的心路历程，并鼓励新生们珍惜时光，把握机遇，早日确立大学阶段的新目标，积极向先进的党组织靠拢。在详细讲解后，预备党员们耐心回答了新生提出的各种问题，既解除了他们对入党流程的各种疑惑，又增强了他们对加入中国共产党的信心。

　　此次新生"党员发展教育第一课"，既能使入党教育宣讲团成员们通过用心的积极讲解，发挥党员的模范先锋作用，提高自身的政治觉悟和思想认识，也使大一新生们加深了他们对中国共产党的理解，增强了他们加入中国共产党的信心和决心，为他们的成长成才注入了一剂强心剂，帮助他们扬帆起航，开启人生新征程。

印刷包装工程系　供稿

【暑期社会实践】印刷包装工程系：探寻金山"四史"，牢记使命担当

2020-09-17

　　为深入学习贯彻习近平总书记关于"四史"学习教育的重要讲话精神及指示批示精神，印刷包装工程系学生组织参与了"追寻四史红色足迹，强化青年使命担当"暑期社会实践活动。该实践小组以金山籍同学为主，设计了"回首初心路""展望振兴路""筑梦腾飞路""共享和谐路"等多条路线，走访上海金山区内的一些爱国主义教育基地，追寻金山的"四史"红色足迹，并结合线上交流，分享走访体验。在活动中，大家将学习党史、新中国史、改革开放史、社会主义发展史"铭记于心、外化于行"。

　　"回首初心路"上，队员来到金山卫抗战遗址纪念园重温民族复兴路的艰难坎坷，悼念抗日战争逝去的英灵，以此铭记英烈们团结奋战的献身精神，激发强烈的爱国之情和报国之志。在南社纪念馆，大家领悟南社文人热爱祖国、寻求变革的精神，为南社文人救国兴国、匹夫有责的爱国情怀所感动。参观朱学范故居，同学们感受他的爱国情操、高尚品德和为中国革命与建设事业奉献的精神。

南社纪念馆

金山嘴渔村

　　"展望振兴路"上，队员们来到金山嘴渔村深入了解当地的历史文化，感受海渔文化融合的魅力后，又来到金山区漕泾镇水库村参观村史馆，了解水库的形成及其

在近现代的变化。通过参观走访，队员们了解到金山人民是如何在中国共产党的领导下，从杭州湾畔一个穷苦的小渔村发展成一座现代化的海滨城市的，水库村又是如何经历革命的洗礼到达现在的幸福新村的，这让大家深刻体会到，为人民谋幸福、为民族谋复兴的正是中国共产党！

"筑梦腾飞路"上，队员们来到金山城市沙滩、华东无人机基地及金山规划展示馆。城市沙滩上的"四史"学习教育主题沙雕展，让队员们感叹沙雕和"四史"碰撞的魅力：一座座沙雕就是一堂堂生动的"四史"学习教育微党课。华东无人机基地让大家领略了党的十九大提出的民航强国战略，感受到了祖国的科技腾飞与强大。金山规划展示馆充分展示金山城乡规划建设的发展和成就，在这里，队员们看到，在中国共产党的领导下，在改革开放政策的引领下，金山开启了发展的新纪元。

金山城市沙滩上的"四史"学习教育主题沙雕展

廊下山塘村

"共享和谐路"上，小分队通过走访中国新农村的缩影——廊下山塘村，感受中国共产党领导的新农村建设，深刻认识到是党领导农民走进新时代，过上幸福的好日子。

历时一个月，走遍了四条探寻之路，一路追寻金山的"四史"红色足迹，这让队员们认清历史事实，感悟中国共产党带领全国人民走过的建国、兴国、强国之路，深刻地认识到"红色政权来之不易、新中国来之不易、中国特色社会主义来之不易"。通过实践活动，大家更加坚定了坚守初心、牢记使命，做新时代优秀青年的决心！

印刷包装工程系　供稿

【四史教育】印刷包装工程系学生工作党支部开展"感受真理的味道 争做忠实的传人""四史"专题学习组织生活和主题党日活动

2020-07-16

7月15日下午，印刷包装工程系学生工作党支部开展了"四史"专题学习组织生活和主题党日活动，由支部书记姚瑾主持，支部全体党员参加。

支部党员各自线上观看了《红色筑梦》系列视频微党课第六集《心有所信，方能行远·复旦大学〈共产党宣言〉展示馆》，短短的视频微党课中，向党员同志们讲述了陈望道首译《共产党宣言》的故事。陈望道在翻译和传播《共产党宣言》的过程中体现了广采博取、强基固本的爱国情操，迎难而上、勇于担当的使命意识，脚踏实地、执著奉献的实干精神，贴近群众、学习群众的创新路线，依靠组织、团结协作的集体主义，这些精神品质在这个时代仍然将继续激励党员同志们不忘初心、践行使命、温故知新、继往开来。

　　党员们在观看完微党课后，以各种形式展开了热烈讨论。学生党员姚辰宇谈到，陈望道先生说"我信仰马克思主义，活着一天就要为党工作一天"，这句话深深地感染了我，使我领悟到他"播撒火种"的精神，这种精神极具力量，鞭策我们传承其风骨，坚定理想信念，不忘初心，牢记使命，不断砥砺前行。学生党员江帆帆谈到，通过观看本次党课，我更加了解了《共产党宣言》引入中国这一中国革命史上的伟大事件，陈老首译《宣言》的精神是值得我们永远铭记的。作为一名预备党员，她更加明白了理论知识学习的重要性，更加懂得要担当使命的责任，更加有决心要用实际行动践行初心与使命。

　　此次专题学习活动贯彻了"四史"学习的相关要求和精神，让党员们在感受红色历史的同时品尝真理的味道，体会道路的艰辛，下决心在以后的工作生活中，争做《共产党宣言》精神的忠实传人。

印刷包装工程系　供稿

印刷包装工程系学生工作党支部 开展"学习'四史'感恩母校" 毕业生党员离校教育活动

2020-06-23

6月18日，印刷包装工程系学生工作党支部线上召开"学习'四史'，感恩母校"毕业生党员离校教育专题会，学生工作党支部全体党员参加了会议。

会上，党支部首先讲述了毕业前党员档案的转接手续流程以及组织介绍信的开具、转接等注意事项，提醒广大党员同志务必重视党员组织关系及档案的转接工作。结合"四史"专题学习教育，与会党员由学习"党史、新中国史、改革开放史、社会主义发展史"联系到毕业季实际情况，纷纷提出应该以身作则，用文明离校的实际行动带动同学"不忘学校培养之恩情"，不忘历史、不忘恩情、不忘初心，做到就业与毕业同进行，离校和防疫两不误。

此外，党支部提前向学生党员们发放了电子版《毕业生党员离校教育承诺书》，党员们仔细阅读并签署了该承诺书，并表示要牢记党员的责任和义务，秉持初心，担责在肩，在毕业季期间做好表率，引导同学们文明、健康离校，在实际行动中落实"四史"学习精神。

印刷包装工程系　供稿

印刷包装工程系学生党员廖丽和廖宁的先进事迹

2020-06-09

由于处于疫情防控和临近毕业的特殊时期，按照学校毕业班学生返校要求，印刷包装工程系共有22名学生返校。在返校学生中，两名学生党员，即2017级数字印刷技术专业学生廖丽和2017级包装策划与设计专业学生廖宁，自觉承担起了返校学生与老师之间的"纽带"角色，主动担责，冲锋在前。

两位学生党员除了每天加紧复习，备考"专升本"，还自觉承担起了很多学生管理的任务，做辅导员老师的好帮手，同学们的"服务者"。他们帮助辅导员老师及时转发通知、收发材料；每天走访寝室，检测同学的体温，关心同学的健康，及时给同学分发口罩，并提醒同学注意个人防护；帮助专升本的同学下载并收取准考证；组织同学进行核酸检测并分发检测报告；关注部分同学的情绪和心理状况……他们在完成自我管理的同时，通过线上和线下各种途径默默帮助着同学们，引导同学们进行疫情防控期间的自我管理。

印刷包装工程系学生工作党支部中还有很多其他优秀的党员，他们以各种各样的形式帮助着同学。廖丽和廖宁是其中最为突出的两位党员，他们用实际行动引导并帮助返校同学做好自我管理，防疫学习两不误，在学习和生活中自觉践行一名党员的初心和使命，用青春的力量宣告着自己坚定的入党信念，用行动的光辉照亮着跟党走的道路。

印刷包装工程系 供稿

【四史教育】印刷包装工程系学生工作党支部开展"鉴古知今　牢树自信""四史"学习教育专题组织生活会和主题党日活动

2020-05-26

印刷包装工程系学生工作党支部开展"鉴古知今，牢树自信""四史"学习教育专题组织生活会和主题党日活动，支部全体党员参会，会议由支部书记姚瑾主持。

本次专题组织生活会采用线上线下相结合的方式，教师党员线下参会，学生党员线上参会。为充实本次"四史"学习教育，党支部提前通过邮寄等方式给每位支部党员发放了学习书籍《细节的力量：新中国的伟大实践》，党员们通过书籍阅读，加深了对党史、新中国史、改革开放史、社会主义发展史的深刻理解。组织生活会上，党员们通过群内讨论交流、发表感想、朗读自己撰写的专题思想汇报、分享读书体会等各种方式，畅谈从"四史"专题学习中获得的精神营养。学生党员陆媛谈到，学习"四史"能够使我们通过历史来完整地建立对国家政治和社会制度的历史和政治认同，而不是停留在碎片化式的思考。学生党员陈诗怡这样谈了自己的体会："以史为鉴，可以知兴替。中国共产党是一个善于学习历史、总结历史，善于从历史的经验教训中汲取治国理政方略和智慧的政党。"

党员们通过本次专题组织生活会，集中、深刻、高质量地学习了"四史"，在思想上弄清楚、理解透了中国共产党为什么"能"、马克思主义为什么"行"、中国特色社会主义为什么"好"的问题。通过回看走过的路、比较别人的路、远眺前行的路，有助于党员同志们深刻认识到"红色政权来之不易、新中国来之不易、中国特色社会主义来之不易"，进一步增强我们的"四个意识"，帮助我们牢固树立"四个自信"。党员们表示要把"四史"学习教育与当前的学习、工作紧密结合起来，在学习和工作中汲取历史的精神力量和经验智慧，努力克服疫情影响，坚定不移做好自己的事情，让初心薪火相传，把使命勇担在肩。

印刷包装工程系　供稿

印刷包装工程系 2019—2020 学年第一学期
校优秀学生奖学金评选名单

2020-04-06

　　根据《上海出版印刷高等专科学校优秀学生奖学金条例》，经学生本人申请，系部评定，拟推荐徐鑫瑶等 403 名同学获得 2019—2020 学年第一学期校优秀学生奖学金，详细名单见附件，公示时间为 2020 年 4 月 6 日至 4 月 13 日，如有异议，请和印刷系学工办黄老师联系，电话：021-65249611，邮箱：hjy7766@foxmail.com。

印刷包装工程系

学生工作办公室

2020 年 4 月 6 日

FIFTH

LIGAN ZHI XIAOYING

§

立杆之效应

高本同频，跨界共振

——上海交大机动学院与上海版专"上海高校课程思政重点改革领航学院"开展课程思政交流研讨

信息来源：上海高职高专课思与文素教指委

2022-07-27

按　语

近日，上海交通大学机械与动力工程学院和上海版专"上海高校课程思政重点改革领航学院"项目团队、课程思政"三寓三式"范式研究中心团队共同举办课程思政交流研讨会。与会教师就课程思政的改革与建设思路以及成果的凝练进行了充分的交流。上海版专的老师在交流中感到受益匪浅，他们在学习交大老师的经验和感悟的同时，对版专领航学院、范式研究中心的进一步发展有了更加明确的思路。

尚课思

2022 年 7 月 7 日下午，上海交通大学机械与动力工程学院和上海版专"上海高校课程思政重点改革领航学院"项目团队共同举办课程思政交流研讨会。上海工程图学学会理事长、上海交大机动学院课程思政改革小组负责人、博士生导师蒋丹教授，"上海高校课程思政重点改革领航学院"负责人滕跃民教授，印刷包装工程系主任顾萍、副主任肖颖等党政领导，影视艺术系主任张波、副主任王莹，以及两校团队教师参加了本次会议。

研讨会上，上海交通大学（以下简称"上海交大"）首批国家一流课程《设计与制造 I》（金课）负责人蒋丹教授结合该课程特点，从微观层面阐述如何挖掘思政元素，进行课程思政的设计与实施路径的探索。上海交大机动学院办公室主任吴艳琼教授从宏观角度分享了学院课程思政团队建设思路、实施举措，以及目前学院思政课程建设所取得的建设特色成效。滕跃民汇报了体系化"三寓三式"范式内涵与建设经验，同时也向对方分享了领航团队所取得的系列成果和经验。

与会教师还就平台通识课的建设思路以及课程建设成果的凝练进行了充分的交流，上海交大的老师们对上海版专的体系化"三寓三式"范式给予了高度的评价。

大家纷纷表示，要借鉴两校团队在课程思政建设的好经验好做法，积极推进课程思政改革和课程的高质量建设，并以虚拟教研室为契机，进一步加强交流研讨，不断提高立德树人成效。

上海交大是世界一流大学，是"上海市课程思政整体改革领航高校"，其课程思政改革成果丰硕，现拥有两个教育部课程思政示范项目，8 个理工文课程思政领航学院，11 个课程思政特色改革领航团队，目前已有 24 个专业全面推进课程思政改革，已经完成 13 个专业类的课程思政教学指南。上海交大机动学院是上海交大课程思政改革的标杆，成绩显著，经验丰富。上海出版印刷高等专科学校是全国职业教育课程思政改革的排头兵，曾经独立获得上海课程思政教学成果特等奖、全国课程思政教学成果奖，拥有上海课程思政重点改革领航学院和团队、教育部课程思政示范项目，出版有多部课程思政研究论著。这次世界一流大学与高职高专院校开展课程思政交流，在全国尚属首次，这对职业院校进一步开展课程思政改革具有非常重要的意义，我们相信，通过这次非常难得的跨界校际课程思政交流，上海版专的课程思政改革和发展一定能够取得更加辉煌的成就。

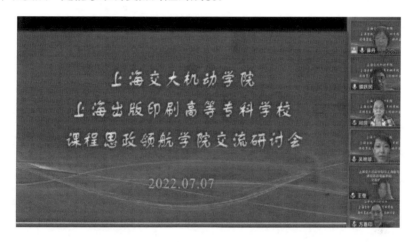

上海出版印刷高等专科学校　供稿

上海电子信息职业技术学院成功举办"高职院校课程思政改革与创新"专题培训

信息来源：上海高职

2022-07-15

为总结经验，推进校际交流，促进沟通合作，前不久，上海电子信息职业技术学院"课程思政示范中心"举办"高职院校课程思政改革与创新"专题培训。培训通过网络直播的形式进行，邀请了上海出版印刷高等专科学校原常务副校长、上海市课程思政与高职高专文化素养教指委主任滕跃民教授、安徽商贸职业技术学院会计学院院长丁增稳教授授课，来自全国各地高职院校的 1 000 余名教师参加了培训。

田钦

上海电子信息职业技术学院党委书记田钦出席会议并致辞。他向两位专家及全国各地参加培训的教师表示热烈欢迎，并介绍了学校的基本办学情况。田书记指出，上海电子信息职业技术学院高度重视"课程思政示范中心"建设。近年来，公共基础学院成功立项了《党

建引领高职院校"三寓三式"课程建设路径的研究》《新时代高职院校大学语文课程思政实践路径研究》两个省部级课题项目，已完成了 18 门课程的课程思政建设方案，目前拥有"课程思政示范"课程 1 门、"优秀课程思政设计奖" 2 个，获课程思政"精彩课程"一等奖、三等奖各 1 个。2021 年，上海电子信息职业技术学院"上海一流高等职业院校建设"项目课程思政示范中心建设项目立项，校方将通过三年时间将该中心建设打造成为集"师资培养、创新研究、课程开发、实践教学、咨询服务于一体"的引领课程思政改革的示范中心，形成可复制、可推广的经验。他强调，在实现"三全育人"责任链中，在学校职业本科创建发展的战略下，要积极探索创新课程思政建设的方法路径，立足课程的育人特点开展课程思政建设，以课程

思政教学改革为突破口，坚持把思想政治工作贯穿教育教学全过程，不断提高人才培养的质量。

滕跃民

培训期间，国家级课程思政教学成果奖获得者、上海高校课程思政重点改革领航学院院长滕跃民教授作了题为《"上海高校课程思政重点改革领航学院"实践探索》的主旨报告。他向大家分享了上海市课程思政领航学院的建设经验，重点介绍了课程思政"课中课"3.0模式，详细剖析了体系化"三寓三式"范式，传递了课程思政的创新理念和创新模式。

丁增稳

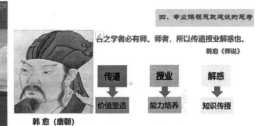

国家级课程思政教学名师丁增稳教授以《专业课课程思政建设和经验分享》为主题，向大家介绍了安徽商贸职业技术学院课程思政建设的成功经验，并围绕《纳税实务》这门课程，详细介绍了实施课程思政的具体做法，强调要通过课程思政实现知识传授、能力培养和价值引领的有机统一。

本次培训会，1 000余名教师齐聚云端共同学习了新时代"课程思政"改革与创新，全方位提升了教师的课程思政建设意识与能力。同时，有效促进了高职院校之间的交流与合作，有利于推动高职院校课程思政建设的发展和进步。下一步，上海电子信息职业技术学院将扎实推进"课程思政示范中心"建设，进一步发挥党组织和党员在课程思政建设的战斗堡垒和先锋模范作用，带领全体教师进行课程思政理论研究、课程标准修订、教材建设、课程思政案例库建设和专著出版等工作。将开展课程思政示范课程、示范教材、优秀案例、教学竞赛等一系列的项目与活动，努力打造一支"师德高尚、技艺精湛、结构合理、充满活力"的课程思政教师团队，引领课程思政建设，为学校职业本科建设贡献力量。

供稿：上海高职高专文化素养教指委

编辑：高职君

平顶山工业职业技术学院成立
"三寓三式"范式研究中心

信息来源：职教界

2022-07-01

按　语

　　六月盛夏，万物葱茏。河南省平顶山工业职业技术学院平顶山学院近日隆重成立"三寓三式"范式研究中心，校领导张立新代表学校思政课程与课程思政教学改革工作领导小组，出席了成立仪式，并作了重要指示。该中心的成立，集中体现了外地兄弟院校虚心学习、积极进取的宽广胸怀，也标志着诞生于上海出版印刷高等专科学校并获全国教学成果奖的课程思政实施范式，开始走出上海，以研究实体的形式向全国进行辐射，是一次历史性的突破。"三寓三式"范式自诞生以来，经过多年的锤炼和完善，已经成为科学化程度较高的全国知名模式，被包括985、211高校在内的大专院校所关注和采用，获得了广泛的赞誉，产生了很好的效果，正在逐渐形成一道亮丽的风景线。我们教指委希望全国有更多高校和职业院校投身于该范式的推广研究，使课程思政改革早日发出更加耀眼夺目的思想性、学术性、系统性和先进性的光芒。

尚课思

　　6月14日上午，平顶山工业职业技术学院首家"三寓三式"课程思政研究中心授牌仪式在机电工程学院四楼会议室举行，开启了平顶山工业职业技术学院思政教育与专业课教学相融合的新模式。学校领导、思政教改办公室主任张立新出席仪式并授牌，机电工程学院全体教师参加仪式，仪式由机电工程学院党总支负责人主持。

　　据了解，课程思政"三寓三式"范式为上海出版印刷高等专科学校首创，"三寓三式"即坚持寓道于教、寓德于教、寓教于乐的理念，通过画龙点睛式、专题嵌入式、元素化合式的实施手段，将立德树人融于知识与技能传授过程，实现育人实效。

　　张立新代表学校思政课程与课程思政教学改革工作领导小组，对平顶山工业职业技术学院首家"三寓三式"课程思政研究中心挂牌成立表示祝贺。他说，"三寓三

式"课程思政教学研究中心的成立，是学校推进课程思政内涵建设的重要举措。学校将第一个"三寓三式"课程思政研究中心放在机电工程学院，既是对机电工程学院领导班子和广大教师的信任，也是一种期待和希望，希望机电工程学院珍惜机会，主动作为，积极探索，为全校研究实践"三寓三式"课程思政教学改革经验开好头、起好步。学校也将以此为契机，借助国企办学优势，发挥自身融合式思政教改模式的特长，在实践中创造新的业绩，攀登新的高峰，开创学校立德树人新局面。

仪式上，机电工程学院负责人汇报了《机电工程学院"三寓三式"课程思政实施方案》，教师代表李全胜结合自身课程思政改革教学经验作了发言，机电工程学院党总支负责人对未来课程思政建设进行了规划和展望。

来源：上海高职高专文化素养教指委

东方新闻：

课程思政　融盐于水　立德树人　润物无声

——2022年上海市职业院校课程思政师资培训（第一期）顺利举办

信息来源：东方新闻

2022-06-22

教育者先受教育，传道者明道信道。为了提升上海市职业院校教师的课程思政能力和水平，上海出版印刷高等专科学校（简称"上海版专"）受上海市教育委员会委托，在上海高职高专课程思政与文化素养教指委的协助下，于6月18日至22日开展了2022年上海职业院校课程思政师资培训（第一期）。培训通过线上形式展开，来自70余所上海中、高职院校的近百名一线教师和教学管理人员参加。

6月18日上午，开班仪式成功举办。上海版专副校长周国明，首都经济贸易大学党委书记韩宪洲，华东师范大学教务处副处长谭红岩，上海高职高专课程思政与文化素养教指委主任委员、上海版专"上海高校课程思政重点改革领航学院"院长滕跃民等领导，特邀专家，以及全部学员参加了开班仪式。开班仪式由上海版专教务处处长汪军主持。

　　周国明在开班致辞中强调，课程思政建设是落实立德树人根本任务的重要战略举措，教师是实施课程思政建设的主体，是课堂教学的第一责任人，是推进课程思政建设的执行者和"主力军"，广大教师的课程思政能力直接关系到课堂教学效果、教学质量和立德树人成效。周国明还介绍了此次培训的课程体系设计，以及重量级的专家师资情况，希望上海版专搭建的校际课程思政建设交流与学习平台能进一步助力上海市课程思政建设与改革工作。上海版专教务处副处长吴娟介绍了培训班的安排及管理要求。

　　此次培训分专题报告和分组研讨两个部分。在专题报告环节，邀请了9位深耕在课程思政领域的专家学者，报告主题涉及课程思政与新时代人才培养、一线教师课程思政的内容选择和融入路径、有关不同专业（学科）课程思政实践探索及其质量评估的思考与实践等。此外，本次培训更加重视学员们的互

上海出版印刷高等专科学校副校长周国明作开班致辞

动研讨，通过小班化模式，将中职和高职院校教师进行分组，学员们就专题报告的学习思考，以及结合教育部和上海市下达的《关于深入推进上海高校课程思政建设的实施意见》等一系列文件，充分交流探讨上海各职业院校课程思政的建设情况，同时分享在教育教学过程中积累的课程育人经验与面临的困惑。

　　此次培训课程体系经过认真调研、精心设计，从课程思政的内涵定义、政策解读、组织实施，到一线教师的课程思政具体实践指导，再到不同学科课程思政的实践探索以及经验分享，最后是课程思政的评价体系，由理论到实践，由实践再到评价，全方位、多维度地进行课程设计，其过程遵循了系统性与科学性。

　　授课专家们结合国家和上海市的文件精神，对课程思政实施过程中容易出现的"表面化""硬融入""贴标签""两张皮"等现象要坚决杜绝；在指明"有所为""有所不为"的基础上，再谈具体的实施路径和实践探索。通过不同学科的思政元素的挖掘和教学设计以及教学案例的展示，使学员们感受到一堂优秀的课程思政教学课堂就应该是有高度、有深度、有温度的。课程思政意义重大，要真正达到"润物细无声"的水平，首先是对教师自身积淀的考验。在互动环节，大家就如何挖掘课程思政元素，如何通过故事引入，如何提升自身知识积累，如何把握考核评价等问题与专家展开思考交流。学员们纷纷表示，专家们的报告很有感染力、有深度、有前瞻性、实操性强，自己深受触动。

培训专题报告

学员认真参加线上培训

在分组研讨中，学员们互相借鉴交流，消化领悟专题报告中学习的知识，同时思考如何运用到自己的专业课程，以及学校的课程思政建设中去。大家都表示，培训让自己受益匪浅，备受启发。

陈溪
老师讲的太好啦！很透彻！
二轻校徐婷洁
张教授讲的非常接地气！收获很大，非常感谢！
上海港湾学校-宗爱芹
张教授是实干家，有理论，有经验，会提炼，会指导。非常感谢。点-线-面-体
上海震旦学院郝荣
生命观是学生三观认知最开始涉及的内容，太重要了
上海震旦学院郝荣
不论学医与否
上海震旦学院郝荣
张老师讲得让自己都触动很深，羡慕张老师的学生
上海立达学院付静侠
同感，羡慕张教授的学生！
交职院王丹丹
学者风范

医药学校卢净
深厚的人文底蕴，信手拈来。对历史素材，用了一个全新的角度，这样的课程思政，学生们怎么会不喜欢呢？太厉害了！
上海农林学院张琰
课程思政是对一个老师文化底蕴的考验
10:24
龚云
沈老师讲的太好了 轻松幽默中学到了知识
版专龚云
一边听一边反思自己
上海石化工业学校 吴敏
课程思政对老师来说，真的是个考验和挑战。
石月
想知道沈老师在工作之前的学习背景与经历；这些课程资源的积累是从什么时候开始的？以及如何平衡好教学、行政工作和生活间的关系[表情]

医药学校卢净
张教授讲的内容涉及非常广，感受最深的三点：1、学生的获得感，这非常重要；2、"亲其师，才能信其道"，老师的范儿，就是最好的影响；3、课程思政的点，就在课程中。
上海震旦学院郝荣 (私聊)
吴老师，求录屏分享，张老师的内容值得三刷~~~
上海立达学院付静侠
原来是这样！推理则不客观。
发送至 上海邦德-崔柳铎 (私聊)
下一个是您
发送至 上海邦德-崔柳铎 (私聊)
控制下时间，谢谢。
2022-06-19 11:16
版专龚云
每次听张教授讲课如沐春风

震旦学院郝荣
土木与人文相结合，大工程的责任感，有情怀的老师被学生拥戴，沈老师很有感染力，收获满满
版专龚云
真正做到了思政融入专业
震旦学院郝荣
南水北调工程从我老家经过，通过沈老师讲座我才知道，家乡土地是膨胀，管道施工的技术难度高，不禁肃然起敬
上海石化工业学校 吴敏
哪里有水，哪里就有河海人！相信学生听了这句话一定会增强对学长对同行的认同、对职业的热爱。
奉贤中专 唐春凤
接地气的课程思政，专业课的思政教育真的很需要，学生有时虽然表面上无所谓的样子，但内心也是懂的

培训学员的反馈

课程思政，融盐于水；立德树人，润物无声。课程思政是落实课程育人的重要保障。此次课程思政师资培训精彩纷呈，是一次中、高职院校课程思政融会贯通的有益尝试，搭建起协同创新、迸发活力的校际课程思政建设交流、学习平台，进一步提升了职业院校教师课程思政教学能力，为推动和深化上海职业院校课程思政的建设与改革提供助力。

山东传媒职业学院信息工程系举行课程思政
"三寓三式"范式研究中心成立仪式

信息来源：山东传媒职业学院　信息工程系校园网

2022-06-14

6月14日，信息工程系举行课程思政"三寓三式"范式研究中心成立的启动仪式。仪式由融媒体技术与运营专业负责人曾琦主持，信息工程系主任董善志发表讲话。

董善志指出，上海出版印刷高等专科学校的"思政教育融入专业实训课的课中课同向同行模式创新与实践"实现了课程思政领域的历史性突破，形成了全国课程思政改革实践的高地，改革的模式被国内同行赞誉为可复制、可推广的"上海经验"。2021年上海版专出版的《课程思政"三寓三式"范式探索与研究》一书，全国高校争相研究和实践。这也是我们成立课程思政"三寓三式"范式研究中心的目的之一。

董善志强调，"三寓三式"是思政与专业课程融合的路径和方法，是课程思政高屋建瓴的总思想。课程思政建设是高校思想政治教育创新发展的客观需要，是一项长期性、系统性的工程。针对我系的课程偏理工科，重在知识与技术层面的掌握和

应用，要想充分发挥理工课程的育人功能，教师只有在教学过程中渗入思想政治教育，才能引领学生在轻松愉快的学习环境中树立起正确的人生观、价值观与世界观，实现立德树人、铸魂育人。各位专业负责人要准确制定专业素质培养目标，课程负责人则要依据专业素质培养目标，根据课程特点将"三寓三式"作为课程思政建设和教育教学的指导思想，挖掘课程思政元素，践行和落实专业素质培养目标。

信息工程系党支部书记张琳宣布课程思政"三寓三式"范式研究中心机构设置及成员名单。

参加仪式的各位老师结合专业与课程进行了深入的探讨。老师们以"三寓三式"范式研究中心为契机，根据信息工程系专业的特色和课程特点，精准挖掘思想政治教育资源，加强"影音思政""数字思政"等特色特点，优化课程思政内容供给，挖掘课程思政元素，践行和落实专业课程思政培养目标。

通过成立课程思政"三寓三式"范式研究中心，结合学院的办学定位和信息工程系的专业人才培养要求，准确把握课程思政建设方向和重点，深入细致地推进立德树人的课程思政改革。

党建引领"三寓三式"课程思政建设再获佳绩
——《加强新时代教师党支部政治把关引领作用研究》获课题成果二等奖

信息来源：上海高职高专课思与文素教指委

2022-05-25

按 语

上海高校党建研究专委会近日公布了 2022 年度课题成果获奖名单，上海电子信息职业技术学院公共基础学院的《加强新时代教师党支部政治把关引领作用的研究》课题成果荣获二等奖，这是高职院校中唯一获得二等奖的单位。课程思政是新时代教育教学的大变革，是一项史无前例的大学问，前进道路充满坎坷。该学院的党组织多年来以党建为引领，迎难而上，大力推进体现课程思政科学化与学术化的"三寓三式"范式的深入发展，取得了多项成果，其精神和经验值得大家认真学习，预祝他们今后再传佳音。

尚课思

近日，上海高校党建研究专委会公布 2022 年度课题成果获奖名单，2021 年专委会下达的课题成果 179 个，经评审，其中一等奖 5 个、二等奖 15 个、三等奖 30 个。上海市高职高专课程思政与文化素养教指委成员单位——上海电子信息职业技术学院公共基础学院书记朱清老师主持的《加强新时代教师党支部政治把关引领作用的研究》课题成果脱颖而出，荣获二等奖，是高职院校中唯一获得二等奖的单位。本课题是在 2022 年度上海市教育科学研究项目《党建引领高职院校"三寓三式"课程思政建设路径的研究》的基础上所获得的佳绩。

课题系统总结了党的十八大，尤其是党的十九届四中全会以来，党中央对高校教师党支部政治把关引领作用提出的新要求和新任务，综合运用理论论证与实践分析相结合的方法，创新性地提出新时代教师政治引领把关作用的内涵特征，并系统地分析了实现教师党支部政治把关引领建设内容的根本路径；通过政治引领把关建设，发挥好教师党支部政治领导力、思想引领力和政治把关，把思想政治工作贯穿

课 题 名 称	完成单位	主要完成人
高校党史学习教育融入立德树人全过程研究	上海师范大学	朱 政
高校院系党组织领导基层治理效能评价体系研究	同济大学	石 成
高校党建引领激发人才创新活力机制研究	东华大学	寿晨燕
高校融入区域化党建的机制优化研究	华东师范大学	夏建国
加强高校教师党支部在教师队伍建设中的政治把关作用研究	复旦大学	陈 洁

二等奖：

课 题 名 称	完成单位	主要完成人
从党的非凡历史中找寻初心、激励使命研究	上海海洋大学	朱克勇
加强公立医院党建和业务工作深度融合的机制研究	复旦大学附属妇产科医院	陈 洁
高校研究生党支部"唱主角"的机制研究	复旦大学	罗英华
强化高校教师党支部在基层工作中"唱主角"路径研究	上海对外经贸大学	刘素贞
加强高校"四项监督"统筹衔接的研究	上海健康医学院	李明磊
高校统一战线服务党的中心工作路径研究	复旦大学	周 鹏
高校二级院系参与区域化党建的机制研究	上海交通大学	李振全
提升高校基层党组织党建质量研究	上海大学	祁 晶

课 题 名 称	完成单位	主要完成人
高校党员活动室推动基层党建创新实践研究	同济大学	杨秋华
新时代高校附属医院基层党组织党课质量提升路径的研究	上海中医药大学	王 佩
加强新时代教师党支部政治把关引领作用的研究	上海电子信息职业技术学院	朱 清
全面提高公安院校学生党员发展质量研究	上海公安学院	郎 炯
新冠肺炎疫情防控背景下医学院校提升党员教育质量研究	上海交通大学医学院	葛鹏程

三等奖：

课 题 名 称	完成单位	主要完成人
从党的非凡历史中找寻初心、激励使命研究	上海对外经贸大学	方旭光
把党史学习教育贯穿立德树人全过程研究	上海海洋大学	夏雅敏
以百年党史激励高职高专院校教师使命路径研究	上海出版印刷高等专科学校	张 华
党史教育融入大学生党员理想信念教育研究	上海中医药大学	沈 漫
深入推进高校机关党建与业务工作深度融合研究	华东师范大学	斯 阳

教育教学、科研、服务等活动全过程，把我们党的政治优势有效转化为培养德智体美劳全面发展的社会主义事业建设者和接班人能力，真正做到为党育人、为国育才。

下一步，朱清老师将会继续扎实研究基层党建和课程思政建设，持续推进党建引领"三寓三式"课程思政建设，发挥教师党支部在课程思政建设的战斗堡垒作用、党员的先锋模范作用，构建党建引领课程思政建设的一体化系统，促进"三寓三式"范式进一步的深入研究，达到教书育人的效果最大化，从而实现在向学生传授专业知识的同时，使学生树立正确的世界观、人生观和价值观，使各类课程与思想政治理论课同向同行，形成协同效应，有效推动高校"三全育人"目标的实现，以及协同育人大格局的形成。

上海工程技术大学高职学院举行
"三寓三式"范式研究中心启动仪式

信息来源：上海高职高专课思与文素教指委

2022-05-11

按　语

　　近日，上海工程技术大学高职学院管理系举行经管类课程思政"三寓三式"范式研究中心成立的启动仪式，仪式由系主任袁建昌教授主持。这是第一个研究经济管理类微观课程思政的"三寓三式"范式研究中心，该研究中心今后将围绕上海版专的"三寓三式"范式，基于高职的经管类专业，结合学院的办学定位和专业人才培养要求，准确把握课程思政建设方向和重点，深入细致推进立德树人的课程思政改革。老师们决心以"三寓三式"范式为指导，根据经管类专业的特色和课程特点，精准挖掘思想政治教育资源，修订专业人才培养方案和各专业课程的大纲标准，科学设计本课程的课程思政建设目标，优化课程思政内容供给，完善课程单元的"教学设计及实施"，编写"课程教学指南"。我们预祝该中心在袁建昌教授的带领下，

积极抓示范、树标杆，形成可供同类课程借鉴共享的经验做法，早日在经管类课程思政改革中获得丰硕成果。

尚课思

上海版专成立课程思政"三寓三式"范式研究中心

信息来源：上海高职高专课思与文素教指委

2022-04-27

按　语

　　当前上海正处在新冠疫情防控关键时刻，广大高校教师全力投身于抗击新冠病毒的战斗中。上海出版印刷高等专科学校影视艺术系广大教师凝心聚力、共克时艰，在认真开展线上教学，努力确保教学质量的同时，自我加压，开拓进取，积极开展课程思政的专业化研究。近日他们率先成立了基于微观层面的课程思政"三寓三式"范式研究中心。"三寓三式"范式在全国享有盛誉，被包括著名双一流本科高校在内的许多高校所采用，已经成为全国课程思政的一个知名品牌。"三寓三式"范式是由我校创立并获 2018 年国家级教学成果奖，为市级课程思政领航学院、教育部课程思政示范课程建设打下了坚实基础，并做出了显著的贡献。该中心的成立，对于课程思政改革与建设的深入发展具有重要的意义。该系的系主任张波老师担任该中心的主任。张波老师是上海市级劳模、上海市第三届青教赛特等奖获得者、上海市"四有"好老师，她对课程思政的改革建设倾注了大量的心血，取得了许多令人瞩目的成绩。让我们预祝该中心在她的带领下，在骨干教师的努力下，以习近平新时代中国特色社会主义思想为指导，坚持立德树人，登高望远，勤奋耕耘，围绕课程思政方式方法和路径手段的先进性、科学性、学术性、思想性、操作性等方面，积极开展深入的研究，使"三寓三式"范式不断开出鲜艳的花朵。

尚课思

　　当前正处在新冠疫情防控关键时刻，上海出版印刷高等专科学校广大教师积极开展线上教学，为坚决打赢学校疫情阻击战与保卫战贡献力量。影视艺术系深入学习贯彻习近平总书记关于教育的重要论述和全国教育大会精神，落实教育部《高等学校课程思政建设指导纲要》《关于深入推进上海高校课程思政建设的实施意见》等文件要求，于 4 月 14 日举行课程思政"三寓三式"范式研究中心成立的线上仪式，仪式由系主任张波主持，校课程思政中心执行主任滕跃民教授及相关骨干教师出席了会议。

该研究中心以习近平新时代中国特色社会主义思想为指导，坚持立德树人，坚持发挥专业教师"主力军"、专业课程建设"主阵地"、专业课堂教学"主渠道"不可替代的作用。上海高校的课程思政改革开始进入 2.0 时代，我校作为全国高职战线课程思政改革建设的领头羊和排头兵，其课程思政已经完成了以体系化"三寓三式"范式为核心内容的"课中课"3.0 任务，正在向 4.0 目标进军。我校课程思政"三寓三式"范式在全国享有盛誉，并被包括著名双一流本科高校在内的许多高校所采用，有些高校的相关研究论文获省部级的自然科学优秀论文一等奖。该范式研究中心的成立是上海高校在范式领域深入开展课程思政改革建设实践的首次尝试，其目的就是为了更加全面深入和科学系统地研究课程思政"三寓三式"范式，聚焦范式建设重点、难点、前瞻性问题，对我系课程思政理论建设、内容模式进行调查分析，引导全系教师开展形式多样的课程思政研究与实践，组织学术交流活动，打造多维度、高质量的"大思政课"，使该范式在课程思政改革建设的永恒主题中不断唱出优美的旋律。

中心成员由系领导和多名骨干教师组成。在成立仪式上，大家纷纷表示，虽然范式研究很超前，难度很大，道路很崎岖，但我们有国家级课程思政教学成果奖的基础，以及前期"三寓三式"范式研究的积累，在校课程思政研究中心的指导下，我们有决心有信心把范式研究得更好更完善，使该范式不断彰显出思想性、学术性、时代性、先进性、针对性和有效性。

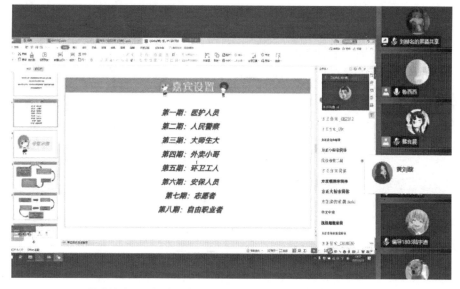

结合抗疫，影视编导专业学生创作的《众志成城》节目策划案

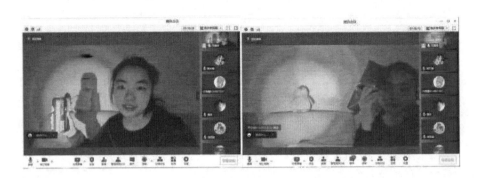

拓展"三式" 教学法,《灯光设计与调控课程》 的 "云实验室" 教学活动

疫情期间,广大教师为进一步提升线上教学的质量,发挥课程思政在线上教学中的促进作用,充分利用网络资源、线上教学平台,凝心聚力、共克时艰,开展了一系列的课程思政探索与实践。

下一步,学校将发扬奉献精神,不忘初心、砥砺前行,加快推进课程思政理论研究和实践探索,发挥"三寓三式"范式的示范引领作用,形成"校校有精品、门门有思政、课课有特色、人人重育人"的良好局面,从根本上提高社会主义现代化建设者和接班人的培养质量,贡献出我们每一位人民教师的才华和力量。

稿件来源:上海版专校园网

"三寓三式"范式研究首次获批"2022 年度 上海市教育科学研究项目"立项

信息来源：上海高职高专课思与文素教指委

2022-04-21

按 语

上海出版印刷高等专科学校作为全国高职战线课程思政改革建设的领头羊和排头兵，其课程思政已经完成了以体系化"三寓三式"范式为核心内容的"课中课"3.0 版任务，正在向 4.0 版目标进军。该校的"三寓三式"范式在全国享有盛誉，被包括著名双一流本科高校在内的许多高校所采用，已经成为全国课程思政的一个知名品牌。

上海电子信息职业技术学院的朱清老师基于"三寓三式"范式，积极探索、勇于进取，她的《党建引领高职院校"三寓三式"课程思政建设路径的研究》获批"2022 年度上海市教育科学研究项目"立项，从而在"三寓三式"的研究领域取得了新的成绩，实现了新的突破，成为深入研究"三寓三式"范式的第一个教育科学研究项目。

当前，上海正处在新冠疫情防控关键时刻，朱清老师以课程思政改革为动力，积极开展线上教学，努力提高教育教学质量。我们大家都要向朱清老师学习，并预祝她再接再厉，在课程思政的思想性、科学性、时代性、前瞻性和有效性方面再获新成果，更上一层楼。

尚课思

近日，2022 年度上海市教育科学研究项目立项名单公布，上海电子信息职业技术学院公共基础学院书记朱清老师主持的《党建引领高职院校"三寓三式"课程思政建设路径的研究》项目获批立项。

"三寓三式"范式是上海出版高等专科学校 2018 年国家级教学成果奖的核心内容，在全国高教和职业界具有广泛的影响力。这次立项的项目是以发挥学校各级党组织在课程思政建设的战斗堡垒作用为目的，构建党建引领课程思政建设的一体化

立项名单

3.市级一般项目

序号	申请人	工作单位
1	陈玉刚	复旦大学
2	陆靖	上海海事大学
3	周欣	上海交通大学医学院
4	林立涛	上海交通大学
5	许晓茵	复旦大学上海医学院
6	马亮	上海大学
7	李崟	上海体育学院
8	姜锋	上海外国语大学
9	纪之光	上海健康医学院
10	朱雪冰	上海外国语大学
11	魏群	上海市宝山区七色花艺术幼儿园
12	李燚	上海大学
13	张鹏	上海健康医学院
14	黄黎明	上海出版印刷高等专科学校
15	顾相伟	上海开放大学
16	吴薇	华东师范大学
17	金江波	上海大学
18	赵丽	华东师范大学
19	王昆	上海交通大学
20	杜川嫚	上海市浦东新区浦三路小学
21	奚英	上海市浦东新区致立学校
22	张攀	华东理工大学
23	冯媛媛	上海市嘉定区徐行小学
24	虞蓉	上海工程技术大学
25	万金城	上海立信会计金融学院
26	钟广涛	上海市同济黄浦设计创意中学
27	郑钢	上海市浦东新区进才中学东校
28	池奕桦	上海市浦东新区东昌幼儿园
29	何修传	上海电机学院
30	张雯	上海市宝山区教育学院
31	区桦	上海市建平中学
32	顾卫峰	复旦大学附属中学青浦分校
33	朱炜	上海市杨浦区教育学院
34	吴敏	上海应用技术大学
35	李啸瑜	上海市南洋模范中学
36	何爽	上海立信会计金融学院
37	沙琨	中国人民解放军海军军医大学
38	黄紫红	华东政法大学
39	徐娟	上海师范大学天华学院
40	范凤美	上海交通大学附属中学
41	张榉文	复旦大学
42	李继龙	上海交通大学附属中学嘉定分校
43	李坤	上海政法学院
44	董翠香	华东师范大学
45	朱清	上海电子信息职业技术学院
46	顾忆菁	上海外国语大学
47	高洁	上海市宜川中学
48	戴丽丽	上海市徐汇区宛南实验幼儿园
49	陈美莲	上海市中原中学
50	周卫倩	上海市嘉定区实验幼儿园
51	唐波	华东政法大学
52	周诗卓	上海市浦东新区唐镇幼儿园
53	刘友霞	上海市普陀区教育学院
54	方士心	复旦大学
55	李梦达	上海电机学院
56	刘艳丽	上海电机学院
57	郑允华	中国福利会少年宫
58	祝菲尔	华东师范大学
59	来慧洁	上海大学
60	朱政	上海音乐学院
61	孟琰玲	上海大学附属嘉定高级中学

系统，促进"三寓三式"范式进一步的深入研究，达到教书育人的效果最大化。"三寓三式"课程思政的理念就是寓道于教、寓德于教、寓教于乐，其路径是采用画龙点睛式、专题嵌入式和元素化合式，并用"五化五式"即情景化、故事化、启发式、互动式等快乐教学方法开展教学，在"汤里放盐"的基础上"加糖"，从而实现在向学生传授专业知识的同时，引导学生树立正确的世界观、人生观和价值观，使各类课程与思想政治理论课同向同行，形成协同效应，有效推动高校"三全育人"目标的实现和协同育人大格局。

此项目的成功立项，代表了"三寓三式"的范式研究有了新的突破，也体现了朱清老师在该领域的思想性、学术性研究方面迈出了关键性的一步，产生了积极的影响。朱清老师下一步将深入研究以"三寓三式"范式为特色的课程思政建设，归纳高职院校课程思政建设的经验做法，探索党建引领高职院校"三寓三式"课程思政建设的新模式，使党建与课程思政有机融合，科学构建党建引领课程思政建设一体化系统，真正将价值塑造、知识传授和能力培养融为一体，为党育人、为国育才。

学习强国：【城市教室】
课程思政精品课｜"静电照相印刷"
课程思政教学设计

信息来源：学习强国

2022-03-24

全面推进课程思政建设，要寓价值观引导于知识传授和能力培养之中，帮助学生塑造正确的世界观、人生观和价值观。全面推进课程思政建设，教师是关键，要推动广大教师进一步强化育人意识，找准育人角度，提升育人能力，确保课程思政建设落地落实。

教师如何从学校、专业整体育人架构出发，根据不同学科的特色和优势，挖掘课程思政资源，提炼专业教学体系中蕴含的思想价值和精神内涵？如何创新课堂教学模式，采用适当教学方法，提升课堂育人效果？为此我们精选了一批优秀的课程思政教学案例，为广大教师开展课程思政工作提供有益借鉴与参考。

上海出版印刷高等专科学校是全国高校中最早开设《静电照相印刷》类课程的学校，《静电照相印刷》是数字印刷专业的核心课程，本课程建构以"课中课"为基础，将思政要素与专业知识点、技能点有机地融合在一起，达到润物无声的效果。

在课程方案设计和课程建设中，因地制宜、有选择地结合课程思政"三寓三式"（寓道于教、寓德于教、寓教于乐；画龙点睛式、专题嵌入式、元素化合式）快乐教学和"五化五式"（情景化、形象化、故事化、游戏化、幽默化；启发式、互动式、讨论式、探究式、案例式）的要求，进行课程思政的方案设计，把思想政治工作贯穿教育教学全过程，通过对教学目标、教学内容、教学方法和载体等环节的有效设计和实施，体现德育内涵，发挥专业课程的价值渗透作用及对大学生的价值引领作用。经过发展，以构建全员、全过程、全方位育人的思政工作新格局为目标导向，《静电照相印刷》积极推进"专业课程"向"课程思政"的创造性转化。

（本期主讲人：方恩印，上海出版印刷高等专科学校）

相关链接：https：//article. xuexi. cn/articles/index. html？ art ＿ id＝1366206259025 8873210&source ＝ share&cdn ＝ https% 3A% 2F% 2Fregion-shanghai-resource&study ＿ style ＿ id ＝ video ＿ default&share ＿ to ＝ wx ＿ single&study ＿ share ＿ enable ＝ 1&study ＿ comment ＿ disable ＝ 1&ptype ＝ 0&item ＿ id ＝ 13662062590258873210

东方网：上海出版印刷高等专科学校课程思政研究中心全力打造"一"号品牌

信息来源：东方网

2022-02-28

多年来，在教育部职成司领导、上海市教卫工作党委和上海市教委领导的关心支持下，在学校党委的大力推动下，上海出版印刷高等专科学校课程思政研究中心（以下简称"中心"）认真贯彻落实习近平总书记的重要讲话精神和有关中央文件精神，努力拼搏、积极进取，取得了一系列令全国同行关注的辉煌成绩，成为上海市高职高专唯一的"课程思政教学研究示范中心"。中心配合学校强化示范引领，强化资源共享，全面推进课程思政高质量建设，将思政工作体系贯穿于人才培养体系全过程，构建全员、全程、全方位育人大格局。

一、成绩喜人，成果丰硕

中心全力打造上海市和全国课程思政的"一"号品牌，准确把握"坚定学生的理想信念，教育学生爱党、爱国、爱社会主义、爱人民、爱集体"的主线，现在已经获得全国职教战线第一个国家级课程思政教学成果奖、上海职教战线第一个市级课程思政教学成果特等奖、上海高职高专第一个"上海高校课程思政重点改革领航学院"。除此以外，专业课程《静电照相印刷》入选教育部首批课程思政示范项目，学校还拥有第一本公开出版的系统介绍课程思政改革的论著，第一个国家级课程思政教学成果奖应用推广工程，第一本公开出版的以弘扬中华优秀传统文化为主题的《2017—2019上海出版印刷高等专科学校班尼印刷大奖作品集》，全国高职文化素质教指委授予上海高职战线的唯一一个"课程思政研究中心"，更是拥有第一个被《中国高等职业教育质量年度报告》收录的课程思政改革的经典案例。中心负责人公开出版的课程思政论文篇数名列全国第一。中心始终奋发图强，拼搏攀登，探索创新课程思政建设的方法与路径，构建全面覆盖、类型丰富、层次递进、相互支撑的课程思政体系，加快形成"系系有精品、门门有思政、课课有特色、人人重育人"的良好局面，努力成为课程思政改革的领头羊和排头兵。

二、埋头苦干，砥砺前行

中心的工作具有重实际（发现问题、解决问题）、重实践（调查研究，构建模式）、重成果（梳理凝练，总结推广）的"三重"特色，注重课程思政改革的思想性、前沿性、时代性、针对性、先进性，深入开展课程思政改革的科学化、学术化、专业化研究。中心注重体现学校的办学定位和专业特色，注重价值塑造、知识传授与能力培养相统一，科学设计课程目标和教案课件，将思政教育有机融入课程教学，在前期"三微一体"的"课中课"1.0版的基础上，又首创了以融入"三元"的"三寓三式"范式为特色的"课中课"2.0版。"三元"就是思政道德、职业操守、人文素养，"三寓"就是"寓道于教、寓德于教、寓教于乐"，"三式"就是"画龙点睛式、专题嵌入式、元素化合式"，从而实现了春风化雨、润物无声、潜移默化的育人目标，在全国产生了积极和广泛的影响力。

中心在全校由点到面地循序推进课程思政改革，广大专业老师坚守专业课程建设"主阵地"，通过专业课堂教学"主渠道"，发挥课程思政改革"主力军"的关键作用。现在全校已有150余门课程进行了校系两级课程思政改革，经过专家评审，绝大部分课程通过验收，其中有40门课获得优秀。围绕我校的"三寓三式"范式，老师们撰写了大量的课程思政改革的体会、经验总结、课程大纲、课程标准、教学指南等，总计200余篇。老师们在各种优质期刊上公开发表的课程思政研究论文共计有60余篇。去年以来，学校掀起了党史融入课程教学的热潮，中心及时开展指导，发挥了关键作用。根据职业教育特点，中心率先提出要基于产教融合和校企合作来开展课程思政改革的观点，并督促指导各系与大型国企、电影制片厂、出版社等建立校企合作课程思政育人基地，邀请行业先进模范宣讲专业党课。去年上影集团党委书记、电影《攀登者》总制片人任仲伦，以"红色指引我们前行"为主题，介绍了《攀登者》电影的创作和拍摄历程，给全校师生上了一堂充满正能量的党课。

三、基础扎实，底蕴深厚

中心从2012年开始课程思政改革的前期工作，2013年获批上海教卫党委立项的第一个课程思政改革项目（2014年以优异成绩通过验收）。该项目是在专业实训中加入劳动光荣、工匠精神、爱国主义、科学精神、奋斗精神等思政元素，将技能训练、知识传授和价值引领进行有机结合，取得很好的成效，并形成了"课中课"模式，以后逐步扩展到专业理论课。2017年至2019年，在上海市教委"上海市课程思政重点培育校"项目的资助下，学校共建设了79门课程。在中心的精心指导下，2019年学校入选"上海高校课程思政重点改革领航学院"。学校以此为契机，开始全面、系统地推进课程思政建设。通过全校各系积极的申报，学校遴选推出 4 个校级领航学院，形成了 1 个市级领航学院示范引领，4 个校级领航学院全面推进的良好建设格局。

中心的课程思政改革工作始终坚持"走深走实"，结合所在专业、所属课程类型的育人要求和特点，深入挖掘其中所蕴含的思政教育资源，优化课程思政内容供给，相关的成果案例精彩纷呈。2020 年学校获 2 门"上海精品在线开放课程"、3 支"上海教师创新团队"等荣誉，3 门金课达到了上海市教委的要求，5 位老师获得上海课程思政各类竞赛的嘉奖。在 2020 年上海高职"战疫课堂"课程思政典型案例评选中，我校有 3 位老师分获一、二、三等奖，获奖数名列前茅；更为可喜的是，有 1 位青年老师获上海青教赛特等奖，并被评为上海市劳模。中心重视在实习实训中开展劳动育人，四年前公开出版了借助于寓教于乐的手段，通过劳动育人培养学生的工匠精神的视频光盘，视频共分《专色油墨调配》《纸张处理》《产品印刷》三集，填补了行业职业教育的空白。

正是因为多年来积累的基础和底蕴，2021 年，中心在申报课程思政教学研究示范中心的过程中，所整理总结的高质量材料达 70 多万字。

四、领导重视，政策齐备

中心聚焦课程思政教学实践和理论研究，发展定位准确，育人理念先进，工作规划清晰，任务职责明确，运行机制完备，建设特色鲜明。中心之所以能取得以上显著成绩，与学校一把手的重视和推进密切相关。校党委书记顾春华、校长陈斌任中心主任，校职教（高教）所所长、原常务副校长滕跃民任执行主任，中心为独立设置的校级研究机构。为提高运转效率，校教务处、规划处、教工部、思政部、学工部和二级系部等部门的领导担任中心副主任，各系骨干教师、思政老师、企业骨干等为中心的成员。中心每年制定三全育人工作计划，研究和解决课程思政改革中的各种问题。中心运行规范，有"双月汇报""单月例会""通讯员"等制度。中心坚持选优推广的工作机制，总结提炼学校的"上海高校课程思政重点改革领航学院"和各系部"校级课程思政领航学院"的经验，并组织中心的骨干教师向全校各系、全国兄弟院校进行宣传推广。中心建立了激励机制，将教师的中心活动参与情况、课程思政的实施成效，作为教师的年度考核、职称晋升等工作的重要参考。

五、交流培训，辐射全国

中心在政策、经费和条件等方面保障有力，具有开展课程思政教学设计、分享、展示、培训、研讨等活动的良好基础和支撑能力。中心围绕课程思政改革建设，开展经常性的教师交流、观摩和培训活动，积极推动教师课程思政建设能力的整体提高。中心近年来组织学校老师与全国近 100 所院校的领导和教师开展互动交流和观摩。中心组织我校 10 多位老师对全国 80 余所兄弟学校的骨干教师进行培训，宣讲建设经验。培训的内容主要围绕"课中课"模式，聚焦"三寓三式"范式，同时涵盖"三微一体""道法术器""五项负面清单""2-4-8 实施方针"等内容展开。截至目前，培训总规模已达 8 000 多人次，时长总计达 400 课时。通过培训，学员普遍感到收获很大，真正拓宽了视野，开阔了眼界。有不少学员说，以前听了不少专家教授的报告，心情很激动，跃跃欲试，但一直找不到方向和抓手，不知如何落地，感到困惑和焦急，经过上海版专老师的点拨后，马上豁然开朗，明确了方向，找对了门路。很多学员和我们的老师成了知心朋友，经常开展交流，互相切磋。中心发起的全国首个课程思政国家级教学成果奖的应用推广工程，反响强烈，影响积极，充分证明了中心良好的培训效果。交流培训是中心今后发挥我校课程思政改革辐射效应，促进校际课程思政改革建设共同体发展壮大的抓手、平台和推进器。

信息来源：东方网　2022 年 2 月 28 日

相关链接：https：//j. eastday. com/p/1646019752034580

鄂尔多斯职业学院参与完成国家级教学成果奖
应用推广工程课程思政课题研究

信息来源：上海高职高专课思与文素教指委

2022-01-12

按　语

上海版专的课程思政"三寓三式"范式在全国有较大的影响力，受到了许多兄弟院校的关注。鄂尔多斯职业学院的教师在校领导的带领下，积极借鉴"三寓三式"范式的先进经验，认真开展课程思政改革，取得了可贵的成绩。他们基于"三寓三式"范式课题研究发表的1篇论文获得自治区自然学术年会优秀论文一等奖，1件微课作品在内蒙古开放大学微课比赛中获得了一等奖，1项有关课程思政建设的课题获批自治区十三五教育规划研究课题立项，从而使"三寓三式"首次在自然学术领域实现了零的突破，这象征着课程思政在科学化、学术化方面的研究迈出了坚实的步伐。这些成绩标志着沪蒙职教协作结出了硕果，也为今后协作的发展奠定了扎实的基础。

注：自然学术会议依托自然科研高端学术出版的影响力，致力于清晰准确地传播科学成果，并促进科学家之间的沟通与合作，同时也帮助中国科研人员与全球最前沿科学话题与科研进展保持同步。

尚课思

　　为探索课程思政建设的路径，鄂尔多斯职业学院积极参与由上海出版印刷高等专科学校牵头的"课中课"国家级教学成果奖应用推广工程课题研究，圆满完成该工程的研究与推广，并作为副主编单位与上海版专合作出版《课程思政"三寓三式"范式探索与研究》论著，基于课题研究发表的1篇论文获得自治区自然学术年会优秀论文一等奖，1件微课作品在内蒙古开放大学微课比赛中获得了一等奖，1项有关课程思政建设的课题获批自治区十三五教育规划研究课题立项。学院借鉴上海版专的先进经验，结合实际，有选择地应用"三寓三式"模式进一步推动课程思政建设，为教师开展课程思政教学提供了新思路。综上所述，鄂尔多斯职业学院推广并凝练课程思政教学改革的典型经验做法，带动课程思政教育的改革创新，形成课程思政改革的辐射效应，在推动课程思政改革方面取得了显著成绩。

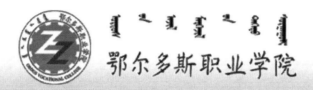

来源：鄂尔多斯职业学院官网

学校召开 2021 年度思想政治暨
"三全育人"工作会议

信息来源：上海出版印刷高等专科学校校园网

2021-11-25

　　11 月 24 日下午，我校在水丰路校区图书馆五楼小剧场召开 2021 年度思想政治暨"三全育人"工作会议。会议以习近平新时代中国特色社会主义思想为指导，深入学习贯彻党的十九大及十九届二中、三中、四中、五中、六中全会精神，围绕立德树人根本任务，总结交流了学校思想政治工作经验，并就推进下一阶段的学校思想政治工作和"三全育人"工作作出部署和安排。全体校领导、中层正职干部参加会议。会议由校长陈斌主持。

　　党委副书记、副校长黎卫从出台背景、指导思想、整体框架和全文解读四个方面对《关于新时代加强和改进思想政治工作的意见》进行了传达。

　　党委宣传部、马克思主义学院、教务处、教师工作部、学生工作部、印刷包装工程系分别围绕学校"三全育人"工作开展情况、马克思主义学院建设情

况、课程思政建设情况、教师师德师风建设情况、学生思想政治工作开展情况、领航学院建设进展情况等方面进行了汇报。

校长陈斌强调，思想政治工作是我们党的优良传统、鲜明特色和突出政治优势，是一切工作的生命线。各系部（学院）、各职能部处要汇集育人资源和力量，聚焦全过程的育人领域和环节，整合各方面的育人途径和载体，把"三全育人"融入思想政治教育、文化知识教育、社会实践教育各环节。要通过促进育人主体、育人过程和育人场域的深度协同，打通思想政治工作中可能存在的盲点、断点，增强思想政治工作的系统性。要将三全育人工作融入学校事业发展，开创新时代学校思想政治工作新局面。

党委书记顾春华作总结讲话。他指出，2021 年是中国共产党建党 100 周年，是"十四五"规划开局之年，也是学校全面开启奉贤校区建设、大力推进本科层次院校建设的关键一年。站在两个一百年的历史交汇点上，我们要聚焦思想引领，坚持守正创新。一要高度重视，充分认识思想政治工作的地位和作用、我校思想政治工作面临的机遇和挑战；二要五育并举，全面推进课程思政建设，深入挖掘校园文化特色，着力构建网络育人机制；三要协同育人，建设好思政课教师队伍，充分发挥党建在思想政治工作中的引领作用。

党委（校长）办公室　供稿

东方网：践行育人初心，担当育才使命
——上海版专印刷包装工程系坚持立德树人，干事创业显成效

信息来源：东方网

2021-11-22

　　上海出版印刷高等专科学校（简称"上海版专"）印刷包装工程系坚持社会主义办学方向，坚持立德树人根本任务，牢记为党育人、为国育才使命，围绕学生成长诉求、时代发展要求、社会进步需求，积极构建立体联动、实践创新的工作格局，着力培养担当民族复兴大任的时代新人。

一、强化政治引领，加强队伍建设

1. 聚焦"学"，宣传思想凝心聚力

　　坚持党建引领，上海版专印刷包装工程系党总支各支部认真落实"三会一课"，创新运用"曲艺党课""音乐党课"等形式开展"不忘初心、牢记使命"主题教育和"党史"学习教育，深入学习习近平总书记"七一"重要讲话精神和十九届六中全会精神，积极推进党的创新理论深入人心。教工党支部充分发挥党支部的战斗堡垒作用和党员的先锋模范作用，在2019、2021年连续荣获上海理工大学系统"先进基层党组织"称号。

2. 聚焦"做"，队伍建设成效彰显

　　上海版专印刷包装工程系现有国家骨干高职院校重点建设专业2个，上海市"085"工程重点建设专业2个，上海市一流建设专业2个。印刷媒体技术专业于2018年10月接受了ACCGC组织（针对高校印刷专业进行教学评估的国际组织）的现场评估，是我国印刷高等教育第一个接受ACCGC认证并通过的印刷媒体类专业。系部获2019年"上海高校课程思政领航计划"领航学院，《静电照相印刷》课程成功入选教育部首批课程思政示范项目。系部有国家教学名师1名、全国技术能手1名、全国新闻出版行业领军人才1名、上海市教学名师2名、上海市育才奖3名、上海市巾帼建功标兵1名、上海市教育系统巾帼建功标兵1名、上海市教育系统三八红旗手1名，并拥有国家教学团队1个、全国高校黄大年式教师团队1个、上海市优秀教学团队3个、上海市教师教学创新团队立项2个培育1个，师资力量雄厚。

二、夯实育人实效，优化育人育才模式

1. 以专业技能为重点，搭建创新实践平台

以技术技能与职业素养为导向，上海版专印刷包装工程系注重提升学生的创新能力、技能操作能力和职业竞争力，大力弘扬工匠精神，培养信念执著、品德优良、知识丰富、本领过硬的高素质专门人才和拔尖创新人才，积极组织参加并搭建各类职业技能大赛平台，以赛促教、以赛促学。学生在各类技能大赛中成绩斐然，获得了第 43 届世界技能大赛银牌、第 42 届世界技能大赛铜牌、第一届全国行业技能大赛印刷媒体技术金奖、2019 年度"中国大学生自强之星"、美国印刷大奖班尼奖（Benny Award）金奖、ACA 世界大赛中国赛区第一名、第九届全国高校数字艺术设计大赛二等奖等。

2. 以特色发展为载体，打造技能传承平台

上海版专印刷包装工程系坚持特色发展，注重文化传承，打造印刷技术专业特色技能传承平台"印艺学社"。印艺学社秉承"传承印刷文化，弘扬志愿精神"的理念，在传承中国出版印刷优秀文化中持续积极创新，坚持"工文艺融汇、编印发贯通、教学做互动"，注重学生专业技术技能训练和职业素质培养，理论联系实践，校企合作、产教融合，企业、学校、学生闭环联动发展，获 2021 年度上海市青年五四奖章集体荣誉称号。

三、强本固基提质量，增强专业影响力

1. 坚持"以人为本"，提高教学资源质量

上海版专印刷包装工程系着力构建"以学生为主体，以能力为本位，以工学结合为核心"的人才培养模式，做实"三全育人"工作体系；持续拓展教学资源，不断提升教学质量，积极探索工学结合办学模式，教学改革成果显著。在系部师生的共同努力下，荣获国家教学成果二等奖 2 项、上海市教学成果特等奖 1 项、上海市教学成果一等奖和二等奖各 2 项、全国新闻出版教育教学指导委员会教学成果特等奖和一等奖各 1 项；并拥有国家精品资源共享课 2 门、国家精品课程 3 门、上海市精品课程 8 门、国家专业教学资源库 1 项、上海市专业教学资源库 1 项、全国新闻出版教育教学指导委员会精品课程 4 门、出版教材 16 种（其中国家规划教材 4 种），其中《印刷色彩管理》获得首届全国教材建设二等奖。

2. 坚持紧抓科研，深耕专业激发活力

上海版专印刷包装工程系聚焦国家重大战略、行业发展趋势和地方经济社会发展，紧抓科研攻关不放松，行业影响力不断提升。系部多次承担了上海市教委科研

创新项目、上海市自然基金申报项目和国家新闻出版总署重点实验室招标课题项目。近两年来，系部共计拥有纵横向科研项目 78 项；发明专利 30 项，3 项实用新型专利转化；核心期刊论文 25 篇；荣获局级以上的科技奖项 3 项。其中，"一种柔印业废水膜处理中水回用及废泥渣资源化回收利用系统"荣获上海市科学技术协会第 32 届上海市优秀发明银奖，"柔印污泥的减量化处理研究"荣获教育部高等学校轻工类教学指导委员会举办的首届"金印杯"全国大学生印刷科技创新竞赛二等奖。

四、担当社会责任，拓展社会服务

充分聚焦应用特色，寻找自身技能资源与社会需求的"耦合点"，依托自身专业优势，主动融入区域社会经济文化发展大系统，对接社会需求，拓展服务方式，积极传播"精益求精、爱岗敬业、守正创新"的工匠精神。近年来，上海版专印刷包装工程系充分利用"双师型"教学团队优势，面向社会及行业企业积极开展各类专业培训和学历教育，累计为企业提供职业技能培训达 12 000 名次，助力 5 名上海职工选手荣获全国印刷行业技能大赛一等奖；又利用国家级专业教学资源库，开展线上培训（尤其是疫情期间）培训 3 000 名次；更是联合全国信息化工程师 NACG 数字艺术人才培养工程办公室全国高校数字艺术大赛组委会，举办交互电子书制作师资培训、Aquafadas 中国培训认证中心师资技术培训、基于 AR 技术的产品创意可视化制作培训等，累计培训 15 000 名次；依托"毕昇工坊"，为"一带一路"沿线学员举办"技能 + 文化"培训，辐射学员达千余名；在江西寻乌建立红色教育实践基地，利用专业优势，为当地农产品设计铁罐包装，帮助寻乌县打造优质农特产品品牌，提升价值、开拓市场。

进入新时代，踏上新征程，上海版专印刷包装工程系将牢记总书记嘱托，不忘初心使命，坚持立德树人，从党史中不断汲取力量，坚定地把责任扛在肩上，不断创新发展，努力为行业、社会发展作出新的更大贡献。

相关链接：https://j.eastday.com/p/1637566368045329

上海高校课程思政领航计划首本研究论著正式出版

信息来源：上海版专教研

2021-10-27

近日，上海高校课程思政领航计划首本论著——《课程思政系统性探索与实践——基于"三寓三式"范式导向的"上海高校课程思政重点改革领航学院"建设案例》一书，已由上海三联书店正式出版。该书是我校印刷包装工程系老师一年多以来在"上海高校课程思政重点改革领航学院"建设中所取得的重要成果，也是学校课程思政研究中心加强指导的重要体现。上海理工大学党委副书记、全国高职高专思政课建设联盟副会长、长三角高职高专思政课建设联盟会长、上海高职高专思政课建设联盟会长、我校党委书记顾春华教授为该书作序，学校领航学院负责人滕跃民教授担任该书主编。

该书条理清晰，主题明确，内容丰富，资料翔实。全书由六大部分组成："第一篇导论"简要介绍了我校课程思政重点改革领航学院概况；"第二篇优秀论文荟萃"是由领航学院团队教师发表的相关论文组成；"第三篇教学指南与教学大纲"与"第四篇专业'金课'与案例汇集"是由团队教师基于课程思政改革的要求，修订编制的相关专业课程思政教学指南、课程教学大纲、课程教学标准、专业"金课"及教学案例组成；"第五篇领航学院闪光足迹"是"版专教研"公众号和我校校园网中关于领航学院课程思政建设历程的报道；"第六篇辐射效应之彰显"是主流媒体与兄弟院校对我校的相关报道，体现了我校课程思政建设的对外辐射影响。该书汇集了领航团队教师科学运用"三寓三式"范式，精心推进课程思政建设与改革的方法、措施及手段，对兄弟院校的课程思政改革与建设具有很好的借鉴和指导意义。

一直以来，我校高度重视并积极推进课程思政建设与改革。2012 年，学校已开始积极探索，并创立了"课中课"1.0 版。在后续的推广运用中，不断突破，形成了以"三寓三式"范式为主导、以"道法术器"为顶层设计、以"五项负面清单"为保障的"课中课"2.0 版。2017 年至 2018 年，学校"课中课"融合育人成果《思政教育融入专业实训课的"课中课"同向同行模式创新与实践》获上海教学成果特等奖、国家级教学成果二等奖，成为全国职业教育的排头兵。2019 年，经过努力拼搏，学校入选"上海高校课程思政重点改革领航学院"。为了深化和完善"三寓三式"范式，学校同年 12 月出版了课程思政研究论著《"课中课"融汇，德智技贯通》。2020 年 3 月，我校面向全国推出国家级课程思政教学成果奖的应用推广工程。经一年的探索与实践，该工程圆满结束，并于今年 5 月出版了《课程思政"三寓三式"范式探索与研究》论著，展现了全国广大教师积极开展课程思政改革和建设的实践成果。

　　课程思政建设是一门博大精深的大学问，也是一个久久为功、持续改进、不断积累和创新的过程。今后，我们将继续深入推进立德树人，发挥示范引领作用，加强对课程思政元素的精准和深度挖掘，强化专业课程育人功能，提高课程思政的育人实效。要进一步发挥专业教师"主力军"、专业课程建设"主阵地"、专业课堂教学"主渠道"作用，真正实现"知识传授、技能训练与价值引领相结合"的课程思政目标，引导专业教师做好人才培养的"最后一公里"工作，全面提升课程思政的改革和建设的水平和效果。

　　上海高校课程思政领航学院（印刷包装工程系）、课程思政研究中心、
高教研究所、教务处

东方网：教学有道　铸魂育人

——上海市 35 所高校 130 名一线教师参加这场培训会

信息来源：东方网

2021-10-25

10 月 22 日至 24 日，由上海市教育委员会主办，上海出版印刷高等专科学校、教育部职业院校文化素质教育指导委员会课程思政研究中心、上海高职高专课程思政与文化素养教学指导委员会、长三角高职高专思政课建设联盟承办的上海市职业院校课程思政师资专项培训班顺利举办。

此次培训旨在提升上海市高职高专院校教师课程思政的建设能力和水平，充分发挥"主力军""主战场""主渠道"的作用，帮助教师充分挖掘各类课程的思想政治元素，全面提高人才培养质量；更是落实教育部《高等学校课程思政建设指导纲要》和上海市《关于深入推进上海高校课程思政建设的实施意见》的有力举措。

22 日上午，开班仪式成功举办。上海市教委职教处处长马建超，上海市教委德育处副处长杨长亮，上海出版印刷高等专科学校党委书记顾春华、副校长周国明，特邀专家学者以及上海高职院校相关领导、教师等 130 余人出席了开班仪式。

仪式上，顾春华在致欢迎辞时详细梳理了上海出版印刷高等专科学校在课程思政建设方面取得的成果，并强调教师作为课程思政主力军在建设过程中的重要作用。他表示，全面推进课程思政建设，教师是关键，要强化育人意识、找准育人角度、提升育人能力，更好地发挥课程思政的育人效果。

杨长亮的讲话从顶层设计的角度，简述了上海高校课程思政的推进情况、发展历程与取得的成绩，并对未来职业院校的课程思政建设提出期许。

马建超对此次师资培训非常重视，他解读了教育部及上海市出台的课程思政政策文件，并对有效落实上海高校课程思政建设提出要求。他希望能将上海高职高专课程思政建设的力量凝聚起来，共同推进和深化上海高职高专的课程思政建设水平。

周国明简要介绍了此次培训课程体系的设计和培训班的安排。

此次培训共设置了6场专题讲座，邀请了深耕在课程思政领域多年的资深专家学者，他们是探索课程思政建设的先行者、引领者和佼佼者，他们将围绕理论指导与政策解读、实施路径和实践探索进行授课。为了保证培训质量和培训效果，承办方根据培训学员所在的学科精心设计了分组研讨环节，把获得教育部首批课程思政示范项目的负责人、青教赛特等奖项的获得者、一线骨干教师等作为分组研讨的引路人，邀请点评专家进行指导，学员们将日常教学中遇到的困惑与难点痛点进行交流，开拓新思路，学习新方法，提升课程思政的建设水平。

开班后，首都经济贸易大学党委书记韩宪洲教授作了首场专题讲座，题为《新时代构建课程思政育人大格局的理论与实践思考》。他分别从课程思政的含义、建设背景、对课程思政的认识、推进课程思政建设的着力点等四个方面展开详细阐述，最后总结道："推进课程思政建设，要重点做好顶层设计，把课程思政作为加强新时代教学的重要手段，重视课程思政建设的溢出效应。"

22日下午，上海出版印刷高等专科学校原常务副校长、上海高职高专文化素养教育教学指导委员会主任委员滕跃民教授以《打造一门有高度和温度的专业课》为题，广州番禺职业技术学院马克思主义学院蒋家胜教授以《立德树人：课程思政和思政课程协同育人的实践创新》为题分别作了专题讲座。滕跃民作为2018年国家教学成果奖的获得者，他将自己在课程思政改革和探索上取得的成果融入到专题讲座中，让学员颇有收获。蒋家胜曾是四川省思政课的名师，他用扎实的理论功底为学员们梳理方法论并进行了政策解读，同时引导学员们进行了路径探索。

23日上午，由教育部思想政治理论课教学指导委员会副主任、形势与政策课教学指导委员会主任委员、上海市人大外事委和侨民宗委主任、上海市民办教育协会会长高德毅教授，作题为《全面构建高校思想政治教育课程体系——课程思政的政策解读和实践探索》的专题讲座。高德毅的讲座用深厚的理论结合丰富的案例为学员带来一场精神洗礼。学员们纷纷表示收获颇丰，受益匪浅，在互动环节争先提问，就"提升教师育德能力的做法""课程思政评价""课程思政与教师个人的关系"等问题进行交流，高德毅一一解答，现场气氛非常热烈。

　　随后，上海中医药大学人体解剖学教授、全国优秀教师张黎声作《一线教师课程思政工作的内容选择和实施路径》专题讲座。张黎声积累了丰富的课程思政教学实践经验，他的课程是上海首批打造的 2 门课程思政课程之一。他讲起课来幽默风趣，深入浅出，引得现场掌声与笑声频频。学员们表示能听到这么多大咖和专家授课，激动之余收获满满。

　　24 日上午，上海理工大学党委副书记、纪委书记刘道平教授带来压轴专题讲座，主题为《课程思政一直在路上》。他表示，课程思政是新时代教师的基本功，不仅要调动全体教师的主动性、积极性、创造性，积极探索和深化课程思政建设的内涵和实践路径，总结成功经验，更要注意不断丰富对"课程思政"理念的深度认知，防止"一蹴而就"，更不能"浅尝辄止"，因为，创新实践无止境，课程思政永远在路上！

　　与会专家们的报告既有理论阐释，又有案例剖析；既有政治高度，又有实践深度，为在座的学员们带来一场场课程思政改革的思想盛宴。

　　在后续的分组研讨环节中，培训学员分成三组，专家教授们通过课程思政经典案例分享和专家点评的方式，引导学员进行研讨。上海出版印刷高等专科学校傅冰教授，上海旅游高等专科学校、青教赛特等奖获得者陈思副教授，上海出版印刷高等专科学校、教育部首批课程思政示范项目负责人方恩印副教授，上海城建职业学院、教育部首批课程思政示范项目负责人高守雷副教授，上海出版印刷高等专科学校薛中会副教授，上海出版印刷高等专科学校来洁博士等专家教师分别分享了课程思政建设经典案例和实践经验。上海出版印刷高等专科学校、上海高职高专课程思政与文化素养教育教学指导委员会主任委员滕跃民教授和上海思博职业技术学院副校长张学龙教授，上海出版印刷高等专科学校马克思主义学院院长、上海市高职高专思政课建设联盟秘书长马前锋教授分别针对研讨内容进行点评。

　　据悉，此次课程思政师资专项培训共吸引了上海市 35 所职业院校的 130 余名一线教师和教学管理人员参加，专业涵盖工、文、艺、医、理、法、教育等多个学科门类，为学员搭建多层次课程思政建设研究体系。培训采用专题报告、分组研讨、自由交流等多种方式，搭建起了一个跨区域、跨学校、跨学科、全方位的校际课程思政建设交流与学习平台，充分调动学员学习的积极性和主观能动性，进一步提升了教师的课程思政建设意识和能力。

　　相关链接：https：//j. eastday. com/p/1635146362039839

化盐于水　润物无声

——课程思政专家滕跃民来金华职业技术学校作专题讲座

信息来源：金华职业技术学校

2021-05-13

　　为贯彻落实立德树人根本任务，充分发挥课堂在高校思想政治工作中的主渠道作用，促进课程思政建设，5 月 12 日下午，我校邀请上海出版印刷高等专科学校原常务副校长滕跃民教授来校作《课程思政改革与实践——打造一门有"高度"和"温度"的专业课》专题报告。副校长成军，党委委员、教务处与校企合作处处长张雁平，公共基础学院（马院）相关负责人、各二级学院分管教学院领导、专业群带头人、各学院专业负责人及骨干教师代表参加讲座。

　　滕跃民教授是上海出版印刷高等专科学校课程思政改革"课中课"1.0 版、2.0 版项目建设主持人，课程思政国家级教学成果奖主持人，"三寓三式"的首创者。讲座中，滕跃民从课程思政改革的重要意义、探索与成绩、进一步实践、深入思考、保障措施等五个方面，分享了在课程思政建设和改革方面的经验。他重点介绍了"课中课"课程思政教育教学模式，详细解释了课程思政改革的设计思路，阐述了专业课与思政融合的"寓道于教、寓德于教、寓教于乐"三种方法以及"画龙点睛式、专题嵌入式、元素化合式"三种手段；并强调在开展课程思政、强化文化自信的时代要充分发挥思想政治、人文素养和职业操守养成教育的重要作用。

　　张雁平总结时指出，教育部颁布的《高等学校课程思政建设指导纲要》指出"全面推进课程思政建设，就是要寓价值观引导于知识传授和能力培养之中，帮助学生塑造正确的世界观、人生观、价值观"，这为广大高校教师开展好课程思政工作指明了路径，希望各位教师寻找每门课程中符合自身特点的方式，建构开展课程思政的有效路径。

　　整场讲座氛围热烈，与会教师纷纷表示受益匪浅，将在后续课程思政建设和改革过程中，提高站位，锻炼教学能力，在专业课堂中达到春风化雨、润物无声的育人效果。

上观新闻、社会科学报、今日头条："课程思政与师德师风建设研讨会"在上海举办

信息来源：上观新闻、社会科学报、今日头条

2021-03-29

3月23日下午，为了积极学习贯彻习近平总书记最近关于要加强课程思政和"要把师德师风建设摆在首要位置"的重要讲话精神，上海师德研究与评价中心与上海出版印刷高等专科学校等单位共同举办"课程思政与师德师风建设专题研讨会"。上海师德研究与评价中心主任王正平，上海出版印刷高等专科学校党委书记顾春华、副校长周国明和来自上海师范大学、复旦大学、华东师范大学、上海社会主义学院、上海出版印刷高等专科学校等单位的专家学者及一线教师近40人参加了会议。

本次会议由上海印刷出版专科学校出版与传播系主任张文忠教授主持。与会领导和专家围绕"如何推进新时代高校课程思政与师德师风建设的有机结合""课程思政怎样落实立德树人根本任务""师德师风建设促进课程思政的具体路径与策略""'三全育人'视角下'课程思政'建设的思路"等问题，进行了研讨、思辨和探究。

研讨会上，中国伦理学会教育伦理专业委员会会长、上海师德研究与评价中心主任、上海师范大学王正平教授作了《课是点燃求知欲和思想理想的第一颗火星》的主旨发言。他指出，当前，我们要认真学习贯彻习近平总书记在最近两会上再次

强调的关于"立德树人"和"要把师德师风建设摆在首要位置"的重要论述。我们要从党和国家事业发展全局的高度，坚守为党育人、为国育才的阵地，把立德树人融入思想道德教育、文化知识教育、社会实践教育各环节，培根铸魂、启智润心。他指出，加强课程思政与师德师风建设有着密不可分的内在联系。一方面，遵循教育教学规律，加强课程思政，积极探索新时代利用具体学科知识教学教书育人方法和路径，引导青年学生确立正确的人生观、世界观、价值观，是师德师风建设的根本要义；另一方面，全面提高教师道德素养，加强师德师风建设，科学探索新时代教师职业道德规范和健全人格，是提升课程思政质量的重要伦理资源和道德力量。他认为，师德师风建设对于课程教学与课程思政的促进和保障作用主要体现在三个方面。一是教师自觉遵守师德规范，有利于营造良好的教学道德氛围，促进教学质量的提升。教师只有公正平等地对待学生，才能让学生感悟公平和正义的崇高价值；二是教师恪守师德，有利于激发教师自觉在教学过程中融入正确的思想道德教育，主动承担传播知识、传播思想、传播真理，塑造灵魂、塑造生命、塑造新人的时代重任。课是点燃求知欲和道德信念的火把的第一颗火星；三是在教育和教学工作中，一切以教师自身的人格为基础。教师高尚的职业道德人格在课堂教学中对学生有直接的影响和渲染作用。

复旦大学中国研究院教授吴新文指出，学校是培育和践行社会主义核心价值观的基本场所，课程思政是进行价值观教育的重要抓手。如何在课程思政的各个环节把价值观教育落细、落小、落实，是推进"三全育人"和学校德育建设亟待解决的课题。通过课程思政开展价值观教育，需要重视以下环节。其一，学校是课程思政的主体，承担着价值观教育的最终责任。在课程体系的设计、更新和完善的过程中，学校应有自觉的价值观教育意识，对把相关价值观融入课程体系之中进行总体筹划，确立各门课程中价值观教育的重点和难点，集体攻关并取得突破。其二，教师是课程思政和价值观教育的直接责任人，教师在教学过程中所表现出来的价值趣味、价值取向会对学生产生直接影响。一方面，教师在教学态度、教学内容和教学形式上都体现出自己的价值追求。如何把价值观教育的重点、亮点、热点及时融入课程教学和知识传授之中，是对教师的责任心、敬业心和"匠心"的考验；另一方面，教师在课程教学的过程中会与学生有很多接触，教师的一言一行会对学生产生潜移默化的影响。因此，教师的理想、信念、道德、人格体现了教师的价值修养，在课程思政教育教学中显得至关重要。

上海社会主义学院姚俭建教授指出，从价值理性与工具理性统一的角度考察，课程思政是对"教书育人"这一教学本质的回归。知识传授、能力提升和价值塑造的有机融合，是课程思政的目标定位和基本价值取向。把师德建设做一个类型学的区分，可分为消极型师德建设与积极型师德建设。前者是基于师德的困境与假、恶、丑展开的师德底线建设，后者则是基于师德的进步与真、善、美展开的道德高地建设。高校师德建设必须有一个从消极型向积极型的转变。新时代高校积极型师德建设主要体现在以下三点。一是以课程思政建设为价值引领。课程思政以价值塑造作为核心，旨在促进大学生全面发展。课程思政的"思政元素"注重思想价值引领方面，强调在各类各门课程中增强政治认同、价值塑造和文化认同，在潜移默化中影响学生的思想、行为和价值选择；二是以教书育人的师德标兵为人格示范。课程思政的成效取决于教师这一关键主体。教师的育人意识和育人水平直接影响着课程思政的效果。因此，要通过选典立范、示范引领，有效带动教师全身心投入到课程思政建设中去；三是以师生心灵契合的融洽关系为伦理依托。教学活动的对象是活生生的人。在课程思政教学活动中，依托心灵契合的融洽关系，师生之间既是知识的交流，又是心灵的撞击，在身心的和谐统一中，达到教学相长，共同提升和发展。

上海师范大学刘次林教授指出，把课程思政和师德师风联系起来，体现了会议组织者具有很好的思想敏感性，体现了对教育根本价值的正确理解。今天这个会要改变我们三个观点。第一，教学品质是师德的核心。通过媒体反映出来的师德事件，师德似乎都表现在教学之外的领域，但是，教学是教师的核心工作，把教学做好是教师的核心职责所在，当然也是师德的核心所在。其次，教学要落实立德树人这一目标，教师一方面要把每一门学科看作引领学生走近世界、理解世界的窗口，把学科与社会、人生的意义和关联想清楚、讲清楚；另一方面要把每一门学科的学习都落位于人，形成人的德性素养。因为，不管是知识的学习还是技能的学习，最后都是要形成人的素养，提高人与世界打交道的能力。第三，思政教育要通过学科教学来完成。赫尔巴特曾经讲过，我们想不出没有德育的教学，也想不出有不通过教学的德育。教学和德育就是一体两面的关系。当然，今天我们讲课程思政，较多的是从教学内容上融合思政，其实，教学形式更为重要，如教学组织形式、教学顺序、节奏、教学过程中的师生关系、评价方式以及教学氛围等，这些因素对人的思想政治的形成是无形却有力的。把课程思政和师德师风联系起来讲，有利于我们教师形成课程思政的意识，提高课程思政教育教学的自觉性与科学性。

华东师范大学刘弥波副教授指出，大学中的"课程思政"的具体内涵是指各级各类大学通过有效而持续的课程教学，教会学生潜心做学问、诚实做人、专业做事，并为其大学后的职业生涯做好准备。首先，课程思政的执行者是教师，要实现课程思政，首先有赖于教师专业素养过硬，教育教学方法合理，培养目标精准。同时，教师还应鼓励并引领学生在学习过程中找到自己擅长的领域，为其未来的展翅高飞打下坚实基础。其次，大学的课程思政应关注与坚持不同类型大学的学校特色，满足不同学生的差异性培养需求,为大学生走上社会做好专业与心理上的准备。大学教师的课程思政应落实个人思考力与专业知识、技能相结合,继承传统与时代创新相结合,职业素养和社会责任感相结合,始终坚持"培养专业而有创意、积极而有能力、负责又有温度的未来职业人"的教育宗旨与方向,提升全体学生的职业意识和工作精神,为其毕业后顺利就业做好知识技能准备。最后,课程思政还应该体现在大学实训中心的软硬件和行业参与度得到充分保障,实现双师型教师和职业专家指导"两条腿走路"。面对社会高速发展和行业巨变,课程思政与教师工作的德性,应体现在大学课程能够链接多种行业,与时俱进。

张文忠教授认为,学校的根本任务是立德树人,培养德智体美劳全面发展的社会主义建设者和接班人,关键是要有一大批师德高尚、业务精湛的好老师,这是立教之本、兴教之源。落实立德树人根本任务,必须将价值塑造、知识传授和能力培养三者融为一体。全面推进课程思政,就是要寓价值观引导于知识和能力培养之中,帮助学生塑造正确的世界观、人生观、价值观。高等学校人才培养是育人和育才相统一的过程。抓好课程思政,要解决好专业教育和思政教育"两张皮"问题,要深入挖掘公共基础课程、专业教育课程、实践类课程中蕴含的思政资源,让学生通过学习,掌握事物发展规律,通晓天下道理,丰富学识,增长见识,塑造品格,努力成为合格的社会主义建设者和接班人。他表示,与上海师德研究与评价中心等单位共同举办"课程思政与师德师风建设专题研讨会",目的就是探索立德树人的有效途径和方法,提高立德树人的能力和水平。

本次研讨会上,为了推进新时代高校课程思政与师德师风建设的有机结合,在上海版专校党政领导的大力支持下,上海师德研究与评价中心在上海版专出版与传播系两年前已建立"上海师德实践与创新基地"并取得显著成绩的基础上,决定在

该系建立"课程思政与师德师风建设示范基地"。在全体与会人员的共同见证下，学校党委书记顾春华和上海师德研究与评价中心主任王正平教授一起为"课程思政与师德师风建设示范基地"揭牌。大家希望通过领导、专家和广大教师的共同努力，贡献有成效的、可复制可推广的经验，努力使高校课程思政与师德师风建设上一个新的台阶。

会议最后，上海出版印刷高等专科学校党委书记顾春华发表讲话。他指出，"课程思政"作为高校协同教育的重要途径，它的实施有助于教师的思想与业务素质的提升，是实现"三全育人"的关键环节。高校师德师风建设的好坏将直接影响"课程思政"的实际效果。此次研讨会是研究中心与学校、学校与学校、学校与企业的一次教育智慧火花的碰撞，意义重大，效果明显。专家们在职业教育、教书育人等领域的独到见解和专业指导给了大家很多启示，他希望研讨会的成果能够积极运用并体现于教育教学的实践，能够进一步提升教书育人的成效，让教师成长，让学生成才。

信息来源：上观新闻　2021 年 3 月 30 日

相关链接：https：//web. shobserver. com/wx/detail. do？id＝353733

信息来源：社会科学报　2021 年 3 月 29 日

相关链接：http：//www. shekebao. com. cn/shekebao/n440/n448/u1ai17752. html

信息来源：今日头条　2021 年 3 月 29 日

相关链接：

https：//www. toutiao. com/i6945046660296753678/？tt ＿ from ＝ weixin&utm ＿ campaign ＝ client ＿ share&wxshare ＿ count ＝ 3&timestamp ＝ 1617061922&app ＝ news ＿ article&utm ＿ source ＝ weixin&utm ＿ medium ＝ toutiao ＿ android&use ＿ new ＿ style ＝ 1&req ＿ id ＝ 20210330075201010151185208121D1EB0&share ＿ token ＝ a9bddc49 － dfb 1-4982－9c2c－1082b95a8290&group ＿ id ＝ 6945046660296753678

【回顾】上海高职高专文化素养教指委召开
迎"五一"劳动教育推进会

信息来源：上海高职高专课思与文素教指委

2020-11-25

　　2020 年 4 月 28 日下午，上海高职高专文化素养教育教学指导委员会（以下简称"文化素养教指委"）在上海出版印刷高等专科学校召开线上迎"五一"劳动教育推进会。文化素养教指委主任委员、上海出版印刷高等专科学校常务副校长滕跃民，各副主任委员单位、委员单位负责人出席了会议，此外会议还邀请上海出版印刷高等专科学校教务处、实训中心和继续教育部的负责人参加。会议由文化素养教指委秘书长、上海出版印刷高等专科学校继续教育部主任张华主持。

　　滕跃民主任作了题为《劳动育人'1＋1＋X＋Y'模式探索》的报告。他指出，"民生在勤，勤则不匮"，习主席和党中央高度重视劳动教育，并多次作了重要指示。新时代背景下，劳动教育已上升至国家人才战略层面的高度，高职高专院校应不断调整和发展劳动教育的内涵与途径，将培养学生的劳动素养放在首位，要着眼于新时代新要求，进一步完善体制机制，大力推行"1（一把手工程）＋1（第一课堂）＋X（第一课堂以外的各个途径）＋Y（营造氛围）"的劳动育人模式。他进一步指出，德智体美劳，德育为先，劳育为核心，只有这样，才能突破人才培养的瓶颈和困难，才能从根本上提高人才培养的质量。

　　会上，围绕"劳动是美丽的、劳动是快乐的"主题，世赛印刷媒体技术项目国家集训基地负责人、实训中心主任薛克，世赛印刷媒体技术项目专家组长、实训中心副主任李不言和第 42 届世赛印刷媒体技术项目铜牌获得者、2018 年"上海工匠"称号获得者王东东，分别演示了《产品印刷》《纸张处理》《专色油墨调配》这三个公开出版发行的视频作品，形象生动地向与会人员展示了我校多年来开展劳动育人、培养工匠精神的优秀教学成果，阐述了劳动的光荣、崇高和伟大，告诉我们一定要尊重劳动、热爱劳动。

会上，无论是报告还是视频演示，都洋溢着印刷这一中华优秀传统文化的浓厚魅力。秘书长张华还传达了 2020 年疫情期间文化素养教指委的工作情况以及今后的工作布置。

计算机工程学院举行课程思政"三寓三式"范式研究中心成立仪式

信息来源：河南经贸职业学院校园网

作者：贾振环　审核：刘丽萍

2020-06-05

6月5日，河南经贸职业学院计算机工程学院以"线上＋线下"的形式，在学校A412室举行课程思政"三寓三式"范式研究中心成立仪式。校党委书记姚勇出席仪式，上海出版印刷高等专科学校原常务副校长、学校课程思政研究中心执行主任滕跃民、北京炎培教育科技研究院院长朱立群及党委办公室、发展改革处、计算机工程学院、马克思主义学院负责人参加了仪式。仪式由发展改革处处长陈利军主持。

姚勇指出，中心要以上海版专课程思政"三寓三式"范式为指导，结合计算机工程学院的办学定位和专业人才培养要求，准确把握课程思政的建设方向和重点，根据专业特色和课程特点，精准挖掘思想政治教育资源。积极抓示范、树标杆，早日在课程思政改革中获得丰硕成果。计算机工程学院院长刘丽萍代表学院老师表示，要落实姚勇书记的指示，积极开展课程思政改革的研究和探索，努力把学院的课程思政"三寓三式"范式研究中心建设成为一个凝聚智慧、频出成果的良好平台。

课程思政是一场教育教学的革命，要坚持立德树人、克服困难，只有这样，才能取得育人实效。中心将持续在课程思政改革上挖掘深度、拓展广度、升华高度，真正解决难点问题，为人才培养和学校的发展贡献力量。

网址链接：

https://www.henetc.edu.cn/info/1091/11108.htm

计算机工程学院举行课程思政"三寓三式"范式研究中心成立仪式

我校召开"三全育人"工作推进大会

信息来源：上海出版印刷高等专科学校校园网

2020-01-06

　　为全面贯彻习近平新时代中国特色社会主义思想和习近平总书记关于教育的重要论述，2019 年 12 月 31 日下午，我校在水丰路校区图书馆五楼报告厅召开"三全育人"工作推进大会。全体在校校领导出席会议，全体教职工参加了会议。会议由校长陈斌主持。

　　党委副书记、副校长黎卫从学校"三全育人"的总体目标、基本原则、主要任务、统筹推进"十大育人"的实施举措以及实施保障等五个方面对《学校"三全育人"综合改革实施方案》进行了解读。

　　教务处、科研处、宣传部、学生工作部（处）、组织部、后勤服务中心、印刷包装工程系党总支等部门的相关负责人分别围绕课程育人、科研育人、文化育人、网络育人、实践育人、组织育人、服务育人等方面作了交流发言。

　　党委书记顾春华作总结讲话。他充分肯定了各部门和各系部在推进"三全育人"工作过程中所作的深入思考、对工作的创新及已经取得的工作成效，并对"三全育人"工作提出三点意见和要求：一是要提高站位、凝聚共识，充分认识"三全育人"的重要意义，认识"三全育人"工作是坚持正确办学方向的重要保证，是实现党代会目标的有力举措；二是要求真务实、真抓实干，以"全"为重心，以"育"为中心，以"实"为核心，全面推进"三全育人"工作任务；三是要齐抓共管、担当作为，通过加强组织领导，建立长效机制，广泛宣传典型，加强监督考核，切实保障"三全育人"工作的开展。

党委（校长）办公室　供稿

刍议课程思政的教学方法与效果

滕跃民　蒋　丹①

摘　要：基于长期的研究和实践，将课程思政的教学归纳为六种基本方式，将效果分为四种形式，并建立了对应关系。

关键词：课程思政；教学方法；效果；三寓三式

2020 年 5 月，教育部印发了《高等学校课程思政建设指导纲要》，该文件针对文史哲及理工农医等各类课程提出了融入不同思政元素的要求，这是因为各类课程蕴含的思政元素各有其特点，这就决定了各类课程的课程思政的教学方法不尽相同。课程思政的教学方法在课程思政改革中扮演非常重要的角色，具有非常丰富的表现形式，可以说是千课千面。而不同的方法决定了不同的效果表现形式。方法与效果关系非常密切，科学的方法决定良好的效果，良好的效果则体现方法的科学。课程思政的教学方法与效果是课程思政改革的重要内容，也是决定改革是否成功的关键因素。

虽然各类课程的课程思政教学方法不尽相同，但通过长期的研究与实践，我们把课程思政的教学方法归纳为六种基本方式："沉浸"式、"顺势而为"式、"边叙边议"式、"语重心长"式、"思政课"式和"三寓三式（五化五式）"范式，这六种方式都是围绕知识点和技能点的教学展开的。"沉浸"式就是营造一个具有思政元素的逼真或虚拟的宏观环境（情景），教师在该环境中开展专业教学，并通过环境来润物无声地影响学生；"顺势而为"式就是教师在专业教学中，针对专业教学内容中所蕴含的思政元素进行直接和简洁的阐明，进行价值观的教育；"边叙边议"式就是在结合专业教学讲故事，对思政要素进行适切的印证和强调，即用"故事阐述道理、用细节打动人心"，开展潜移默化的思政教育；"语重心长"式就是教师在专业教学中，凭借自己的人格魅力，通过讲述自己熟悉的事例和亲身经历，阐述教学内容中蕴含的思政元素，从而来感动学生，引发共鸣；"思政课"式是专业老师对专业教学中明显属于思政课的内容，如富强民主、爱国敬业、诚信友善、职业操守等，采用

---

① **作者简介：** 滕跃民（1960—），男，上海电力大学教务处原处长，副教授。
　　蒋丹（1964—），女，上海交通大学机动学院教授，博导，国家一流课程负责人。

"思政课"的方式进行教学；"三寓三式（五化五式）"式则是教师基于寓德于教、寓德于教、寓教于乐的理念，运用画龙点睛、专题潜入、元素化合方式，以及情景化、故事化、戏剧化、互动式、启发式等为代表的"五化五式"手段，通过循循善诱、由浅入深的教学，全面开展恰如其分、恰到好处的课程思政改革，既化解了教学的重难点问题，又润物无声地实现了价值引领。在课程思政的改革中，六种方式可以单独使用，也可组合使用。其中的"三寓三式（五化五式）"范式是一种综合性的方式，具有系统化、专业化、科学化的特点，所以被称为范式。六种方式的单独和组合运用，形成了课程思政绚丽缤纷的方法风景线。

我们还把课程思政教学效果按类型凝练为四种形式："触动"型、"感动"型、"浸润"型和"浸润渗显"型。"触动"型就是老师对教学内容中的某一思政元素进行点拨，使学生有所触动，有所启发，开始对核心价值观产生认同感，主要对应"顺势而为"式、"边叙边议"式；"感动"型就是老师在教学中，通过讲述自己的亲身经历的事情和成长历程，对学生动之以情、晓之以理，并以自己人格魅力来打动和感动学生，使学生"亲其师，信其道"，逐步树立起远大理想和优秀品格，主要对应"语重心长"式、"思政课"式；"浸润"型就是学生沉浸在老师通过情景化戏剧化等手段营造的一个充满思政元素的宏观环境（情景、现场）之中，使学生在接受专业教学的同时，身临其境，不知不觉中受到思政元素的感化和感动，开始认同社会主义核心价值观，主要对应"沉浸"式、"思政课"式；"浸润渗显"型是在"浸润"效果的基础上，教师通过互动式、启发式等手段，对专业教学知识点、技能点进行循循善诱、先易后难地讲解，并攻克教学的重难点。同时，老师通过画龙点睛式、专题嵌入式、元素化合式，对思政元素进行彰显（映射、激活、印证、强调），达到了润物无声、潜移默化的目的。从而使学生在不经意中认同了思政教育的要求，并与之产生共鸣，逐步有效地树立起正确的价值观，实现内化于心和外化于形的目的。整个过程经历了沉浸——滋润——渗透——彰显四个阶段。因为全面运用了"三寓三式（五化五式）"范式，因此"浸润渗显"型比另外三种形式更能有效地体现课程思政的实施机理和效果。

以上的"'六式'教学方法和'四型'效果"是广大教师积极研究、深入探索的成果体现，也是课程思政改革的有效路径和优秀经验的展现，在全国产生了比较广泛的影响。实践证明，"'六式'教学方法和'四型'效果"在杜绝"两张皮""表面化""硬融入"等方面发挥了不可或缺的作用，值得广大教师学习和推广应用。当然，"'六式'教学方法和'四型'效果"还不尽成熟，需要广大教师提出改进意见和建议，并在课程思政的改革实践中不断加以检验和完善，从而更好地推动我们的课程思政改革再创新佳绩、更上一层楼。

参考文献

［1］高德毅，宗爱东. 从思政课程到课程思政：从战略高度构建高校思想政治教育课程体系 ［J］. 中国高等教育，2017（01）：43-46.

［2］滕跃民，张玉华，肖纲领. 高职专业"课程思政"的"道法术器"改革 ［J］. 辽宁高职学报，2018，20（08）：53-55＋61.

［3］教育部.《高等学校课程思政建设指导纲要》的通知. 2020-6-30.

［4］韩宪洲. 在专业思政框架下深化课程思政建设. 中国教育报，2022-10-31：第6版.